本书出版受到

陕西省重点中国特色社会主义理论体系研究中心资助

高校法治教育实效性研究

王红梅 著

中国社会科学出版社

图书在版编目（CIP）数据

高校法治教育实效性研究／王红梅著．—北京：中国社会科学出版社，2021.8

ISBN 978-7-5203-8824-5

Ⅰ．①高…　Ⅱ．①王…　Ⅲ．①社会主义法制—法制教育—研究—高等学校
Ⅳ．①G641.5

中国版本图书馆 CIP 数据核字（2021）第 152178 号

出 版 人　赵剑英
责任编辑　周晓慧
责任校对　刘　念
责任印制　戴　宽

出　　版　中国社会科学出版社
社　　址　北京鼓楼西大街甲 158 号
邮　　编　100720
网　　址　http://www.csspw.cn
发 行 部　010-84083685
门 市 部　010-84029450
经　　销　新华书店及其他书店

印刷装订　三河弘翰印务有限公司
版　　次　2021 年 8 月第 1 版
印　　次　2021 年 8 月第 1 次印刷

开　　本　710×1000　1/16
印　　张　21.75
插　　页　2
字　　数　315 千字
定　　价　118.00 元

凡购买中国社会科学出版社图书，如有质量问题请与本社营销中心联系调换
电话：010-84083683

序

法治素养是社会主义核心价值观的重要内容，法治教育课程是法治教育的重要载体，是培养学生法治素养的主渠道，是思想政治教育的重要组成部分。正如习近平总书记所言：“每一种法治形态背后都有一套政治理论，每一种法治模式当中都有一种政治逻辑，每一条法治道路底下都有一种政治立场。”法治教育与思想政治教育是密切联系的有机整体。

高校法治教育是学生法治教育的最高阶段，是大学生步入社会前储备知识、积累经验、价值成形、行为模塑的整合阶段，承担着新时代中国公民法治教育和法治理性启蒙的重要任务，承载着中国法治社会建设的梦想，形塑着新时代现代公民的性格，开启着新时代公民性品格培养的新路径。为此，高校法治教育必然会能动地作用于中国新时代法治国家、法治政府、法治社会的建设，高校法治教育成效的提升必将对新时代国家治理方式的转变和治理能力的提升具有重要推动作用，对提高新时代公民整体法治素养和促进中国社会向法治现代化社会转型具有理论价值与现实意义。

《高校法治教育实效性研究——基于〈思想道德修养与法律基础〉课程实证分析》是我的学生王红梅博士在其博士学位论文的基础上修改完善形成的，该书在全面依法治国背景下，以全面依法治国总目标和《青少年法治教育大纲》要求为指引，廓清高校法治教育及其实效性概念，以思想政治教育和教育学为理论基础，尝试采用多学科融合研究的方式，实证分析了影响高校法治教育的诸多因素，以《思想道德修养与法律基础》为载体，对高校法治教育的主渠道图景和实效性进行了比较全面的研究，检视了高校法治教育所取得的成效与存在的不足，为促进学校法治教育课程一体化建设提供了参考，其出版恰逢其时。

该书的研究特色主要体现在以下几个方面：第一，基于《思想道德修养与法律基础》课程，对高校法治教育课程实施现状进行分析，厘清了高校法治教育的一般性和特殊性。其一般性体现为以“法律至上、权力制约、公平正义、权利保障、正当程序”为核心的法治规则、法治观念、法治精神与法治思维的养成教育，从而提高大学生的法治素养；其特殊性体现为通过高校法治教育树立中国特色社会主义法治信仰，增强中国特色社会主义法治理论、法治道路自信，努力将学生培养成为自觉担当民族复兴大任的时代新人，从而凸显了高校法治教育目标的多维性。第二，在研究视角上，以思想政治教育、法学、教育学等学科理论为切入点，避免法治教育在研究中陷入“宽泛化”和“内卷化”困境里，为深化法治教育及思想政治教育研究拓宽了视野。第三，在研究方法上，以调查教师和学生双主体为基础，展开实在的、具体的和确定的问题讨论，以此来探讨高校法治教育所取得的实效、存在的不足以及制约因素，并在此基础上有针对性地提出提高高校法治教育实效性对策。第四，基于以上跨学科融合研究的视角和实证研究方法，结合目前高校法治教育课程设置特点、课程目标要求、法治教育基本元素等内在特征，提出了五条针对性较强的政策建议。

法治教育与思想政治教育的共性是立德树人，但又有差别。思想政治教育注重培养学生的家国情怀、道德情操、理想信念，注重以先进的理论武装学生；思想政治教育学科及其课程下的法治教育应充分重视法治教育基本元素的深化与展开，要求在高校法治教育中注重对大学生法治教育价值的凝练与探寻，对高校法治教育多维目标的聚合与延展，对高校法治教育各要素的协同与凝聚，对高校法治教育方法的创新与发展，对高校法治教育话语方式的转向与融合。围绕这些问题，该书从理论和实践两个方面进行了有益探讨，为进一步深化高校法治教育研究奠定了基础。

当然，该书在理论分析和研究方法方面还有进一步提升的空间，希望王红梅同学以此书的出版作为自己学术生涯的一个新起点，百尺竿头，不断进步。

是为序！

陕西师范大学教育学院院长、博士生导师　陈鹏

2021 年 5 月 7 日于西安

摘　　要

高校法治教育作为高校思想政治教育的重要内容，在全国依法治国的背景下，其效果事关中国特色社会主义法治化进程的速度和成效，事关中国法治国家、法治政府、法治社会建设的进程和质量。大学生作为国家未来社会的建设者和推动者，对其进行尊法、信法、守法、用法及护法教育已然成为党和国家的重要工作。针对高校法治教育实效性问题，2016 年 6 月 28 日，教育部、司法部和全国普法办发布的《青少年法治教育大纲》专门对其提出了具体要求。2019 年习近平总书记针对思想政治教育的针对性和实效性，提出思想政治理论课必须坚持的“八个相统一”要求。这些不仅为思想政治理论课改革创新指明了方向，也为高校法治教育增强思想性、理论性、实效性和针对性指明了方向。因此，本书立足高校法治教育《思想道德修养与法律基础》课程实际，系统梳理影响高校法治教育教与学的各个要素，在梳理和分析影响高校法治教育效果各因素的基础上，有的放矢地提出提高高校法治教育实效性的对策与路径。从课程角度研究高校法治教育的实效性，有助于厘清思想政治理论课课程视域下高校法治教育的合理内核，为凝聚高校法治教育目标共识提供理论支持；有助于当代大学生从法治价值观层面树立中国特色社会主义法治理论、法治道路自信；有助于引导新时代大学生自觉适应理性文明的法治生活方式；同时也为促进高校法治教育教学方式改革和创新提供了智力支持，为提高高校法治教育的针对性、实效性起到抛砖引玉的作用。

本书在理论与实证相结合的研究方法指导下，在高校法治教育概念厘清和界定的基础上，在高校法治教育及实效性内涵的指引下，以

“理论依据→测量工具编制→发放问卷→实证调查→样本数据分析→提出对策”为思路展开研究。首先，马克思主义人学思想、马克思主义法治思想、中国共产党人法治教育思想分别为高校法治育人旨归指明了方向，为高校法治教育为谁培养人指明了方向，为高校法治教育教什么指明了方向；主体教育理论、有效教学理论、泰勒课程原理从学生主体、教学方法、课程维度为高校法治教育实效性研究提供了坚实的方法论基础。这些都是本书展开研究的理论基础。其次，依据高校法治教育实效性指标和原则，本书从教师主体和学生主体两个方面自主编制符合统计学要求，具有可靠信度和效度的高校法治教育实效性测量工具。最后，组织发放问卷并实施调查，借助实证统计分析软件 SPSS 26.0 对高校法治教育调查数据从取得的成效、存在的不足及其制约因素等方面进行客观实证分析。

通过对“高校法治教育实效性研究（教师卷）”及“高校法治教育实效性研究（学生卷）”测量数据的分析，本书发现承载着对高校大学生进行法律基础知识教育、中国特色社会主义法治意识形态教育、法治价值观教育、法治生活方式引导教育等多维度教育功能的高校法治教育，在教育过程中取得了显著的成效。但同时，高校法治教育仍然存在着一些不足：大学生对具体法律基础知识掌握得比较疏浅；大学生运用法律基础知识解决问题的能力欠佳；形塑大学生法治思维方式的专业训练不强；高校法治教育教学方式不够丰富。这些不足从各个方面影响着高校法治教育效果的提升。究其原因，主要有高校法治教育教师队伍参差不齐；高校法治教育课程内容设置缺乏有效融合；高校法治教育缺乏相应的评价机制等。针对以上高校法治教育实效性发挥中所存在的问题和制约因素，本书提出五条建议和对策：一是以社会主义核心价值观指引大学生形成法治教育价值认同，以此弥补法律基础课程教育中课时较少、思想道德教育内容和法律基础知识缺乏内在衔接的问题；二是以权利概念为核心延展高校法治教育多维目标，以此消除在思想政治理论课中高校法治教育目标争议问题；三是以协同和激活高校法治教育各要素凝聚高校法治教育合力，以此解决高校法治教育中教与学张力不足的矛盾；四是以革新法治教育理念推动创新高校法治教育方法，以此改进高校法治教育方法老套、针对性不强的问题；五是以话语体系融合与转向提高高校法治教育的话语效力，以此解决高校法治教育法治思维训练不足的问题。

高校法治教育实效性研究不仅是一个重要的理论问题，也是实践中亟须解决的重大教育实践问题。本书在实证研究的基础上得出以下结论：形成高校法治教育目标共识是提高高校法治教育实效性的关键因素；高校法治教育方式方法的有效选择对提高高校法治教育实效性具有促进作用；高校法治教师队伍的建设与培训是提高高校法治教育实效性的有力保障；大学生法治思维培养训练不足是高校法治教育的短板；高校法治教育效果缺乏有效的评价方式和评价机制。新时代高校法治教育在突出法治本体论、价值论的过程中，也应该深刻认识到法治教育方式方法的重要性。希望未来高校法治教育在开展的过程中以习近平新时代中国特色社会主义法治思想统领高校法治教育，从推进法治从理想追寻转化为个体需求，强化法治从思维方式转化为内心信念与行为方式，力促法治由社会需求转化为学生的个人信仰等方面加强和改进高校法治教育，以此促进高校法治教育效果的不断提升。

关键词： 高校　法治教育　实效性　思想道德修养与法律基础

Abstract

As an important part of political and ideological education in higher schools, legal education and its effectiveness have a close connection with the pace and result of building a legal system with Chinese characteristics. It also has an impact on progress and quality of China's efforts to build a law-based government, society and nation. As college students represent the forces to build and develop the future society of the nation, it has become an important task for both the Party and the Chinese government to teach them to respect, protect, observe, believe in law and make full use of it. The Guideline for Legal Education of the Youth, released by the Ministry of Education, the Ministry of Justice and the State Office for Popularizing Legal Education on June 28th, 2016, proposed specific requirements to improve the effectiveness of legal education in higher schools. In 2019, General Secretary Xi Jinping unveiled the requirements called "Eight Unities" that political and ideological theory classes must adhere to. In doing so, he intended to improve the pertinence and effectiveness of the education. These requirements offer directions not only for the reform and innovation of political and ideological theory classes but also for improving the effectiveness, pertinence, thoughtful-ness. Therefore, the article systematically analyses all factors influencing the teaching and learning of legal lessons in higher schools according to the textbook Ideological and Moral Cultivation and Basic Law Education. In addition, the paper also advocates some approaches to improve the effectiveness of the class on that basis. In the new era, studying this effectiveness from the curricular perspective has both theoretical and realistic significance. It will help us clear out the core of the teaching, thus giving some theoretical support so that consensus on goals of the legal education can be reached. It will help foster the confidence of college students in our legal theory and path with Chinese characteristics from the perspective of rule of law. It will help guide college students adapt themselves to a rational and civilized lifestyle of rule of law. At the meantime, it also offers some intellectual support to the reform and innovation of legal education and teaching styles of universities. In this way, it offers a helping hand in making legal education in higher schools more targeted and effective.

Under the guidance of the research method featuring combination of theory and practice, the article, on the basis of identifying the definition of legal education in higher schools and under the guidance of connotation of its effectiveness, conducts its research with the method of "Finding related theories—making measuring tools—handing out questionnaires—conducting the survey—analyzing the sample data—proposing the proper approaches". First, the article chooses Humanism of Marxism as the direction that legal education in higher schools should work towards, uses Marxist concept of rule of law to tell whom we are teaching for and uses theory on legal education of the Communist Party of China to make clear the content of this teaching. I chose effective teaching theory and Tyler's theory on curriculum to form the basis of methodology on which we can promote the effectiveness of legal education in higher schools. Next, the article, on the basis of indicators and principles of the effectiveness of legal education in higher schools, independently proposes the measuring tools used to assess the effectiveness from the subject of teachers and students respectively. So it has the reliable measuring tools of weighing the credibility and effectiveness. Last, I handed out questionnaires and conducted the survey as well as made an objective analysis over progress made in legal education in higher schools, its shortcomings and constraint factors with the assistance of statistical analysis software SPSS 26. 0.

After the analysis, the article finds out obvious progress has been made in legal education in higher schools, which include basic knowledge of law, legal ideology of Chinese characteristics, law-based values and lifestyles. But at the same time, some shortcomings still exist in the education, such as the superficial knowledge of law mastered by college students, their lack of capacity to tackle problems with the law knowledge, their insufficient professional training on law-based thinking modes and not-so-diversified teaching methods. All the shortcomings mentioned above and beyond have a negative impact on improvement of the effectiveness of legal education in higher schools. The main causes of these shortcomings are the disparity of teachers' qualities, lack of effective integration of legal curriculum in higher schools and lack of proper assessment mechanisms, etc. To address the problems mentioned above, the article offers five approaches: First, we should help college students form their own legal values under the guidance of socialist core values so as to address issues of insufficient class hours of basic law knowledge classes and insufficient integration of political and ideological education and legal education. Second, we should make the concept of rights as the core to develop the goals of legal education in higher schools so as to address the controversies over goals of legal education in higher schools. Third, we need to invigorate all necessary factors to muster joint efforts to increase impetus for teachers to teach and for students to learn. Forth, we should promote the effectiveness of legal education in higher schools through adopting new legal education philosophies and methods so as to make legal education more targeted. Forth, we should promote the effectiveness by further increasing assessment standards and principles. Fifth, we need to promote the effectiveness of discourse of legal education by integrating and transforming the discourse system so as to deal with the issue of insufficient training on law-based thinking modes.

The research on effectiveness of legal education in higher schools is not only an important issue of theory but also a major issue of educational practice that needs solving. Such conclusions are drawn in the article on the basis of the empirical study: First, to form a consensus on goals of legal education in higher schools is a key factor for the improvement of the effectiveness of the education. Second, proper teaching methods play active roles in improving the effectiveness of the education. Third, training a group of excellent teachers is an important support to promote the effectiveness. Forth, the insufficient training on college students' law-based thinking modes is a weak spot of legal education in higher schools. Fifth, lack of effective assessment methods and mechanisms still exist.

The legal education in higher schools in the new era should have a deep understanding of the importance of teaching methods of legal education while stressing the importance on the process of the ontology and value theory. I hope that we can make Xi Jinping Thought on rule of law a leading force of the legal education in higher schools, and constantly make rule of law more an individual demand than an ideal pursuit and spare no efforts to make rule of law become personal belief and behavior of students from a thinking style and a social demand so as to improve the legal education in higher schools, thus ensuring the constant progress in effectiveness of legal education in higher schools.

Key Words: Higher Schools; Legal Education; Effectiveness; Ideological and Moral Cultivation and Basic Law Education

目　　录

第一章　绪论 …………………………………………………（1）

一　选题缘由与研究意义 ……………………………………（2）

（一）选题缘由 ……………………………………………（2）

（二）研究意义 ……………………………………………（6）

二　国内外研究现状 ………………………………………（10）

（一）国内研究现状 ………………………………………（11）

（二）国外研究现状 ………………………………………（26）

三　相关概念界定……………………………………………（33）

（一）法治 …………………………………………………（33）

（二）法治教育 ……………………………………………（37）

（三）高校法治教育 ………………………………………（43）

（四）高校法治教育的实效性 ……………………………（52）

四　研究内容和研究方法 …………………………………（54）

（一）研究内容………………………………………………（54）

（二）研究方法………………………………………………（55）

五　创新之处与研究不足 …………………………………（56）

（一）创新之处 ……………………………………………（56）

（二）研究的不足 …………………………………………（58）

第二章　高校法治教育实效性研究的理论基础 ………………（60）

一　马克思主义人学、法治思想及中国共产党人法治教育思想……………………………………………………（60）

（一）马克思主义人学思想 …………………………… (61)
（二）马克思主义法治思想 …………………………… (67)
（三）中国共产党人法治教育思想 ……………………… (71)
二　主体教育理论……………………………………………… (75)
（一）主体教育理论提出的社会文化环境 ……………… (76)
（二）主体教育理论的教育主张 ………………………… (78)
（三）主体教育理论的理论旨趣 ………………………… (84)
三　有效教学理论……………………………………………… (87)
（一）有效教学的内涵 …………………………………… (89)
（二）有效教学的教学观 ………………………………… (91)
（三）有效教学的学习观 ………………………………… (97)
四　泰勒课程原理 …………………………………………… (100)
（一）确定教育目标是课程开发和实施的
前提和基础 ……………………………………………… (101)
（二）学习经验的选择是教育目标实现的关键 …… (104)
（三）学习经验的组织是教育目标实现的有力
保障 ……………………………………………………… (106)
（四）学习经验的评价是检验和改进教育目标的
参照 ……………………………………………………… (108)

第三章　高校法治教育实效性评测工具理论依据 ……………… (111)
一　构建高校法治教育实效性评价原则和指标……………… (111)
（一）确立高校法治教育实效性评价原则 ………… (112)
（二）构建高校法治教育实效性评价指标 ………… (113)
（三）编制高校法治教育实效性测评工具的理念与
流程 ……………………………………………………… (117)
二　"高校法治教育实效性调查问卷（教师卷）"的
设计与实施 ……………………………………………… (118)
（一）预测试样本 ………………………………………… (119)

（二）构建量表的原始题项池 …………………………（123）
（三）“高校法治教育实效性调查问卷（教师卷·预测版）”结构分析 …………………………（127）
（四）“高校法治教育实效性调查问卷（教师卷·正式版）”效度和信度 …………………………（131）
三　“高校法治教育实效性调查问卷（学生卷）”的设计与实施 …………………………（140）
（一）预测试样本 …………………………（140）
（二）构建问卷的原始题项池 …………………………（142）
（三）“高校法治教育实效性调查问卷（学生卷·预测版）”结构分析 …………………………（149）
（四）“高校法治教育实效性调查问卷（学生卷·正式版）”效度和信度 …………………………（153）

第四章　高校法治教育实效性现状调查与分析 …………………………（162）
一　高校法治教育取得的实效 …………………………（163）
（一）大学生对社会主义法治性质认同度高 ………（163）
（二）法律基础课教师对法治教育目标认知比较到位 …………………………（170）
（三）大学生注重法治意识的习得与养成 …………（184）
二　高校法治教育实效性的不足 …………………………（198）
（一）大学生具体法律基础知识掌握比较疏浅 ……（199）
（二）大学生运用法律基础知识解决问题的能力欠佳 …………………………（206）
（三）形塑大学生法治思维方式专业训练不强 ……（211）
（四）高校法治教育教学方式不够多样 ……………（219）
三　高校法治教育实效性制约因素分析 ……………（227）
（一）高校法治教育教师队伍参差不齐 ……………（227）
（二）法律基础课程内容设置缺乏有效融合 ………（234）

（三）高校法治教育缺乏相应的评价机制 …………（242）

第五章 提高高校法治教育实效性的对策 ……………………（248）
一 以社会主义核心价值观为指引形成大学生法治教育价值认同 …………………………………………（248）
（一）法治教育的本体价值：公平、正义 …………（249）
（二）法治教育的目标价值：自由、平等 …………（251）
（三）法治教育的社会价值：秩序、稳定 …………（253）
二 以权利概念为核心延展高校法治教育多维目标………（254）
（一）深化权利概念认知，引领学生树立正确的权利主体意识 ……………………………………（254）
（二）深植权利社会属性认同，引导学生形成马克思主义权利观 ……………………………………（257）
（三）强化权利能力培养，促进学生通过权利义务关系构建新型社会关系……………………（259）
三 以协同和激活高校法治教育各要素凝聚高校法治教育合力 ……………………………………………（261）
（一）以学生法治需求为切入点培育学生法治意识 ……………………………………………（261）
（二）以教师法治教育经验的组织方式为抓手拓宽高校法治教育理念…………………………………（262）
（三）以思想道德修养课程文化育人优势为契机深耕高校法治教育文化…………………………………（264）
四 以革新法治教育方法转变高校法治教育理念…………（265）
（一）以教师主导学习与学生自主学习相结合培养大学生法治信仰 ……………………………（265）
（二）以教学方法转变为突破口提升大学生法治实践能力 ……………………………………………（267）
（三）以思想政治理论课程体系融合优化高校法治

教育课程设置理念 …………………………………（270）

五　以话语体系的融合与转向提高高校法治教育话语效力 ………………………………（272）

（一）注重法治教育中法治政治话语与法律话语融合 ……………………………………（272）

（二）促进法治教育教材话语向教学话语有效转接 ……………………………………（274）

（三）推进法治教育理论话语与生活话语交融 ……（276）

结论与展望 ………………………………………（278）

一　结论 ………………………………………………（278）

二　展望 ………………………………………………（282）

参考文献 …………………………………………（293）

附　录 ……………………………………………（308）

附录 A　高校法治教育实效性调查问卷（教师卷）……（308）

附录 B　高校法治教育实效性调查问卷（学生卷）………（315）

后　记 ……………………………………………（324）

第一章　绪论

习近平指出："中国特色社会主义法治道路，是社会主义法治建设成就和经验的集中体现，是建设社会主义法治国家的唯一正确道路。在走什么样的法治道路问题上，必须向全社会释放正确而明确的信号，指明全面推进依法治国的正确方向，统一全党全国各族人民认识和行动。"[①] 上述内容一方面充分体现了新时代党和国家建设社会主义法治国家的决心和信心，另一方面也对全党全国各族人民在思想和行动上提高法治认识、树立法治意识、坚定中国特色社会主义法治道路提出了更加具体的新要求。围绕如何将全国各族人民的认识和行动统一到全面依法治国、建设社会主义法治国家、坚定社会主义法治道路上来这一理论和实践问题，不仅需要中共中央和国家政府制度机制层面的顶层设计，而且需要通过宣传教育对公民个体的法治意识、法治观念、法治行为、法治习惯进行引导和培育，以期新时代全国各族人民都把思想认识和实践行为统一到法治素养全面提升上来。从思想认识层面上看，2016 年教育部、司法部、全国普法办联合印发的《青少年法治教育大纲》（以下简称《大纲》）就是从法治教育的角度对全面推进依法治国的落实和贯彻。《大纲》从青少年法治教育的重要性、紧迫性、指导思想和工作要求、法治教育目标、法治教育内容和实施途径以及保障措施等方面对青少年法治教育进行了全面指导。目前，法治教育从总体上呈现出从偏重政策宣传转向主张进行系统科

---

① 中共中央文献研究室：《习近平关于全面依法治国论述摘编》，中央文献出版社 2015 年版，第 24—25 页。

学讲授，从注重法治形式教育转向完善法治实质内容教育，从法制教育向法治教育转变，从具体知识传授转向融入社会主义核心价值观渗入式法治素养养成的整体变迁特点。相对于其他学段的法治教育，高校法治教育处于青少年法治教育的高级阶段，是大学生步入社会前储备知识、积累经验、价值成形、行为模塑的整合阶段。承担着新时代中国公民法治教育和法治启蒙的重要任务，承载着中国法治社会建设的梦想，形塑着新时代现代公民性格，开启着新时代公民品格培养的新路径。因此，高校法治教育效果的优劣会能动地反作用于中国新时代法治国家、法治政府、法治社会的建设，高校法治教育效果的提升对新时代国家治理方式的转变和治理能力的提升具有一定的推动作用，对提高新时代公民整体法治素养和促进中国社会向法治现代化社会转型具有一定的促进和推动意义。

一　选题缘由与研究意义

（一）选题缘由

随着中国社会的发展和改革的不断深化，处于新时代的中国必然会随着时代发展的要求而不断提升，党的十九大报告指出：“全面依法治国是中国特色社会主义的本质要求和重要保障。”① 可见，法治已成为新时代中国特色社会主义发展的内生要求。同样，对于如何深化依法治国实践，党的十九大报告指出：“全面依法治国是国家治理的一场深刻革命，必须坚持厉行法治，推进科学立法、严格执法、公正司法、全民守法。”② 对于在新时代如何进行法治宣传教育，则明确要求“加大全民普法力度，建设社会主义法治文化，树立宪法法律

---

① 习近平：《决胜全面建成小康社会 夺取新时代中国特色社会主义伟大胜利》，人民出版社 2017 年版，第 22 页。

② 习近平：《决胜全面建成小康社会 夺取新时代中国特色社会主义伟大胜利》，第 38 页。

至上，法律面前人人平等的法治理念。”①

在尊法、信法、守法、用法、护法已成为中国公民必修课的新时代，法治教育效果仍然不能满足社会发展的需要。2014 年党的十八届四中全会通过的《中共中央关于全面推进依法治国若干重大问题的决定》提出：“坚持把全民普法和守法作为依法治国的长期基础性工作，深入开展法治宣传教育”“把法治教育纳入国民教育体系”。2015 年党的十八届五中全会通过的《中共中央关于制定国民经济和社会发展第十三个五年规划的建议》提出，要“弘扬社会主义法治精神，增强全社会特别是公职人员尊法守法用法观念，在全社会形成良好法治氛围和法治习惯。”据此可知，加强全民普法、守法、尊法、信法已成为新时代党和国家的重要工作，在此基础上，《青少年法治教育大纲》在 2016 年的适时发布，不仅对我国青少年法治教育进行了全面部署，同时也凸显了实施青少年法治教育作为推进全面依法治国和建设社会主义法治国家基础工程的深远意义。不得不承认，我国的民主法治建设起步较晚，自 1949 年以来，五四宪法赋予了中国公民有史以来的各种权利和社会地位，在中国法治史上具有划时代的重大进步意义。然而，这并不代表中国法治启蒙和法治教育任务已经很好地完成，宪法教育开始进入国民生活时，过多地强调公民的义务与责任。同样以普法为核心的法制教育也偏重于守法教育，偏重于法律常识宣传、偏重于“运动化”普法，忽视权利意识培养，忽视法律价值和法治精神倡导，规范化常规化制度化法治教育呈现出不足。以法律条文为核心的法制教育难以承载新时代法治建设的战略性要求。在新时代，我们必须清醒地认识到青少年作为国家和民族的未来，作为社会主义事业的接班人，他们的法治意识、法治素养和法治观念在很大程度上决定着新时代中国特色社会主义法治国家建设的未来样态和建设进程。因此，高校法治教育一方面肩负着新时代现代法治宣传教

① 习近平：《决胜全面建成小康社会 夺取新时代中国特色社会主义伟大胜利》，人民出版社 2017 年版，第 38 页。

育的基本任务，另一方面也为实施依法治国战略和建设法治国家夯实国民法治素养软实力。从国家长远发展来看，更是肩负着中国百年来未能完成的现代公民法治启蒙使命，肩负着中国公民教育现代性转型的历史任务。

全面依法治国战略的实施从一个侧面厚植了法治教育和法治文化氛围。事实上，“在我国目前的法治建设中，最大的困难来自文化传统，人们对法的理解、承认和接纳尚存很多障碍，自下而上的对法的信仰尚未形成。”① 法治得以真正生成源自人们对于法律的信仰，而不是单纯地靠国家外在力量的推进，法治所内含的民主制度、司法体制和价值观念只有深深地扎根于每一个社会个体成员的心中，并把法治所倡导的原则真正内化为社会生活的要素和行动准则，法治国家、法治社会、法治政府的建设才能取得成效，但这些成效的取得离不开法治教育无声润物作用的发挥。

在依法治国战略背景和中国法治国家、法治政府、法治社会的一体推进建设的现实情境下，高校法治教育的重要性和实效性越来越被社会各界和学者所关注。高校法治教育的实效性因其课程载体、教育模式、教育方法、教育目标等一系列问题而受到一些学者的质疑，如何提高高校法治教育的实效性是高校法治教育要回答的基本性问题。与此同时，高校法治教育实效性的提高面临着课程设置、知识体系、师资力量、评价方式、实践效果等多方面的挑战，毋庸置疑，实效性是高校法治教育的生命力和内在要求。因此，立足全面依法治国战略背景，从高校法治教育实际出发，以实证研究的方法，系统分析高校法治教育各要素对实际效果的影响，深刻探索增强高校法治教育实效性的路径具有重要的理论和现实意义。高校法治教育实效性研究是一个具有强烈现实意义的课题，近年来受到高校思想政治教育领域、高校法治教育及法学研究领域大批著名学者的多重关注。关于高校法治

① 杨昌宇：《自由：法治的核心价值》，法律出版社 2006 年版，第 2 页。

教育研究的专著相继出版，例如《大学生法治教育论》[①]《高校法治教育教程》[②] 等，一大批与高校法治教育“实效性”问题直接相关的论文陆续见刊。这充分说明学术界对于这一问题的关注和研究不在少数。学界注重对于这一问题的研究和探讨，其中一个重要原因就是高校法治教育在现有的教育模式下其效果不尽如人意，提高高校法治教育实效性研究，还有很多问题值得思考，例如，高校法治教育与传统意义上的法制教育以及法学学科下的法学教育目标是否有区别？在《思想道德修养与法律基础》课程框架之下如何定位高校法治教育？高校法治教育应该是从属于道德教育之下的德育还是专属教育？在思想政治课程设置视域下的高校法治教育具有哪些特点？高校法治教育设置的课程目标能否满足新时代法治教育的新要求？高校法治教育在思想政治教育课程生态中道德教育与法治教育的联结点是什么？高校法治教育的教育理念、教育方式与思想政治教育是否存在区别？思想政治教育的整体性思维、实质性思维对高校法治教育将要树立的形式性法治思维具有什么样的影响与冲突？《思想道德修养与法律基础》课程中法治教育的知识体系安排能否激发学生自觉学习的兴趣？高校法治教育在实施过程中如何关照不同层级的教育目标？高校法治教育应该着力理论教育还是素质教育？高校法治教育的理念是对国家治理方式转变要求之下的法治宣传权宜教育还是对学生进行以人的全面发展为根本目的的法治素质教育？这些问题有的是宏观层面的，有的是具体的与高校法治教育课程设置相关的，从一定意义上讲，这些问题的厘清和研究都迫切要求学术界对如何增强高校法治教育实效性这一课题进行深入探讨。在法治国家、法治政府、法治社会一体建设及依法治国理政的前提条件下，探讨高校法治教育的实效性不仅是一个现实问题，同时也是一个关于法哲学和政治哲学的理论问题。本书以高校法治教育实效性研究为着力点，以《思想道德修养与法律基础》

① 姚建龙、马岩：《大学生法治教育论》，中国政法大学出版社 2016 年版。

② 马长山：《高校法治教育教程》，中国民主法制出版社 2019 年版。

课程实证分析为载体，从法治教育的过程、意义和法治的概念入手剖析高校法治教育的理论和现实意义。

（二）研究意义

1. 理论意义

（1）有助于凝聚与达成高校法治教育目标共识

改革开放以来，思想政治课程视域下的高校法治教育在法治基本理念、法律规范、法治素质、法治意识等方面不断丰富与更新，体现了法治教育理念与国家法治建设实践同步发展的一般规律。以思想政治教育课程为主线，高校法治教育与政治教育、道德教育相融合的教育探索，形成了高校法治教育的基本教育模式。新时代随着我国依法治国战略的深入实施，学界不同领域、不同主体从不同角度、不同侧面对法治内涵、法治文化、法治制度、法治意识的研究正如雨后春笋般发展着。这些无疑对开拓高校法治教育研究目标、丰富高校法治教育研究内容起到了推进作用，但也容易使高校法治教育与法律教育和法学教育的研究内容产生纠缠与混同。一些学者基于加强高校法治教育目的提出高校法治教育应该是专属教育，而不应该从属于思想政治教育，对高校法治教育融入思想政治课程设置不理解。本书在梳理高校法治教育课程设置的内在意蕴及其自身特点的基础上，聚焦于高校法治教育多层教育目标的厘清与整合，对高校法治教育中的法律知识教育、法治意识启蒙、法制制度教育、法治思维培养、法治方式习得、法治信仰坚定、牢固树立马克思主义法律观、增强马克思主义权利义务观、增强中国特色社会主义法治话语自信等多维教育目标和不同要求进行了梳理与分析。研究高校法治教育在思想政治教育课程视域下的特有课程方式，以及处于高校思想政治课程生态话语下的高校法治教育本身就有一定的复杂性，但这为在思想政治理论课程视域下厘清高校法治教育的合理内核，达成高校法治教育共识提供了实证分析与理论依据。为高校法治教育在实践中既不以法律知识教育、法治思维培养的一般性否认法治教育的意识形态教育的特殊性，也不以法治意识形态的抽象性、整体性忽略法治教育中法治思维、法治方式的具体性和个别性提供研究参考。当然，如何凝聚高校法治教育目标共识需要全体高校法治教育教师、学者、专家展开思考。厘清思想政治课程视域下高校法治教育目标的意义重大，对高校法治教育定位起着重要的前提和基础作用。

（2）有助于树立和坚定中国特色社会主义法治理论自信

对当代大学生进行法治教育，从个体角度来说，就是要让大学生通过学习法律知识，从而使其具有尊法、守法、用法、护法意识。通过培养学生法治意识、法治思维、法治信仰、法治能力，让学生在现实生活中积极践行法治理念，养成自觉守法、遇事找法、解决问题靠法的习惯。从国家层面来说，通过对大学生进行高校法治教育，就是要让大学生知晓、认知社会主义法治所追寻的公平、正义、自由、平等、秩序、稳定等形式价值和实质价值，并以法治价值为指引培养具有现代法治素养的、坚定社会主义法治理念和法治道路的、全面发展的新时代社会主义合格建设者和接班人。增强中国特色社会主义法治道路自信是高校法治教育、法治意识形态教育的深层意蕴。通过高校法治教育，我们最终要让大学生明白：

> 每一种法治形态背后都有一套政治理论，每一种法治模式当中都有一种政治逻辑，每一条法治道路底下都有一种政治立场。我们要坚持的中国特色社会主义法治道路，本质上是中国特色社会主义道路在法治领域的具体体现；我们要发展的中国特色社会主义法治理论，本质上是中国特色社会主义理论体系在法治问题上的理论成果；我们要建设的中国特色社会主义法治体系，本质上是中国特色社会主义制度的法律表现形式。①

---

① 中共中央文献研究室：《习近平关于全面依法治国论述摘编》，中央文献出版社2015年版，第34—35页。

因此，高校法治教育也要从学理方面给新时代大学生讲清中国特色社会主义法治理论的政治立场就是以人民为中心，这样的法治理论是与中国的国情相适应的，是保障中国改革和顺利发展的必然选择。帮助当代大学生熟知中国特色社会主义法治理论，牢固树立中国特色社会主义法治制度自信不仅是高校法治教育的基本任务，也是高校法治教育贯彻立德树人、培养新时代社会主义合格接班人和建设者的内在要求。

（3）有助于改革与创新高校法治教育教学理念和方式

习近平总书记在学校思想政治理论课教师座谈会上提出的“八个相统一”要求，不仅为高校思想政治理论课改革创新指明了方向，也为提高高校法治教育针对性、实效性，力促高校法治教育全方位深化改革与创新提供了理论遵循。高校法治教育囿于传统法制教育理念、教育方式的影响，其实效性和针对性一直是制约高校法治教育发展的瓶颈。基于高校《思想道德修养与法律基础》中观法治课程教师与学生一定数量问卷的实证研究，具体地、科学地、全面地分析高校法治教育存在的问题和不足，为高校法治教育教学方式的改革与创新提供了实证依据。以高校法治教育课程载体《思想道德修养与法律基础》为视角进行研究，有助于高校法治教育改革和创新有的放矢，尽力解决高校法治教育主渠道的实效性问题，并以点带面，为全面推动高校法治教育实效性做好铺垫，为进一步优化高校法治教育课程内容与课程教育目标提供实证参考，为习近平法治思想有效贯穿、融入思想政治理论课教学打好基础。

2. 现实意义

（1）有助于全面、确切理解高校思想政治课程中开展法治教育的初心

高校法治教育自“05 方案”实施以来，随着国家经济社会的发展和法治内涵的不断深化，高校法治教育目标也随着时代要求的发展而不断丰富。高校法治教育课程教育目标从最初的守法教育逐渐过渡到引导学生对现代法治价值的遵循与信仰上，引导学生不仅要学法、

守法，而且要尊法、信法、护法。不仅要教育学生学习法律基础知识，而且要让学生感受到中国法治理论与实践的不断丰富和逐步深入，增强大学生对中国特色社会主义法治理论自信和道路自信。不仅要着力培养学生法治意识、法治思维、法治信仰，而且要引导和帮助大学生在学习马克思主义法学原理的基础上，深刻理解我国社会主义法律所体现的党的主张和人民意志的统一、科学性与先进性的统一，充分认识到我国社会主义法律对中国特色社会主义建设和改革的重要保障作用。不仅要让学生理解法律权利与义务的关系，而且要引导学生在现实生活中理解和内化法治理念、原则和标准并依此判断、分析和处理日常生活问题。以实际行动维护社会主义法律权威，成为法治中国建设的中坚力量。本书通过实证研究方法，对高校法治教育所承载的教育目标进行不同维度的实证调查和分析，对当前高校法治教育所取得的成效和存在的不足，以及制约高校法治教育效果的具体因素进行分析，对改革和创新高校法治教育方式，完善高校法治教育目标，科学全面认识高校法治教育目标，提高高校法治教育实效性具有一定的促进作用；有助于坚持采取全面的、发展的观点理解在高校思想政治课程中开展法治教育的初心。

（2）有助于引导大学生自觉适应理性文明的法治生活方式

新时代我国社会的主要矛盾已从社会主义之初的人民日益增长的物质文化需要同落后的社会生产之间的矛盾，转变为人民日益增长的美好生活需要和不平衡不充分的发展之间的矛盾。随着我国社会主要矛盾的变化，我国经济社会发展的阶段、人民生活的方式和生活理念、人民对美好生活的追求都发生了深刻变化，这些深刻变化使人们对精神文化生活提出了更高的要求。我国社会主要矛盾的转变一方面说明我国发展的历史方位发生了深刻的变化，另一方面暗含着人们的生活方式、生活理念也发生了深刻的变化。这些深刻变化最终都将体现在新时代中国社会人与人之间关系由传统熟人社会关系向现代权利义务关系的转向上。这种现代权利义务型的关系，不同于中国传统农业社会熟人社会关系之处在于人与人之间矛盾的解决不是靠相互认识的熟人调解和劝说，而是受国家法律法规所规定的公民权利与义务的规范与约束。新时代中国无论是全面建成小康社会还是推进治理体系和治理能力现代化，都对每一位公民掌握法律知识、熟知法治理念、具备法治思维、适应理性文明法治生活提出了更高的要求，学习法治理论和掌握法律知识也是对当代大学生的必然要求。因此，大学生通过接受高校法治教育，提高自己的法治素养，有助于引导新时代大学生自觉适应现代社会理性文明的法治生活方式。

（3）有助于拓宽与提升高校法治教育研究视野和方法

在研究中我们发现，高校法治教育的实效性受到多重因素的约束和影响。多角度透视和研究高校法治教育可以避免研究思维受限、研究视野局限、研究方法陈旧等弊端。本书在研究过程中以马克思主义人学理论为指导，以马克思主义人学思想中人的主体性思想、马克思人的全面发展思想、马克思人的社会性思想及马克思实践性思想提振高校法治教育，为高校法治教育指明发展方向；以马克思主义法治思想为指引，对高校法治教育为谁培养人指明育人方向；以中国共产党人法治教育思想为依据，为高校法治教育教什么提供了理论基础。应用教育学中不同教育理论侧重从教育主体、教学方法、课程理论不同侧面多角度为高校法治教育研究提供方法论支撑。采取多学科融合的研究视野与方法，为高校法治教育从育人本质到育人方法提供综合立体多维研究视角，运用实证调查研究方法拓宽高校法治教育研究进路，多角度、多视角切入高校法治教育研究对不断创新高校法治教育及提高其实效性在研究方法上具有抛砖引玉的作用。

二　国内外研究现状

关于法治教育，我国学者的研究经历了由“法律教育”向“法制教育”再向“法治教育”转变的过程，这与我国的经济社会发展以及学者对法治的一步步认识是吻合的。虽然对法治的认识不断深化，实践中我国法治教育虽然经历了 30 多年的实践和发展，但总体效果尚有待提高。在高校法治教育的过程中仍然存在着法治教育应该是法律知识教育还是法治信仰教育之争，法治教育应该是单一维度教育还是多向维度系统教育之争。同时对高校法治教育实效的评价标准目前也没有形成统一的看法。这些争论因学者的看法和注意力的不同而不同，这也说明我国关于“法治”的理解仍然处于起始阶段，高校法治教育的内容和方式仍然处于摸索阶段。当前，一方面，从党中央“坚持用马克思主义法学思想和中国特色社会主义法治理论全方位占领高校”“推动中国特色社会主义法治理论进教材进课堂进头脑”“把法治教育纳入国民教育体系”等一系列要求的提出中可以看出高校法治教育研究的重要性。从另一个方面也可以看出，国家给予法治教育以及高校法治教育高度重视和关注，因此，近年来，对法治教育的学术研究呈现出逐年增长、不断丰富的现状。实践上，随着人们的法治意识越来越强，人们越来越倾向于通过法治手段维护自己的各项权益，法治案件处理结果、法治文化建设备受人们的广泛关注，这些都促使国内越来越多的专家学者关注高校法治教育及其实效性研究。从所查阅的文献资料成果来看，这一领域的研究已经取得了一定的发展。

（一）国内研究现状

1997 年党的十五大提出“依法治国，建设社会主义法治国家”的要求，紧接着，1999 年 3 月 15 日我国通过《中华人民共和国宪法》修正案，明确宣布“中华人民共和国实行依法治国，建设社会主义法治国家”，这意味着现代意义上的“法治”登上中国历史舞台，意味着“法要从执政者和司法者手中的‘工具’，变成一切人行为的‘依据’，任何人不得凌驾于其上”①。法治从此成为中国人民开启理性文明生活的重要方式，因此，中国政府自上而下对法的宣传教

① 李德顺：《法治文化论——创造理性文明的生活方式》，黑龙江教育出版社 2019 年版，第 58 页。

育拉开序幕，也是在1999年学界开始关注高校法治教学与教育话题，截止到2020年8月，以“高校法治教育”为主题在CNKI中国期刊全文数据库里进行搜索，共获得相关论文624篇，获得博士学位论文11篇，硕士学位论文143篇；以“高校法治教育和实效性”为主题在中国期刊全文数据库里进行搜索，获得博士学位论文1篇，硕士学位论文10篇，期刊论文23篇；以“高校法治教育”为关键词在中国期刊全文数据库里进行搜索，获得博士学位论文1篇，硕士学位论文13篇，期刊论文146篇；以“高校法治教育和实效性”为关键词在中国期刊全文数据库里进行搜索，共获得硕士学位论文1篇，相关期刊论文2篇；以“高校法治教育”为篇关摘在中国期刊全文数据库里进行搜索，共获得博士学位论文92篇，硕士学位论文948篇，相关期刊论文3351篇；以“高校法治教育和实效性”为篇关摘在中国期刊全文数据库里进行搜索，获得博士学位论文10篇，硕士学位论文95篇，期刊论文135篇。上述研究成果从高校法治教育问题、大学生法治意识教育、大学生法治认同、大学生法治思维培育等方面进行了深入研究，同时从传播学视域、女生维权、高校学生违纪处分、高校学生学位授予纠纷、大学生民主参与高校管理法治化建设、大学生法治教育与创新创业融合教育等多角度对当代高校大学生法治现状进行了适时研究和客观评价。一些专家学者在梳理高校法治教育存在问题的同时，提出了一些有针对性的、提高高校法治教育实效性的策略和对策，为进一步提升高校法治教育效果，提高高校法治教育实效性研究提供了丰富的思想和理论资源，开阔了研究高校法治教育实效性的视野和思路。通过梳理，发现当前高校法治教育研究呈现出如下特点。

1. 研究高校法治教育某一具体内容的比较多，整体研究比较少

2016年教育部等部门联合印发的《青少年法治教育大纲》明确规定了高等教育阶段法治教育要求，即系统地介绍中国特色社会主义法学理论体系的基本内涵；掌握法治国家的基本原理，知晓法治的中西源流；明确全面推进依法治国的战略目标、道路选择和社会主义法

治体系建设的内容与机制；了解法治的政治、经济、文化、社会和国情基础，理解法治的核心理念和原则；掌握宪法基本知识，了解中国特色社会主义法律体系中的基本法律原则、法律制度及民事、刑事、行政法律等重要、常用的法律概念、法律规范；增加法治实践，对高等教育阶段法治教育目标的设定就是期望提高高校学生运用法律知识分析、解决实际问题的意识和能力。[①] 围绕提高高校法治教育实效性的理论和实践诉求，许多学者就高校法治教育目标、法治教育理念、法治精神和法治信仰教育进行了充分的论述，但对它们之间的关系、层级、结构缺乏整体阐述，对它们在法治教育理论架构、理论逻辑中所产生的法治教育实效性与具体体现还缺乏深入剖析，造成法治教育在研究内容上呈现出碎片化、孤立化和非持续性的问题。

（1）关于高校法治教育目标研究

高校法治教育目标研究从高校法治教育实效性研究意义来看，对整个高校法治教育实效性研究起着提纲挈领的重要作用。高校法治教育目标的厘清和界定为高校法治教育效果的评价提供了重要的理论依据，据此，任颖、李晓慧、李建军（2016）认为，法治教育是一项政治性、思想性、理论性、实践性很强的综合教育，加强青少年法治宣传教育是贯彻党的教育方针、实施素质教育、培养社会主义合格公民的客观要求。[②] 臧宏（2016）认为，新时期高校法治教育的目标是一个由法治观念、法治思维、法律信仰、法治行为等内容构成的多维体系，其最终的目标是培养大学生成为社会主义法治的忠实崇尚者、自觉遵守者、坚定捍卫者。[③] 陈大文、周扬洋（2017）认为，“思想道德修养与法律基础”课必须在改进中加强大学生法治教育，广大教师面临的新任务是准确把握依法治国与以德治国相结合的法治原则，

---

① 姚建龙、马岩：《大学生法治教育论》，中国政法大学出版社2016年版，第220页。

② 任颖、李晓慧、刘建军：《青少年法治宣传教育有效性研究》，《中国司法》2016年第2期。

③ 臧宏：《高校法治教育的目标体系探析》，《东北师大学报》（哲学社会科学版）2016年第5期。

充分认识法治对经济社会发展的保障作用，深刻理解全面依法治国的主要任务，坚定走中国特色社会主义法治道路等，进一步明确教学目标。[①] 卢建有、臧宏（2017）认为，自改革开放以来，以课程建设为主要载体的高校法治教育经过了从注重法律知识教育到注重法制意识教育，再到当下对学生进行的具有现代法治内涵的法治教育。这一发展取向是与中国特色社会主义法治历程密切相关的。以核心目标和具体内容为依据，新时期高校法治教育的发展可具体分为五个阶段，即初级民主法制知识教育阶段、法律常识教育阶段、社会主义法制观念和法律意识教育阶段、社会主义法治理念教育阶段、社会主义法治意识和依法办事习惯教育阶段。从以上演进阶段可以看出，高校法治教育目标并不是一成不变的，它的确定和发展是随着中国建设和改革的历史与社会发展要求的变化而变化的。这一目标侧重点的演进不仅反映了国家在不同发展阶段法治教育目标与当时的社会经济发展要求完全适切，而且体现了国家、社会和公民个体对法治的理解不断深化。[②]

（2）高校法治理念教育研究

高校法治理念教育是培养当代大学生法治观念、法治信仰、法治精神，进而将其外化为法治行为的中枢指挥，“不同的法治理念决定了不同的法治思维方式……法治理念不同，法治思维的权利（权力）推理也就不同，行为方式因此也不同”[③]。可以看出，高校法治理念的研究决定高校大学生法治思维的培养方向和内容，也为高校法治教育拓宽了理论进路。陈大文（2010）认为，社会主义法治理想、信念及观念的总和构成了社会主义法治理念，是对社会主义法治的内在要求、精神实质和基本原则的概括和反映，是社会主义法治的精髓和灵魂，是立法、执法、司法、守法和法律监督等法治领域的基本指导

① 陈大文、周扬洋：《在改进中加强大学生法治教育的新任务》，《思想理论教育导刊》2017 年第 7 期。

② 卢建有、臧宏：《改革开放后高校法治意识教育的发展取向探析》，《思想政治教育研究》2017 年第 6 期。

③ 张静焕：《法治思维研究》，吉林大学，博士学位论文，2018 年。

思想。[①] 黄文艺（2010）认为，高校法制教育的核心是社会主义法治理念教育，社会主义法治理念教育应强化法治观念的正确树立、法律思维习惯的培养、法律信仰形成的坚定和依法办事能力的增强。为此，高校法制教育可以采用案例教学法、比较教学法、讨论教学法和实践教学法。[②] 李婧（2011）认为，作为高校法治教育的重要组成部分即高校法治教育理念教育，其法律意识培养、正确法治理念的确立、法治精神的培育是高校法治教育理念教育的总体目标，全面提升大学生的法律素质是其根本任务。[③] 赵东玉、徐国亮（2017）认为，从结构上看，法律知识、法律感情、法治意识以及法治信念是法治理念的重要组成内容，而且它们之间具有一定的逻辑关系。法治理念在法治社会里起着基石的作用。[④] 可以看出，学者们一致认为，大学生法治理念的培育在高校法治教育中具有举足轻重的作用，法治理念教育统领着高校法治教育的具体内容，对高校法治教育实效性的发挥起着统摄作用。

（3）高校法治思维教育研究

一些学者认为高校法治教育目标的实现，教育理念的贯彻，教育效果的展现，都将以高校法治思维的教育或训练来体现。蔡晓卫（2014）认为，法治思维就是按照法律的规定、原则和精神对所遇到或所要处理的问题进行分析、综合、判断以及预设方案的思维过程，是将法律规定、法律知识、法治理念付诸实施的思维前设阶段。大学生法治思维是以权利义务为中心的，体现公平正义，强调法律程序的合法性思维。[⑤] 陈大文、孔鹏皓（2015）认为，当前和今后一个时期

---

① 陈大文：《论大学生社会主义法治理念教育的目标定位》，《思想理论教育导刊》2010 年第 4 期。

② 黄文艺：《论高校社会主义法治理念教育》，《思想理论教育导刊》2010 年第 5 期。

③ 李婧：《高校加强社会主义法治理念教育的思考与建议》，《思想理论教育导刊》2011 年第 12 期。

④ 赵东玉、徐国亮：《依法治国视域下大学生法治理念的培育——基于山东省 8 所大学的调查》，《思想教育研究》2017 年第 6 期。

⑤ 蔡晓卫：《论高校大学生法治思维的养成》，《中国高教研究》2014 年第 3 期。

培养大学生社会主义法治思维是法制教育的重要任务，对大学生进行社会主义法治思维的培养是一个系统工程，学校法制教育应在环境营造、观念转变、程序保障方面三管齐下。法治思维的依据是法律条文和法治理念，但不能将法治思维的依据局限为法律条文。[①] 徐科琼、赵红梅（2016）认为，高校大学生法治思维的养成应当通过“知法”以获得法治思维的认知基础，通过“守法”以领悟法治的神圣感，通过“用法”以提升法治认同感。当前大学生法治思维养成在高校法治教育中的效果差强人意，存在的主要问题是：培育过程过于压缩，缺乏系统性和长期性；培育的方式过于单调，缺乏多样性和针对性；培育环境趋于行政化，缺乏民主性和渗透性。[②] 张静焕（2018）认为，与法律思维强调思维客体不同，法治思维更强调思维主体，侧重于法律授予主体的权限及其范围，即更侧重于强调权利的合法性、强调法律授权，以此来思考问题和解决问题。法治思维引发主体主动思考自身的权利来源或推定应有的权利及其现实的保护，解决思维主体如何促成法治实现的问题，法治思维的强化和提高，有助于唤醒法治主体的权利法定意识和权利推理意识。法治思维的基本规则包括：主体有明确的法律规定权限；恰当选择法治方式；遵守规则并尊重裁判。[③] 李红玲（2019）认为，法治思维作为法治意识形态，是“知、情、意、信、行”的统一与融合。始于“思”，终于“行”，最终目的是教会学生依法办事，让学生在实践中将法治思维与法治实践辩证统一起来。[④]

以上对法治思维进行的深刻研究，强调对大学生进行法治思维培养的重要性，认为在教育过程中是否注重和养成大学生法治思维直接

---

① 陈大文、孔鹏皓：《论大学生社会主义法治思维的培养》，《思想理论教育导刊》2015 年第 1 期。

② 徐科琼、赵红梅：《试析当代大学生法治思维的养成路径》，《西南石油大学学报》2016 年第 4 期。

③ 张静焕：《法治思维研究》，吉林大学，博士学位论文，2018 年。

④ 李红玲：《当代大学生法治思维培育研究》，哈尔滨师范大学，博士学位论文，2019 年。

关系到高校法治教育实效性的高与低、强与弱。上述学者、专家关于法治思维的研究，在高校法治思维教育具体讲授中对厘清法律思维、法治思维、法理思维之间的联系与区别，以及法治思维的主体范畴具有重要的意义。当然，对高校法治教育中大学生法治思维的培养和研究虽然与高校法治教育实效性没有直接关联，但不否定一些学者、专家都是以提高高校法治教育实效性为目的和初衷来探讨高校法治教育相关问题的，正是关于法治教育实效性影响因素具体问题的探讨，不仅拓宽了高校法治教育实效性研究的理论进路，而且廓清了与高校法治教育内容相关的法律概念，深化了高校法治教育的具体内容。除此之外，杨超（2017）从法治文化视域对大学生法制教育价值取向变革进行了研究。他从整体视角指出，处于转型背景下的大学生法制教育所遭遇的“低效”及“边缘化”挑战，合理的价值取向为法制教育各方面、各层次的改革指明了方向。[①] 以上研究有助于本书聚焦和凝练影响高校法治教育实效性的因素和维度，为本书开阔了研究思路和视野。

2. 研究高校法治教育存在问题及提高高校法治教育实效路径的成果比较多，但研究提高高校法治教育实效性创新性路径的成果比较少

在高校法治教育研究过程中，许多学者对高校法治教育所存在的问题各抒己见。通过梳理可以发现，认为高校法治教育实效性不高，效果不甚理想成为学界的普遍共识。学者普遍认为，高校法治教育课程设置不尽合理；法律实践教学薄弱；师资队伍不能满足教学需要；法治文化氛围不强；高校依法治校的水平有待提高，等等。

（1）高校法治教育存在问题研究

一些学者认为，高校法治教育课程载体是影响法治教育效果的原因之一，课程载体难以完全承载法治教育的所有目标。赵兴宏、潘帅

① 杨超：《大学生法制教育价值取向变革研究——法治文化视域的思考》，上海大学，博士学位论文，2017 年。

杰（2015）认为，高校法治教育课程体系设置仍有不合理之处，《思想道德修养与法律基础》作为高校法治教育课程载体，其教材设置和安排中存在法治教育内容少的客观实际，基于此在教学实践中必然会产生课时安排少，内容讲解粗，考查轻的客观现象，这必然会影响高校法治教育效果的提升。[①] 徐蓉（2016）认为，高校法治教育存在的难题是，如何界定高校法治教育是专属教育还是从属教育，是知识教育还是观念教育，是理论教育还是实践教育，是对国家治理的要求还是对人的素养的要求。法治教育应该如何归属、如何开展，才能真正实现业已提出的基本目标要求，这也导致教育教学设计和实践难以准确定位。[②] 董翼（2016）认为，教育内容上的附属化、重复化，法学知识的专业化，以及教育方法上的理论与实践相分离、网下教育与网上教育相分离、显性教育与隐性教育相分离是大学生法治教育存在的主要问题。[③] 孟鹏涛（2017）认为，在目前高校法治教育课程中，法治教育教材篇幅与内容偏少，尤其是学时较少，导致教师只能在教学实践过程中对法律相关知识泛泛而谈，很难全面深入讲解法治内涵、法治理念等深层次内容。同时法律教学的片面性难以满足大学生法律素质提高的需要和建设社会主义法治国家对公民法律素质的要求。一些学者认为，法治教师队伍法律专业性不强是制约高校法治教育实效性的因素之一。[④] 郑文姬（2009）认为，高校法治教育需要受过正规培训、具有一定理论水平和实践经验的法律教师队伍，现实中“两课”教师队伍可以说是一支杂牌军，良莠不齐。[⑤] 彭美、张莉（2011）认为，高校法制教育教师资源严重不足，现实中很多高校不

---

① 赵兴宏、潘帅杰：《依法治国背景下提高大学生法治教育实效性的路径探析》，《湘潮》2015 年第 9 期。

② 徐蓉：《当前高校法治教育发展的障碍与突破》，《思想理论教育》2016 年第 11 期。

③ 董翼：《大学生法治教育存在的主要问题及对策思考》，《思想理论教育》2016 年第 3 期。

④ 孟鹏涛：《中国高校法治教育问题研究》，吉林大学，博士学位论文，2017 年。

⑤ 郑文姬：《高校法制教育的改革探析》，《前沿》2009 年第 7 期。

得不安排学校行政人员或者聘请退休政工干部兼课，相比于其他专业教师，高校法治教育教师普遍缺乏进修培训的机会，这是高校法制教育难以突破的客观瓶颈。① 一些学者认为，法治教育教学模式偏重宣讲，理论高度和实践性不强。莫良元（2013）认为，高校法治教育的教学手段缺乏针对性，教师理论讲解居多，学生较少参与教学活动，其简单化倾向突出。法治教学往往采用大班教学，教师也采取“一支粉笔、一块黑板、一张嘴”的原始教学手段组织课堂教学。教学方法、途径陈旧落后，主要表现在理论靠灌输，实践活动仍局限于传统的讲座、图片展览，知识竞赛等形式上，活动内容单调乏味，缺乏活力和吸引力，缺乏参与式、体验式教学。② 文江玲（2017）认为，目前高校法治教育教学形式单一，单一的理论教学方式容易造成法治理论与法治实践的脱离，难以激发学生的学习兴趣，难以形成大学生的法律精神和法律信仰的教学效果。③ 一些学者认为，法治教育缺乏科学有效的考核机制和评价体系。王勇、李赟赟（2012）认为，高校大学生法治教育考核体制欠缺，缺少成熟、合理、科学的考核评价体系导致法治教育成果难以及时检验和反馈，致使在一般情况下法治教育教学效果以及学生对于课上所学内容的掌握运用情况没有具体途径可以了解和反馈。④ 以上学者对高校法治教育存在的问题进行了客观梳理和分析，从一个侧面反映了加强高校法治教育针对性和实效性研究的客观紧迫性。

（2）提高高校法治教育实效性路径研究

李晓兰、刘金莹（2016）认为，提高大学生法治教育实效性是全

① 彭美、张莉：《我国高校法制教育实效性欠缺的原因与对策》，《黑龙江高教研究》2011 年第 2 期。

② 莫良元：《高校法治教育实践过程中存在的问题与对策》，《中国大学教学》2013 年第 12 期。

③ 文江玲：《当前大学生法治教育存在的问题及原因分析》，《学校党建与思想教育》2017 年第 1 期。

④ 王勇、李赟赟：《浅谈提高大学生法治教育实效性的途径》，《沈阳建筑大学学报》（社会科学版）2012 年第 4 期。

面依法治国对高校大学生法治教育提出的新要求和新任务，要从法治教育内容调整、方法革新、环境塑造和高校师资配备、管理协调等多个方面提高大学生法治教育实效。① 孙阳（2016）认为，提升大学生法治教育实效性的路径，一是优化法治教育课程；二是优化校园法治环境；三是优化社会法治环境；四是优化法治教育评价机制。② 张晓敏、杨秀莲（2016）认为，探索深化高校法治教育的路径，一是以宪法精神为基础，开展法德并重教育；二是以契约精神为中心，开展法律信仰教育；三是以保障权益为切入点，开展法律应用教育。③ 孟鹏涛（2017）认为，针对中国高校法治教育所存在的问题及其成因，应该从加强高校法治教育主客体建设、优化高校法治教育内容、拓展高校法治教育渠道、发挥高校法治教育载体的联动作用、营造良好的法治教育环境五个方面探索优化高校法治教育的路径。④ 李丽昕（2017）认为，提高高校法治教育实效性的重要途径就是将人文精神融入高校法治教育内容之中，同时在教学中注重法治教育中的人文精神；注重说理过程；通过变革和延伸教学方式提高高校法治教育的实效性。⑤ 可以看出，随着依法治国战略实施的不断深入和推进，我国学者尤其是从事高校法治教育的学者都能从影响高校法治教育效果的不同侧面和因素方面，针对发现和存在的实际问题，提出一些提高高校法治教育实效性的具体措施、解决办法和途径。这些建议对策的提出既丰富了提高高校法治教育实效性的具体方法，也为研究高校法治教育实效性奠定了一定的理论基础。但总体而言，提出的解决办法和路径仍然囿于传统解决问题的思路，仍然局限在宏观的理论层面和应

---

① 李晓兰、刘金莹：《提升大学生法治教育实效性路径探究》，《黑龙江高教研究》2016 年第 8 期。

② 孙阳：《提升大学生法治教育实效性的路径探析》，《重庆科技学院学报》（社会科学版）2016 年第 8 期。

③ 张晓敏、杨秀莲：《深化高校法治教育的路径研究》，《黑龙江高校研究》2016 年第 2 期。

④ 孟鹏涛：《中国高校法治教育问题研究》，吉林大学，博士学位论文，2017 年。

⑤ 李丽昕：《增强高校法治教育实效性的路径探析——以人文精神为视角》，《内蒙古师范大学学报》2017 年第 6 期。

然需求方面，一些方法和途径在实践层面的可操作性不强，导致研究中发现的问题依旧搁置，悬而未决，实际效果有限。

3. 从高校法治教育的主渠道《思想道德修养与法律基础》课程角度研究法治教育的成果比较多，但从如何优化课程设置、从课程分析角度深入研究法治教育实效性的成果比较少

《思想道德修养与法律基础》作为高校法治教育的主要渠道和公共必修课程，学者们对通过这门课程来实现高校法治教育的目标仁者见仁，智者见智。

（1）认为《思想道德修养与法律基础》课程为高校法治教育提供了制度保障

陈大文（2006、2007）认为，《思想道德修养与法律基础》作为中央马克思主义理论研究和建设工程重点教材，是将道德教育与法制教育有机结合起来对大学生进行素质教育的重要载体。《思想道德修养与法律基础》教材编写程序严格、特点鲜明、内容体系有所创新，体现了思想政治理论课新课程方案的基本精神和课程教学目的。认为在课程整合背景下提高大学生法制教育的实效性，一定要充分认识社会主义道德教育和法制教育有机结合的必要性，不能简单地以教材篇幅大小衡量这两部分的分量，坚持法制教育的思想政治教育性质，切忌将法制教育和法学教育或法律教育混同起来，没必要也不可能在教学中追求法学理论的系统性和法律知识的完整性。① 张会峰（2015）认为，课堂教学仍然是大学生法治观教育的主渠道，高校《思想道德修养与法律基础》《毛泽东思想和中国特色社会主义理论体系概论》（2013 年版）这两本“马克思主义理论研究和建设工程”重点教材对社会主义法治观“进教材”已有体现。教材能够对中国特色社会主义法治理论新动向新成果予以整合，但在融合过程中要找准理论和实

① 陈大文：《促进大学生道德教育与法制教育有机结合的重要载体——关于“思想道德修养与法律基础”教材解读》，《思想理论教育》2006 年第 9 期；《课程整合背景下大学生法制教育实效性问题初探》，《思想理论教育导刊》2007 年第 5 期。

践的结合点、切入点。[①] 韦洪发、张然（2017）认为，《思想道德修养与法律基础》课程在高校的开设，使得所有学生都可以接受相关法治知识和理念的教育；《思想道德修养与法律基础》作为一门公共必修课程，几乎囊括了非法学专业学生需要掌握的法律基础知识、基本法治素养，大学生学习法治知识的环境相对稳定，上课的学生群体也相对固定，这种教育体系所表现出来的稳定性为高校法治教育的开展提供了很好的教育环境系统。[②] 以上学者对通过《思想道德修养与法律基础》课程进行高校法治教育持肯定态度，能从课程设置的理念、课程设置的特点以及课程的覆盖面上对高校法治教育课程载体进行积极评价，为我们全面理解高校法治教育课程开阔了视野。

（2）认为《思想道德修养与法律基础》课程设置难以实现当下高校法治教育的目标和任务

无论是对教师还是学生来说，《思想道德修养与法律基础》单一的课程设置对提高高校法治教育的实效性仍然具有挑战性。刘书林（2006）认为，由于《思想道德修养与法律基础》课程内容涉及广泛，大大超出了原有任课教师的知识范畴。新中国成立至今，从来没有设立过适应如此广泛教学知识需要的专业，也从来没有培养过具有如此广泛知识的教师。面对新的课程体系，会造成相当多的任课教师一定程度的不适。[③] 李子亮、柯莉（2012）认为，从《思想道德修养与法律基础》教材中可以看出，该门课程是按照思想道德修养教育为主、法律教育为辅的框架设置的。本教材法律部分简要介绍了实体法与程序法，主要侧重于抽象概括，分配给讲授法律知识的课时显然不足，无法对法律知识讲实讲透讲明白，学生个人阅读教材也无法理解

---

① 张会峰：《社会主义核心价值观中“法治”及相关问题阐析——兼论大学生法治教育中必须澄清的几个问题》，《思想理论教育导刊》2015 年第 6 期。

② 韦洪发、张然：《论高校“思政课”法治教育功能的生成逻辑》，《思想政治教育研究》2017 年第 4 期。

③ 刘书林：《贯彻高校思想政治理论课新方案，高质量实施思想道德修养与法律基础课教学》，《清华大学学报》2006 年第 2 期。

法言法语，使得课堂教学常常顾此失彼。①

上述学者从正反两方面对《思想道德修养与法律基础》这门课程作为法治教育主要载体的优劣进行了比较充分和翔实的论述。但关于如何优化课程设置、从课程分析的角度深入研究法治教育实效性的成果依然比较少。陈大文（2010）认为，《思想道德修养与法律基础》作为马克思主义理论研究和建设工程第一本重点教材是一部精品力作，但不能回避教材修改完善问题。他认为，应该站在教材完善的高度看待高校法治教育。② 截止到目前，笔者发现钱晓丽（2018）从课程的视角对高校法治教育进行了研究，这是难能可贵的。钱晓丽认为，课程是高校法治教育目标落实的核心载体，是法治教育资源直接且主要的来源，评价法治教育实效性的重要标准离不开法治教育课程及其实施品质。法律类课程的地位及目标需要高校进一步予以澄清，应搭建灵活高效的法治教育载体平台，并在实施过程中凸显精品化、实践性和时代性。③ 可以看出，《思想道德修养与法律基础》教材作为国家高校法治教育的主渠道和重要载体，承载着高校法治教育目标实现的总体诉求，其课程效果无论对国家依法治国战略的实施、配合还是对个人法治行为习惯方式养成的意义十分深远。以课程为视角深入探讨高校法治教育课程理念设置、课程目标确定、课程内容安排，将是未来很长一段时间内提高高校法治教育针对性、实效性研究的必要课题。

4. 高校法治教育及其实效性研究中采用定性研究的成果比较多，采用定量方法研究的成果比较少

在高校法治教育研究方法方面，大多数学者采用了定性研究的方法，例如，宋婷（2013）在纵向梳理中华人民共和国成立60多年以

① 李子亮、柯莉：《大学生社会主义法治理念教育实效性探析》，《理论观察》2012年第3期。

② 陈大文：《〈思想道德修养与法律基础〉教材建设刍议——关于〈思想道德修养与法律基础〉（法制教育部分）修改完善问题》，《思想理论教育》2010年第19期。

③ 钱晓丽：《高校法治教育问题与推进路径：课程的视角》，《当代教育科学》2018年第9期。

来我国高校法制教育历史发展沿革的基础上，科学地划分了高校法制教育历史阶段，清晰把握其基本演变脉络，分析提炼其经验教训和历史反思，启迪当代高校法制教育的改革和创新，并对其内涵和范畴作出客观概括，赋予其与时俱进的教育目标和教育内容。[①] 蔡卫忠（2014）通过文本研究与比较研究相结合的方法对公民意识养成视域下大学生法律教育问题进行了梳理，进而对公民意识养成视域下大学生法律教育的内容、大学生法律教育的主体建设、大学生法律教育的途径和方法进行了系统研究。[②] 可以看出，上述学者在研究高校法治教育时都普遍采用了定性的研究方法，他们共同的研究特点是根据大量的历史事实和文献材料，以逻辑学、历史学为基础，以文献研究法、比较研究法、历史分析法为主，进行逻辑推理并提出提高高校法治教育实效性的多种方法。除此之外，一些著名学者像罗国杰（2006）在《把握"思想道德修养与法律基础"课的性质与特点 增强教学的实效性和针对性》[③] 中的阐述，陈大文（2007）在《课程整合背景下大学生法制教育实效性问题初探》[④] 中的论述，都是针对提高高校法治教育实效性的研究，这些具有指导意义和代表性的研究文章在行文方法上采用的同样是定性研究方法。他们一致认为，提高高校法治教育的难题就是如何提高高校法治教育的实效性问题。这些著名学者对高校法治教育的性质、特点、发展变化规律进行了深入研究和客观评价，从现实意义的角度对高校法治教育实效性进行了大量的解读，并且在研究中注重构建提高高校法治教育实效性的路径和方法，这些研究为进一步深化高校法治教育实效性研究具有高屋建瓴的指导作用。

---

① 宋婷：《建国以来高校法制教育研究》，南开大学，博士学位论文，2013 年。

② 蔡卫忠：《公民意识养成视阈下的大学生法律教育问题研究》，山东大学，博士学位论文，2014 年。

③ 罗国杰：《把握"思想道德修养与法律基础"课的性质与特点 增强教学的实效性和针对性》，《北京教育》（高教）2006 年第 10 期。

④ 陈大文：《课程整合背景下大学生法制教育实效性问题初探》，《思想理论教育导刊》2007 年第 5 期。

近年来，笔者也发现了一些青年学者对高校法治教育实效性采用了定量研究的方法。定量研究主要以数据、模式、图形等来表达；以概率论、社会统计学等为基础，运用经验测量、统计分析和建立模型等方法，通过量的比较和量的分析着重研究影响某一事物质与量的多少及量与质的关系，从实证的角度，通过数据分析，得出某一问题实际效果的高与低。张福娟（2016）通过问卷调查法、咨询访谈法和定性分析与定量分析相结合的方法，对依法治国视域下大学生法治教育实效性进行了研究，进而从四个层面即社会层面、学校层面、家庭层面和大学生自身层面提出提高大学生法治教育实效性的具体措施。[①] 孙建东（2017）通过问卷调查法、访谈法，针对当前高校法治教育中的问题，结合依法治国的时代要求，从教育者、教育对象、教育内容、教育方式和教育环境五个方面提出相应的提高高校法治教育实效性的具体建议。[②] 综上可以看出，目前对高校法治教育研究方法的采用中，定性研究基本上是以事实现象和经验介绍为主，同时通过归纳、总结、提炼问题域中的经验和不足，以此来发现和解决问题。高校法治教育定性研究的现状呈现出要么高屋建瓴、醍醐灌顶，要么缺乏深度、浮于表象的特点。同样，定量研究虽然采用了问卷调查和访谈法，但在论证的过程中其论证理论基础稍显不足，缺乏实证分析，缺乏从高校法治教育的阶段特点、课程定位、目标要求、课程意识形态制度基础、教师教学方法、学生学习态度等方面进行比较和分析。同时缺乏提炼具体的高校法治教育实效性评价指标内容与原则，从而使我们难以从一个比较精准的角度了解我国高校法治教育所存在的问题和不足。如何具体地解决高校法治教育中存在的问题是高校法治教育实效性研究亟须解决的问题。

---

① 张福娟：《依法治国视域下大学生法治教育实效性研究》，武汉工程大学，硕士学位论文，2016 年。

② 孙建东：《依法治国背景下高校法治教育实效性研究》，成都理工大学，硕士学位论文，2017 年。

（二）国外研究现状

1. 国外法治教育方法灵活、内涵丰富

国外研究强调法治教育的灵活性、实践性、渗透性，以及教师与学生在教学过程中主体性的发挥。将法治规则、权利义务、公平正义等法治内涵不同方面的内容融合渗透到大学生宗教、哲学、文学、历史、法学等多门课程中，从而起到法治教育润物无声的效果。其法治教育过程注重大学生个体法治价值形塑，不限于法律具体知识的传递和传授，其法治教育内在目标是通过法律要素学习既帮助学生学会运用法律知识，又帮助学生体悟和培养法治思维来改造和形成自我的法治价值判断标准，促使学生养成良好的法律意识和法治实践能力，最终促使学生通过学习相关法治内容自觉进行本国法治价值认同、社会主流意识形态认同、国家认同。例如，美国的《法治教育法案》认为，法治教育就是“使非法律专业者获得与法律、法律程序、法律系统有关的知识和技能并领会其赖以建立的基本原则和价值教育”①。因此，美国在法治教育实践中，将“正义”“责任”“权利”“忠诚”“义务”等观念融入“正义”“耶稣和道德生活”“伦理学与国际关系”等教学课程中去。这类课程在教学过程中并不会全面系统论述伦理学、哲学、法学或宗教的理论体系和思想原点，而只将那些与个人道德和行为选择有关的内容介绍给学生并引导其积极主动思考，从而揭示人权、正义、道德、责任的关系与内涵。② 英国的法治教育通常融入公民教育、职业道德教育和个人、社会和健康教育以及伦理道德课程之中。公民教育课包含社区，多元社会，公民自身，家庭，民主，公民和法律、工作、就业和休闲，公共服务，旨在培养青年学生对本国政治、经济、法律制度的认同感和公民责任感。在职业道德教育中，英国根据各学院课程特点讨论与法治有关的商业欺诈、安乐

---

① C. Pereira, Law-Related Education in Elementary and Secondary Schools, Bloomington, IN: ERIC Clearinghouse for Social Studies/Social Science Education, 1998.

② 张寿松：《大学通识教育课程论稿》，北京大学出版社2005年版，第145页。

死、法律道德等问题，同时增加了“文明概论”“法制”等学科，以培养学生的个性及各种道德品性；个人、社会和健康教育通过个人与社会课来进行，课程内容涉及社会意识、公民意识及个人的义务责任、法制教育等，旨在培养不同阶段、不同领域（个人、团体和社会）的认知理解力和经验技能；在道德伦理课程中以主题教学的方式讨论有关暴力、吸毒、酗酒、凶杀、死刑、性解放、核战争等问题，通过主题教育培养学生观察、分析道德问题的能力以及体谅他人的道德价值取向。① 可以看出，国外法治教育总体方法灵活、教育内涵丰富、法治教育内容贴近生活、能激发学生的学习兴趣。总之，国外法治教育对价值形成的作用，为我国高校法治教育实践丰富内容、创新方式提供了宝贵经验。

2. 国外注重法治教育方法创新

自 20 世界 80 年代以来，国外法治教育无论是法治通识教育还是法律专业教育，在教育过程中，都将批判性思维、逻辑思维、合作意识、分析能力、社会责任感融入法治教育设计和实践中，这已是普遍共识。国外在注重法治能力教育的同时转向注重学生践行法治价值、法治精神以及社会责任感教育效果的提升。开始着力研究学生个体如何形成法律知识文化，学生如何通过法律思维方式的掌握和对法律知识领域深入的概括性理解来掌握法律学科话语。同时，着力研究学生获取法律知识的自然性、法律知识应该如何被应用到个人和组织生活中的特殊方式。这些研究关注点的转变，使国外法治教育研究的方法和法治教育课程的设计与创新成为其研究的必然趋势。总之，国外以提高法治教育实效性为指向的法治教育方法研究比较丰富。例如，英国学者苏里亚库马里·莱恩特（Suriyakumari Lane）在其《作为一种法律学习空间的有效的在线讨论论坛》（2016）② 一文中指出，电子学

① 骆郁廷主编：《高校思想政治理论课程论》，武汉大学出版社 2006 年版，第 317—324 页。

② Suriyakumari Lane，“Effective Online Discussion Forums as a Legal Learning，” *American Journal of Educational Research*，2016，Vol，4，No. 5，pp. 392 – 396.

习在高等教育中非常流行。网上学习有很多种形式，例如学院在模块网站上发布手册、课堂讲稿、Power Point 演示文稿、研讨会专题、过去的考试问题、当前的课程问题等。在获得版权许可后，可以将期刊文章、书籍章节等链接放在模块网站上，大学也可能有一个电子图书馆，里面有各种各样的法律知识数据库，其中还包括法律报告和来源。各种网上的信息来源对学生学习法律知识虽然非常有用，但作者发现，对学生来说，在网络环境中访问信息来源和阅读与学习主题相关的内容是相互孤立的。如何通过上网获取各种学习资料又能避免获取信息与学习主题的孤立性呢？他认为，在线讨论是解决这个问题的有效方法。在上课之前，学生在线讨论所阅读的相关教科书、课堂讲稿、相关的期刊文章和专题讨论问题是教师根据教学需要提前预设和提供的。在课堂上，教师可与学生在讨论中提出问题、发表评论、澄清误解，并上传一些实质性的文章以供交流学习。在课后，老师可就一般主旨问题给予必要的指导，然后由小组进行问题讨论并向全班展示讨论结果。作者经过实证调研，认为学生普遍认为这种学习方式的知识性强，资料与主题的针对性强，教师和学生之间的互动性强，同时作者认为这种在线讨论论坛可以不受参加论坛的人地理位置的限制，可以与来自世界各地的学生和教师基于文本在线环境授课和讨论。与苏里亚库马里·莱恩特在法律教学中授课方式的创新与研究不同的是，挪威学者凯伦·詹森、莫妮卡·内兰（Karen Jensen，Monika Nerland）等对法律教育入门课程进行了创新研究，他们在其《专家文化下新移民入学：法律教育入门课程中的认知实践分析》（2015）一文中重点介绍了认知实践方法在法律入门教育中的具体实施过程。法治认知实践方法即指通过教师选取法律案件，学生根据案例进行规范讨论、分析，学生在讨论分析过程中确定该法律事件的法律评估依据，分析得出结论的法律文献和法律来源依据，从而最终让学生学会根据法律事件和法律依据形成法律案件的可行解决方案。在法治认知实践教育方法中，需要教师引导学生理解“论证”在学习法律专业知识中处于核心地位，教师还会在指导学生参与实践讨论与分析时向学生介绍一种整理法律案件的系统方法。法治认知实践教育既强调学生的主动参与性，更强调教师在教育引导过程中的组织安排、法律知识资源的选择及法律信仰的介绍。在这一方法中教师提供的讨论分析指示和解释对学生尤为重要。作者认为，法治认知实践方法在法治教育中的意义在于：第一，可以让学生明了在探索复杂的法律问题时如何参与学习讨论，有助于学生理解法律理论探究性和确定性行为之间的相互关系，这构成了学生学习法律知识的核心动力。第二，认知实践方法中教育策略和课程设计的有机结合将法治课程知识在教育过程中活化，既扩展了学生学习法律知识的视野，又在动态交流中强化了学生的法律思维。第三，注重法律知识教育的方法论原则，这不仅是学生学习解决法律问题的关键，也是法律知识教育取得成效的核心教学内容。当然，作者在该文章中也提到了认知实践方法的不足，法治认知实践方法可能无法捕获法律知识的逻辑如何与其他逻辑交织在一起，作为法律科学和社会之间新关系的结果如何互动，这个实践问题在提高法治教育实效性研究的基础上也日益受到国外高等法治教育研究的关注。[①] 在法治教育课程改革问题方面，澳大利亚昆士兰理工大学教授 Sally Kift 也在其《21 世纪气候变化：法律高质量学习参与的课程设计》（2008）一文中对法治教育课程改革进行了研究。作者根据昆士兰理工大学法律教育实践，针对 21 世纪法律教育课程发展所面临的五个挑战和法律专业学生拥有的法律知识但不能灵活应用的法律教育现状，提出将法律技能和态度有效地整合到法律学习和教学设计中，这个法律学习和教学设计被称为“全程序课程方案”（Whole-of-Program-Curriculum Mapping）。该法律教育课程方案对法律知识、技能和态度经过精心绘制，形成系统的、连贯的、全面的法律教育课程，这种课程方案包括五个方面的内容，即在该学科中所要达到的技能进步或智力发展水平（例如新手、中级、高级）；课程如何建立在相关的现有专业知识和之前的学习基础上；课程如何

① Karen Jensen，Monika Nerland，Cecilie Enqvist-Jensen，“Enrolment of Newcomers in Expert Cultures：An Analysis of Epistemic Practices in a Legal Education Introductory Course，” *High Educ ation*，（2015）70，pp. 867 – 880.

为学生在学习过程中获得更高阶段的成果做准备；明确传达学生就业、就业能力的相关性；职业认同的逐渐形成。在该方案中，教学、学习和评价是全程序课程方案有效实施的重要保障。每个方面的研究以及项目评估都对整体法律课程的发展具有重要的促进作用。作者认为，该课程方案的更新和实施是复杂的，对教职工、学生和雇主来说都是一场重大的文化转变，但它对传统上大量法律信息的单向传递和以教师为中心的教学模式具有革新意义，对培养学生习得复杂的新的学习成果（综合的法律知识、技能和态度），构建自己的法律理解、做事方式和职业认同具有重要意义。同时他希望通过该课程设计中的法律学习、教学和评估实践培养，使学生形成理想的创造性性格和法律认知习惯。[①] 澳大利亚学者朱迪斯·麦克纳马拉（Judith McNamara）等认为，参与实践在高等法治教育中非常重要，而且他认为在参与实践的过程中加入反思会更有效地提高法治教育效果。他在《法律教育反思实践的设计》（2007）一文中针对某些情况下学生只是重复学习指南中的材料，而不是自己思考这一问题，提出在大学学习设计中加入反思实践。这种反思实践设计是使学生有效学习成为可能的一种方法。他认为，反思是提高法律学习者批判性思维和分析能力的一种手段，并且在拉姆斯登有效教学六项原则的基础上论证了如何在教学中评估、反思实践元素，以在第一年法律学习中实现有效教学。作者强调反思实践这种教育方式效果的实现，需要一个以学生为中心，以结果为中心的学习环境，鼓励学生对法律单元内容和概念进行高水平的认知参与，主张在法律写作和研究中通过反思进行有效学习，并反思学生学习成果，进而推动学生在学习中形成批判性思维。这种方法使学生通过反思认识到知识的相对性、意识到社会的多样性和权利问题。学习者需要一种话语形式、一种反思式对话，使他们能够打破其学习思维方式的“固定”范式从而提

---

① Sally Kift, “21 Century Climate for Change: Curriculum Design for Quality Learning Engagement in Law,” 18 *Legal Education Review*, 2008, pp. 1 – 30.

高法律学习效果。[①] 国外高等教育法治教育方法研究从教学方法、课程设计、反思实践等方面为我国高校法治教育研究提供了新的视角和借鉴，尤其是挪威学者凯伦·詹森、莫妮卡·内兰等对法律教育入门课程进行的创新研究，以及澳大利亚昆士兰理工大学教授Sally Kift对法治教育课程"全程序课程方案"的设计和创新，对我国高校法治教育课程如何促进学生深化法治教育内涵，养成法治思维，践行法治价值观念，养成法治行为习惯等提供了课程改革和创新的研究思路。

除了高等教育法治教育方法研究之外，哈萨克斯坦学者奥斯索娃（S. A. Odintsova）、萨塞基耶娃（Z. E. Sarsekeyeva）等还对小学学生法治教育方法进行了研究，他们在其《童话作为小学学生法治教育的有效媒介》（2015）一文中，针对人的价值取向主要在6—10岁形成这一客观规律，提出必须在小学阶段建立法治教育的适当基础，以确保个体学会尊重法律。他们认为，童话不仅表现了人们的智慧、源自远古的深厚的道德伦理，而且对儿童形成权利表述、法律意识和行为习惯，以及对法律的充分认知和正确态度具有帮助。通过对涉及侵犯童话人物权利的小说、文学童话故事的分析，可以为小学生提供一种他们容易理解的形式，向他们解释《世界人权宣言》和《儿童权利公约》等法律条款。[②] 这种以童话故事为载体融入法治教育内容的教育方法也为我们创新高校法治教育文化提供了崭新的视角。

3. 国内学者研究国外法治教育情况

我国学者赖雪梅、肖平在其《美国高校本科生法治教育路径分析》（2018）一文中对美国高校面向本科生实施的通识法治教育而非法律专业教育进行了详细论述。该文从法治教育的课程教学层

---

① Judith McNamara, Rachael Field, "Designing for Reflective Practice in Legal Education," *Journal of Learning Design*, 2007, Vol. 2, No. 1, pp. 66 – 76.

② S. A. Odintsova, Z. E. Sarsekeyeva, E. A. Odintsova, "Fairy Tale as Effective Medium for Legal Education of Students in Elementary School," *International Journal of Experimental Education*, No. 3, 2015, pp. 6 – 8.

面、学生管理层面、学生服务层面以及法治实践层面对美国高校本科生法治教育进行了全方位阐释。[①] 通过该文的论述可以看出美国高校通过法治教育对学生法律精神和原则的引导、法治思维能力的培养，帮助学生通过法治教育应对社会生活等方面起到了重要的教育引导作用。总体来看，国内学者对国外法治教育的研究主要体现在以下方面；一是注重总结和借鉴国外高校法治教育经验。这方面有李继辉的《国外高校法治教育的借鉴与启示》（2015）[②]；喻军、张泽强的《美国高校法制教育的经验及其启示》（2012）[③]；陈群辉的《国外高校中的法制教育及其启示》（2002）[④] 等文章。李继辉认为，国外高校法治教育的内容具有突出的广泛性和实用性；国外高校普遍重视理论和实践的结合。伊鑫则从分析美国、法国、日本等发达国家高等教育法制建设的特点入手，总结了国外高等教育法制建设的一般特征：成文高等教育法日益占据主体地位；高等教育法律体系较为完善；高等教育法律法规的实施效果明显；高等教育司法制度健全。喻军、张泽强通过对美国高校法制教育经验的总结，认为其有利于完善我国高校法制教育的理念；有利于充实我国高校法制教育的内容；有利于优化我国高校法制教育的方式。二是对国外法制教育的研究主要体现为比较研究。例如喻军、张泽强在其《中国和新加坡高校法制教育的比较与启示》（2012）中通过法制教育思想、法制教育目标、法制教育内容、法制教育方法、法制教育途径的比较得出我国高校法制教育的不足并提出改进方法。[⑤] 方婷在其《纵观新加坡道德教育与法

---

① 赖雪梅、肖平：《美国高校本科生法治教育路径分析》，《比较教育研究》2018 年第 8 期。

② 李继辉：《国外高校法治教育的借鉴和启示》，《科教文汇》（上旬刊）2015 年第 10 期。

③ 喻军、张泽强：《美国高校法制教育的经验及其启示》，《当代教育理论与实践》2012 年第 12 期。

④ 陈群辉：《国外高校中的法制教育及其启示》，《荆州师范学院学报》2002 年第 1 期。

⑤ 喻军、张泽强：《中国和新加坡高校法制教育的比较与启示》，《邵阳学院学报》（社会科学版）2012 年第 5 期。

制教育的融合与启示》（2010）一文中，在研究新加坡道德教育和法制教育相融合的基础上，提出中国应该借鉴其将道德教育与法治教育相融合的经验，既注重对人们良好道德的培养，又要加强对人们法律信仰的培植。① 陈杰在其《美日两国高校法制教育的比较及启示》（2010）一文中分析了美、日两国高校法制教育形式的重点不同、校园环境的差异、社会文化环境的差异，从而得出对中国法制教育的启示。②

总之，国外高校法治教育重视法治价值、社会道德、社会责任与法律知识的融合性；注重法治课程的开发与设计；注重鼓励学生积极参与法治教育讨论与实践；注重学生法治思维和法治行为习惯的养成；注重学生运用法律知识应对社会生活的现实问题。国外高校法治教育总体上呈现出灵活性、实践性、渗透性、主体性强的特点，同时更加注重学生法治价值内生培养，而非只注重法律知识的简单单向传递，其目标不仅要求学生掌握法律知识、法律规则，而且要使学生通过学习法律知识帮助学生运用、理解、领悟法治精神和法治原则，并以此来改造和形成学生自我价值观，最终使学生能够自觉进行本国法治价值认同、社会认同、国家认同。不可否认，国内外学者对国外高校法治教育不同视角的研究为我国高校法治教育提高实效性研究开阔了视野，丰富了思路。

三　相关概念界定

（一）法治

“法治”这个概念，不是人类进入现代社会才产生的，近代以来，西方国家比较早地宣扬根据法律治理国家的主张，并制定和实现了依法

① 方婷：《纵观新加坡道德教育与法制教育的融合与启示》，《沙洋师范高等专科学校学报》2010 年第 3 期。

② 陈杰：《美日两国高校法制教育的比较及启示》，《科教导刊》（上旬刊）2010 年第 12 期。

治理国家和社会事务“三权分立”制度。因此，很多人认为西方法治才是真正意义上的法治。事实上，法治是个十分古老的法律概念，在西文中有法的统治（rule of law）、以法统治（rule by law）、依法治理（government by law）、通过法律的治理（government through law）等的区分。[①] 古老的中国一般将法治与礼治、人治相提并论。早在中国的战国时期（前475—前221年），韩非子集李悝、商鞅等法家学说之大成，在总结和发展前期法家法治思想和政治实践经验的基础上，形成了中国古代相对完整的“法治理论”。中国古代的法治从“法”“术”“势”三个层面论述法治，具体体现在五个方面：（1）“以法治国”（《韩非子·有度》）。即规定明确的法律，并公布于众；法律要统一、稳定，并要随着社会情况的变化而加以修订。（2）奖励耕战，严格执行赏罚制度，主张“赏厚而信，刑重而必”（《韩非子·法定》）。（3）法的施行，应该“刑无等级”（《商君书·赏刑》），“刑过不避大臣，赏善不遗匹夫”（《韩非子·有度》）。（4）废除奴隶主贵族的分封制、世袭制，施行“宰相必起于州部，猛将必发于卒伍”（《韩非子·显学》）的官吏选拔制度，建立和巩固中央集权的封建国家。（5）主张“以法为教”“以吏为师”，要求用地主阶级的法律统一人们的思想，使“境内之民，其言谈者必轨于法”（《韩非子·五蠹》）。[②] 虽然说中国古代已有关于法治的完整理论，但我们要清醒地看到中国古代的法治说到底只是一种“王制”，它是建立在“法自君出”基础之上的，并不能约束君主，与约束“统治者”的西方现代法治启蒙思想所倡导的“法律面前人人平等”“依法施政”“依法而治”的思想有本质的区别。

首先，法治不同于“人治”。在法治与人治的关系上，人们必须看到“法治和人治问题是人类政治文明史上的一个基本问题，也是各国在实现现代化过程中必须面对和解决的一个重大问题。综观世界近现代史，凡是顺利实现现代化的国家，没有一个不是较好地解决了法

---

① 张文显：《法治与法治国家》，法律出版社2011年版，第1页。

② 《辞海》（政治法律分册），上海辞书出版社1978年版，第78—79页。

治和人治问题的”[①]。现代社会所提倡的“法治”概念，是与“人治”相对应的，2003 年由上海辞书出版社出版的《大辞海（法学卷）》对法治的界定，强调法治制约权力、保障权利、倡导公平、维护国家秩序的作用，承认法治与民主体制密切相关，认为法治是社会治理的一种现代方式，突出法治以保障自由和权利、制约权力为其核心价值取向。[②] 所谓“人治”，就是主张统治阶级的个人统治，属于中国古代儒家的一种政治主张，为孔丘、孟轲和荀卿等所竭力主张，他们维护贵族特权和等级制度，拥护封建主的个人意志和绝对权威，以“名位”和“礼制”为准则，维持统治阶级内部的秩序；以统治者的“德行”为规范，要求被统治的人民绝对遵从。[③]“人治”的核心就是君主依靠个人的作用来实行统治。[④] 所谓“文武之政，布在方策，其人存，则其政举，其人亡，则其政息”（《礼记 · 中庸》）。作为一种政治治理方式，“人治”在中国具有悠久的历史和文化传统，因此，中国法治的推进和实现注定需要社会个体从“臣民”到“公民”的转变，“从臣民到公民，是一种从‘无我’到‘有我’的苏醒。‘臣民’意识是专制的产物，而民主宪政把臣民变为公民，从而使主体有充分的人权和公民权，使权利主体的自由获得充分的确认和空前的发展”[⑤]。

其次，法治也不同于法制，“法制”的含义和“法治”的含义一样，也是中外古今用法不一，含义也不尽相同。在一般意义上，法制本身包含三个层面的含义：（1）泛指国家的法律和制度。（2）严格依法办事。（3）具体的法律制度，即法律制度的简称。制定完善的法律、健全法律制度，做到有法可依是法制的首要任务；严格遵守和

① 中共中央文献研究室编：《习近平关于全面依法治国论述摘编》，中央文献出版社 2015 年版，第 12 页。

② 《大辞海》（法学卷），上海辞书出版社 2003 年版，第 13—14 页。

③ 《简明知识词典》，湖北人民出版社 1983 年版，第 436 页。

④ 《辞海》（政治法律分册），上海辞书出版社 1978 年版，第 80 页。

⑤ 张晓玲、闵浩：《大学生法律知识与法律素质教育培养研究》，人民日报出版社 2014 年版，第 206 页。

执行法律，做到执法必严，违法必究是法制的基本含义。概括地说，法制就是依法行事、维护法律秩序、保障立法者的利益，法制因国家性质的不同而具有不同的表现形式和具体内容。[①] 但也要看到，法制是法治的必要条件，法治是法制的充分条件。例如古代中国秦始皇的严刑峻法、德国纳粹的法律恐怖都可称为“法制”，但不能称之为“法治”[②]。总之，人类对于法治的理解是基于各自生活历史环境及文化传统之上展开的。

综上所述，所谓法治就是指依照法律治理社会、管理国家。[③] 可以说，法治概念本身就是一个集动态治理与静态法律制度相结合的统一体。基于对法治概念的理解，可以看出法治同时具备三个层面上的意义价值：一是形式法治的价值主要包括法律至上原则、法律普遍性原则及技术化原则等。二是实体法治的价值包括民主、自由、平等、理性、文明、秩序、正义及效益。三是制度法治的价值包括人民主权原则、人权原则、正义原则、公平合理且迅捷的程序保障原则。

法治的概念也许会随着人们认识世界程度的加深而不断精进，我国学者从法治概念的研究之始就在法治与人治、法治与法制的概念对比中认识法治的核心要义。从法治的对比对象来看，“法治”在大多数情况下是一个法律概念，基于此，人们对法治的探讨多与法律规范、法律解释、法律论证、法律推理、法律修辞联系在一起。以“法律至上、权力制约、人权保障、正当程序”为要义的现代“法治”在中国的提出、规划和发展，与党的十八大以来对法治国家、法治政府、法治社会建设战略部署相契合。在此意义上的法治，是一种治国理政的基本方式、一种社会秩序和一种社会运行机制。至此，“法治”以兼具“法理性”和“政治性”的双重属性进入中国人的视野，“法治”不仅作为法律概念被人们所认识，而且作为治国理政的基本方式被人们普遍认知。无论“法治”作为法律概念，还是治国理政

---

① 《简明知识词典》，湖北人民出版社 1983 年版，第 457 页。

② 《大辞海》（法学卷），上海辞书出版社 2003 年版，第 13—14 页。

③ 高鸿钧：《法治：理念与制度》，中国政法大学出版社 2002 年版，第 97 页。

视域下的治理方式，虽然它在不同的语境下人们对它有不同的理解与阐释，但是作为现代法治所包含的“民主”“自由”“平等”“公正”等法治精神和法治价值在我国社会主义核心价值观宣传教育引导下，人民群众对此已经有所了解和认知。

除此之外，法学界的一些学者对不同角度不同语境下的法治进行了分类，分为本体论法治、认识论法治和方法论法治。综上可以看出，在我国，“法治”既是一个法律概念，也是一个政治概念。社会主义法治不仅是法律之治、法治之治，而且是一种建立在社会主义价值基础上的民主政治。

（二）法治教育

法治教育概念以法治概念为前设。当前我国法治教育还处于正名和定义阶段。所谓正名法治教育阶段，是指法治教育围绕法律基础知识教育、法制教育和法治意识教育三个概念所构成的思维链条展开。定义法治教育阶段，是指法治教育基于法治内在的一般理念和中国特色社会主义法治理念两种相对应的立场和思路进行。① 法治教育处于正名和定义阶段与社会成员对“法治”概念在认识论上缺乏共识是一致的。毋庸置疑，法治无论作为一种治国理政的基本方式、一种新的社会主义核心价值观念，还是作为一种修辞对思维方式的构建，当代中国不同的组织、群体以及个人正以他们的理解方式解读着法治。从对法治认识的主体角度来看，在法学家的著作中，法治的核心要义就是限权，而要达到限权的目标，他们提供的路径就是训练国民的法治思维。对于政治学家来说，法治最为重要的目标是维护社会的稳定，以期用法治方式化解矛盾、推动社会发展，同时引导全体人民遵守法律。而法治对于个体的意义莫过于对于自身权利的正当追求和捍卫。从对法治认识的思维方式和实现路径来看，人们把法治分为形式法治与实质法治。当然，不同的法学流派，例如现实主义法学、批判

① 张志铭、于浩：《共和国法治认识的逻辑展开》，《法学研究》2013 年第 3 期。

法学、后现代法学对法治的看法又不尽相同。纵观当前关于法治的理论，可以把法治划分为作为理论的法治、作为价值的法治和作为制度与修辞的法治。作为理论的法治主要体现在对法治理论的细分上，从法律渊源、法学流派、法律方法论、法治思维与法治方式上对法治进行论述。作为价值的法治主要从法治意识、法治价值取向、价值追求和价值目标上谈论法治。作为制度的法治主要结合中国法治进程要求建立和完善立法制度、司法制度、执法制度等。法治作为一种修辞虽然不断地激荡和交互使用于人们生活的不同层面和场域，对人们理解和清晰地表达法治造成了不小的困扰，但这正说明时代在呼唤法治，人们在接触法治，社会需要法治。基于当代中国法治共识存在的分歧，也决定了人们对法治教育同样存在不同层级的理解。

综上可以看出，人们对法治的认识和理解影响和制约着人们对法治教育的认识和理解。自党的十八大提出法治是我国治国理政的基本方式以来，法学界对“法制”和“法治”的概念进行了分析和梳理，对法治的概念、法治的内涵以及法治精神都进行了充分的研究。与此同时，一些学者在此基础上在法治与人治、法治与法制、法治与德治的比较中对“法治教育”进行了多角度的界定和研究。

一是在法治与人治区别的基础上界定“法治教育”。张洪春（2015）认为：“理论界有人将法治教育与法制教育混为一谈……出现这一理论与实践的混淆和悖谬的很重要原因，是对‘目的与手段’的理论规定和差别认识不到位，没有看透法制教育本身只是手段，是为治理理论中‘人治’或‘法治’这一目的性价值服务的。‘人治’模式集中体现在对自由、民主和平等的压制……法治表现为规则之治，法律面前人人平等，自由与民主是法治的精神内核和底线。所有权力及其行使在制度下运行。被治者基本上是自由的，法治才有意义。”① 因此他认为，法治教育就是以培养具有尊重法律、规则意识

① 张洪春：《法治教育融入高校思政课程体系的途径探讨》，《广西青年干部学院学报》2015 年第 6 期。

和法律思维等为价值取向，传播社会主义法治理念、信仰和内容的教育实践活动。法制教育如果不上升到法治教育的高度，法治将会因缺乏足够的社会信仰支撑而显得虚无和苍白。

二是在“法治”与“法制”区别的基础上界定“法治教育”。王双群、余仰涛（2006）认为，法治教育和法制教育虽然都是对公民进行有目的有计划和有组织的宣传教育，但两者的目标和最终要达成的教育效果不同。法治教育以培养公民法治意识为目标，最终要达成公民自觉运用法治意识指导自身依法行事。而法制教育的目标是让公民知法懂法，最终达成的效果是公民自觉守法。[①] 赵红梅（2015）认为：“法治”的内涵至今仍没有明确的界定，往往把它和“法制”一词相比较来进行阐释，“法治”与“法制”虽音同却质不同。“法制”是指国家维持社会秩序的一切法律规则及相关的制度，更多的是一种实际存在的法律制度。而“法治”则是一种治国原则和方法，包括从法的制定到法的运行整个完整的系统。因此她认为，所谓大学生法治教育，就是对其进行法治精神教育，使其不仅“知法、懂法、用法”，而且要培养法治信仰，自觉践行社会主义法治理念。[②]

三是从德育与法治教育的关系出发认为法治教育是德育的一部分。王丹媛（2017）认为，致使德育和法治教育不可分割的原因在于：我国高校法治教育自诞生起就作为德育体系的一部分，而不属于法律专业学科的知识教育，自 1986 年颁发《关于在高等学校开设“法律基础课”的通知》到后来提出的“05 教改方案”，法治教育一直被看作学校道德教育的重要组成部分，其具有意识形态性、知识性及思想性。法治教育之所以被赋予这些属性，一方面是因为在我国传统的法律与道德关系中，一直奉行“德主刑辅”的观念，法律与道德不可分割，法律一直被作为道德失效后不得不使用的武器，因此，在我国法治教育与道德教育是紧密结合在一起的。另一方面是因为当

---

① 王双群、余仰涛：《法治教育与德治教育的内涵及意义》，《理论月刊》2006 年第 7 期。

② 赵红梅：《论大学生道德教育和法治教育的融合》，《当代教育理论与实践》2015 年第 7 期。

"法治"作为国家治国理政方式后，必定会赋予其一定的意识形态性，不再仅仅作为一种中立的社会规范存在，这也是把法治教育作为德育体系一部分的根本原因所在。因此，高校法治教育的目标就是把大学生培育为知法守法、遵守秩序、认同国家的合格公民。①

四是认为法治教育应该是法律教育。叶朋（2010）认为："尽管新教改方案已经为本课程教学提供方向性指导，但是我们对'思想道德修养'与'法律基础'两部分内在的知识特性的区别不能视而不见。"② 李永健（2017）认为："法治教育重视对法律条文的研习与理解，更重视思维方式上以法律条文为基础的逻辑推理，从全面推进依法治国的角度出发，将法治观教育和思想政治教育简单地捆绑的观点是站不住脚的。大学生需要通过精准的法治观念的灌输，才能够被激发对法律的信仰，真正理解中国特色社会主义法治的内涵。"③ 将法治教育看作法律教育，虽然不是高校法治教育专家、学者持有的法治教育主流观点，但这种观点的阐释，对我们厘清法治教育丰富的内涵开阔了视野。

1985 年 11 月 5 日，中共中央、国务院以中发"23 号文件"发出《关于向全体公民基本普及法律常识的五年规划》（1985）通知，该通知指出："全民普及法律常识是我国人民政治生活中的一件大事，是社会主义精神文明建设的一个重要组成部分。"当时，将法制教育看作精神文明建设的一个重要内容，法制教育概念还不是一个单独的概念，而是被与社会主义民主教育联系在一起进行界定，《中国大百科全书》对"社会主义民主和法制教育"的定义是："用社会主义民主和法律的基础知识来教育年轻后代，使他们从小就受到民主的训练和守法的教育，懂得和善于履行社会主义公民的权利和义务，增强法

---

① 王丹媛：《高校法治教育与当代大学生政治认同的培育》，《改革与开放》2017 年第 3 期。

② 叶朋：《论"思想道德修养与法律基础"课"思想道德"与"法律基础"两部分的融合》，《科教文汇》（中旬刊）2010 年第 10 期。

③ 李永健：《大学生法治教育的困境与出路——以〈思想道德修养与法律基础〉课"05 教改方案"为考察对象》，《教育教学论坛》2017 年第 4 期。

制观念，养成自觉遵守法律的行为习惯，是德育的内容之一。”[①] 自1986年“一五”普法至“六五”普法，即在2016年“七五”普法以前，普法和法制教育的目的是“传授他们实体法和程序法知识，让他们明晰行为规则，明白什么是对的、应该做的，什么是错的、禁止做的，让他们知道在日常生活中如何用法、守法”[②]。显然，这种以用法、守法为目的的法制教育，与现代法治所具有的以人权、正义为法治之体，限制权力为法治之用，以法律至上为法治之命的现代本质特征还有一定的差距。因为“如果法制教育忽视公民权利和自由，甚至宣扬以牺牲公民权利和自由为代价的法制秩序，它就丧失了正当性价值，破坏了法律信仰的正义基础，导致法律虚无主义、法律工具主义，难免与人治有关联，甚至有专制之嫌，最终造成‘法制教育’实效性欠缺”[③]。厘清法治教育的内涵以区别其与法制教育的不同，并不是否认普法实施以来法制教育对我国公民整体法律素养提升的重大意义，而是在普法及法制教育的基础上将法治教育向前推进。

自1986年“一五”普法以来，法制教育也在全体公民中不间断地持续开展着，人们在对“人治”“法制”“法治”的概念进行进一步认识和区别研究的基础上，具有现代法治精神的“法治教育”一词，于2014年党的十八届四中全会通过的《中共中央关于全面推进依法治国若干重大问题的决定》中首次提出，要求“坚持把全民普法和守法作为依法治国的长期性基础性工作，深入开展法治宣传教育，引导全民自觉守法、遇事找法、解决问题靠法；强调把法治教育纳入国民教育体系，从青少年抓起，在中小学设立法治知识课程”。随后，在2016年开始的“七五”普法（2016—2020）中“法治宣传教育”与“法治教育”取代了1986年“一五”普法以来文件中的

① 《中国大百科全书》（教育），中国大百科全书出版社1985年版，第314页。

② 汪雄：《论法治教育的双重目标、多元对象与理想路径》，《长白学刊》2018年第4期。

③ 王树荫、房玉春：《试论从“法制教育”到“法治教育”的转变》，《甘肃社会科学》2017年第2期。

“法制宣传教育”一词，并将法治教育纳入国民教育体系，法治教育系统化、科学化被进一步提高，2016 年 6 月，教育部、司法部、全国普法办联合印发实施《青少年法治教育大纲》，明确指出“加快完成法治教育从一般的普法活动到学校教育的重要内容，从传授法律知识到培育法治观念、法律意识的转变”。同时，对法治教育的指导思想也进行了调整，即“注重以法治精神和法律规范弘扬社会主义核心价值观，以良法善治传导正确的价值导向，把法律的约束力量、底线意识与道德教育的感化力量、提升精神紧密结合，使青少年理解法治的道德底蕴，牢固树立规则意识、诚信观念、契约精神，尊崇公序良俗，实现法治的育人功能”。可以看出，包含现代法治要素的“法治精神”“法治意识”“法治理念”“法治价值”“契约精神”“法治信仰”“法治原则”等概念在《青少年法治教育大纲》中都一一体现出来。当下进行的“法治教育”是对我国传统“法制教育”理念的一种根本性突破。实践中虽然还存在“法治理念与法治主体的分离、法治作为手段和目的的分离，法治形式和实质的分离，权利和责任的分离”① 等认知客观现象，这些法治分离认知客观现象对人们正确认识现代法治内涵带来了一定的困扰，但法治教育正在从过去的传统的用法、守法意义上的法制教育，向提倡宪法法律至上、权利保障、权力制约、程序正义等法治原则的现代法治教育转变。

因此，通过以上概念比较，在借鉴以往学者对法治教育概念分析的基础上，本书尝试对法治教育进行界定，所谓法治教育就是以宪法教育为核心，以权利义务教育为本位，以社会主义核心价值观为引领，以法治知识、法治理念、法治原则、法律制度及法律运行机制为主要教育内容，引导受教育者运用法治思维依法分辨是非、维护自身权益、积极参与法治实践；养成法治观念、规则意识、法治意识、尊法守法行为习惯；树立法律至上、权利保障、权力制约、程序正义法治信仰，自觉形成中国特色社会主义法治价值认同、制度认同、道路认同。

① 李德顺：《让民主法治成为我们的政治文明》，《学习与探索》2013 年第 7 期。

（三）高校法治教育

高校法治教育集国民教育与学校教育于一体，集高校育人目标与法治教育目标于一体，集法治素养与思想道德素养养成于一体。既具有法治教育作为现代国民教育的一般性要求，又具有高等教育阶段以法育人、立德树人的特殊性；既具有作为法治价值一般属性进行教育的共性，又具有中国社会生产力所处阶段特性决定的中国特色社会主义法治意识形态教育的要求；既有思想道德素养培养的共性特征，又有法治内在属性教育的特殊性。高校法治教育的特殊性主要体现在以下几个方面：

第一，由一般守法向法治素质养成的高校法治教育目标转变，决定了高校法治教育实践逐步由注重法律基础知识的教育向注重法治观念教育引导的转向。我国高校法治教育目标一直随着普法宣传教育目标的深化而进行不断调整和改革创新。1986 年国家教委在其《关于在高等学校开设法律基础课程的通知》中指出："针对大学生的思想实际，讲授有关的法律知识""开设法律基础知识专题讲座，大体可以包括以下内容：（1）全民普法和大学生学习法律常识的意义。（2）法的本质和作用。（3）民主和法制、民主和专政。（4）我国公民的基本权利和义务。（5）犯罪与刑罚。（6）民主的任务和作用。（7）婚姻和继承问题。"[①] 从 1986 年直到"98 方案"之前，法律基础知识的教育始终是高校法制教育的主旋律。1998 年 6 月 10 日，中共中央宣传部、教育部在其下发的《关于印发〈关于普通高等学校"两课"课程设置的规定及其实施工作的意见〉的通知》中指出，"法律基础"主要是进行社会主义法制教育，帮助学生掌握马克思主义法学的基本观点，了解宪法和有关专门法的基本精神和规定，增强学生的社会主义法制观念和法律意识。1998 年，由教育部社政司和司法部法制宣传司组织编写的，供高校使用的《法律基

① 教育部社会科学司：《普通高校思想政治理论课文献选编（1949—2006）》，中国人民大学出版社 2007 年版，第 114 页。

础教学大纲》（修订第三版）指出：

> 新大纲在表述“法律基础”课的任务时，强调了本课程的教学重点是对大学生进行社会主义民主法制观念教育，教学目的是帮助大学生培养健全的社会主义法律意识，而将向大学生传授必要的法律基础知识作为实现教学目的基础。新大纲有利于解决教学实践中片面追求传授法律基础容量、忽视法律思想观念引导的偏向。①

可以看出“98 方案”以后，法律基础课的定位最大的变化就是由法律知识的教育上升到法制观念和法律意识教育上。2005 年 3 月 2 日，《〈中共中央宣传部、教育部关于进一步加强和改进高等学校思想政治理论课的意见〉实施方案的通知》印发，其中将《思想道德修养》《法律基础》两门课合并成《思想道德修养与法律基础》一门课程，指出：《思想道德修养与法律基础》课程，主要进行社会主义道德教育和法制教育，帮助学生增强社会主义法制观念，提高思想道德素质，解决成长成才过程中所遇到的实际问题。有学者指出，高校法治教育的“目标或功能在不同阶段有不同的侧重，‘普及法律常识’‘预防和减少青少年犯罪’‘增强社会主义法律意识’等表述，都曾经出现在有关指导性文件中。而在‘增强全民法治观念，推进法治社会建设’的背景下，应该将学校法治教育的目标定位于‘帮助学生增强社会主义法治观念’上”②。可以看出，高校法治教育目标的发展体现了社会主体对法治价值观念认知发展的深化过程。这种发展变化主要是“因为不同时代、不同社会、不同国家的主体或人的集合不同，对客体法的需求不同，所以，产生了不同时代、不同社会、不同阶级、不同国度的法的价值。主体对法的选择过程也是对法价值的判断与选择过程”③。高校法治教育目标的发展在

---

① 陈大文：《〈法律基础教学大纲〉（第三版）的几点说明》，《思想理论教育导刊》1999 年第 2 期。

② 陈大文：《法治教育的定位及其核心内容》，《基础教育课程》2015 年第 3 期。

③ 杨震：《法价值哲学导论》，中国社会科学出版社 2004 年版，第 6 页。

高校法治教育中起着指挥棒的作用，当然高校法治教育效果的高低也取决于教育过程中对高校法治教育目标的认同和实践转化的程度。

第二，高校法治教育和高校立德树人育人目标结合在一起，决定了高校法治教育承担着“以德育人”的教育任务。高校育人目标是高校教学、科研、管理、服务等各方面工作指向的总目标，它是高校所有工作主体的工作指向。高校育人目标在《中华人民共和国高等教育法（2018 年第二次修正）》中的表述是：“使受教育者成为德、智、体、美等方面全面发展的社会主义事业的建设者和接班人。”[①] 而高校法治教育在教育政策层面上一直被“定性为‘思想教育’‘思想品德教育’‘德育’‘思想政治理论教育’等”[②]，这种教育政策的安排一方面将高校法治教育与法学教育区别开来，另一方面，高校法治教育中法治素质教育体现了人的全面发展的要求，法治素质体现为人对公平、正义、自由、公正等法治价值的追求及信仰的内化，体现为对运用法治思维，依法维护权利和依法履行义务修养和能力的外化。法治素质、思想素质、政治素质、道德素质共同构成个体的思想道德素质，法治素质是个体思想道德素质的有机组成部分。1991 年 2 月 19 日，中共中央、国务院发出《关于加强社会治安综合治理的决定》，该决定指出，社会治安综合治理的“根本的问题在于加强教育，特别要加强对青少年的教育。这是维护社会治安的战略性措施，要在全体公民中继续广泛深入、扎扎实实地开展普法教育和各种形式的法制宣传教育，进一步提高全民的法律意识，增强护法、守法观念。学校教育重在育人，要狠抓学生的品德教育，认真上好法制课，特别是要做好‘双差生’工读生的思想转化工作。”[③] 关于法律和道德的关系，2016 年 12 月 9 日，习近平在主持中共中央政治局第三十七次集体学

---

① 《中华人民共和国高等教育法（2018 年第二次修正）》，http：//www. npc. gov. cn/npc/c30834/201901/9df07167324c4a34bf6c44700fafa753. shtml。

② 陈大文、孔鹏皓：《关于高校法制教育定位问题的思考》，《思想理论教育导刊》2013 年第 7 期。

③ 中国思想政治工作研究所、中宣部思想政治工作研究所编写：《改革开放以来思想政治工作大事记》，中国人民大学出版社 2007 年版，第 124 页。

习时指出，法律是成文的道德，道德是内心的法律。法律和道德都具有规范社会行为、调解社会关系、维护社会秩序的作用，在国家治理中都有其地位和功能。法安天下，德润人心。法律有效实施有赖于道德的支持，道德践行也离不开法律的约束。[①] 对于高校育人的地位和作用，习近平在全国高校思想政治工作会议上的讲话中明确指出："我国高等教育肩负着培养德智体美全面发展的社会主义事业建设者和接班人的重大任务，必须坚持正确政治方向。高校立身之本在于立德树人。"为了更好地发挥高校"以法育人"的德育目的，2015 年中宣部、教育部组织修订了《思想道德修养与法律基础》通用教材，2016 年中宣部、教育部组织编写了《"思想道德修养与法律基础"课贯彻十八届五中全会精神和"十三五"规划的教学建议》，明确提出结合教材内容和要求，将这些精神体现到教学过程中。2017 年 5 月 3 日，习近平在中国政法大学考察时强调，法学教育要坚持立德树人，不仅要提高学生的法学知识水平，而且要培养学生的思想道德素养。[②] 为了促进高校法治教育"以法育人"的德育目标，避免法学教育和法治教育片面追求法律知识教育，2017 年 5 月 5 日，中共教育部党组《关于深入学习贯彻习近平总书记在中国政法大学考察时重要讲话精神的通知》中提出，坚持立德树人、德育为先的导向，法治和德治两手抓，两手都要硬，着力加强理想信念教育，推动中国特色社会主义法治理论进教材进课堂进头脑，强化法治人才培养的政治方向，使学生形成对中国特色社会主义法治的内心拥护和真诚信仰。[③] 从法治内含的德性教育来说，高校法治教育的"依法育人"，就是用法治本身所含的"法之德"属性教育青年学生崇尚规则意识、权利义务意识，

---

① 习近平：《坚持依法治国和以德治国相结合 推进国际治理体系和治理能力现代化》，《人民日报》2016 年 12 月 11 日第 1 版。

② 习近平：《立德树人德法兼修抓好法治人才培养 励志勤学刻苦磨练促进青年成长进步》，《人民日报》2017 年 5 月 4 日第 1 版。

③ 陈大文、周扬洋：《在改进中加强大学生法治教育的新任务》，《思想理论教育导刊》2017 年第 7 期。

这“是因为法治本身体现了‘法律是规则的体系’”① 中的“法之德”。一方面，虽然法治作为法律的一种德性并不一定都认为法律与道德有必然的联系，但法律的德性主要表现在承认公开、明确、不溯及既往等法律规则品格上。这种法律规则品格要求“把法律看作互动合作和理性治理的机制，而不是单向度的命令与服从，它所考虑的不仅是统治者单方的意志，而是双方乃至多方意志的共识、协调、妥协，遵守规则是双方的权利和义务，有权者同样受规则的约束”②。另一方面，“以法育人”也有利于促进“高等学校德育观念的转变：从封闭观念向开放观念转变，从单纯强调德育的政治功能的观念向既突出政治功能又强化经济功能的观念转变，从‘对象塑造式’观念向‘主体参与式’观念转变，从偏重显性课程教学的观念向显性课程教学与潜在课程影响并重的观念转变，从他律观念向自律观念的转变。”③

第三，高校法治教育通过高校思想政治理论课渠道进行，决定了高校法治教育承担着社会主义法治意识形态教育的重要任务。从1986 年在全民普法的基础上国家教委下发关于在高校开设“法律基础”课程的通知开始，到 1987 年将思想政治教育课程确定为“法律基础”“大学生思想修养”“人生哲理”“职业道德”等课程，再到1992 年将思想品德课调整为“思想道德修养”“法律基础”两门课，高校法治教育这个方案一直持续到2005 年。2005 年后在1992 年的基础上将思想品德课调整为“思想道德修养与法律基础”课，课程的主体内容始终包含思想道德修养与法律基础两个方面。④ 也就是说，高校法治教育自 1987 年开始就是在思想政治理论课程的框架下进行

① ［英］哈特：《法律的概念》，张文显译，中国大百科全书出版社 1996 年版，第197页。

② 徐继强：《论作为法律之德的法治——基于塔马纳哈“薄的法治”概念所作的分析》，《环球法律评论》2009 年第 2 期。

③ 别敦荣、杨德广：《中国高等教育改革与发展 30 年》，上海教育出版社 2009 年版，第 176 页。

④ 骆郁廷：《高校思想政治理论课程论》，武汉大学出版社 2006 年版，第 119 页。

的。高校思想政治理论课程设置之所以根据时代的发展、社会的变迁而不断调整，就是因为高校思想政治理论课程内容的设置是由高校思想政治教育的目标和任务决定的。具体而言，高校思想政治理论课程内容确立的基本依据、目标要求、内容任务体现在我国各个不同时期有关高校思想政治理论课程的文件中，这些文件主要有：1956 年 9 月《中华人民共和国高等教育部关于高等学校政治理论课程的规定（试行方案）》，1964 年 10 月《中央宣传部、高教部党组、教育部临时党组关于改进高等学校、中等学校政治理论课的意见》，1980 年 7 月教育部印发的《〈改进和加强高等学校马列主义课的试行办法〉的通知》，1984 年 9 月中共中央宣传部、教育部印发的《〈关于加强和改进高等院校马列主义理论教育的若干规定〉的通知》，1995 年 10 月国家教委印发的《〈关于高校马克思主义理论课和思想品德课教学改革的若干意见〉的通知》，1998 年 6 月中共中央宣传部、教育部印发的《关于印发〈关于普通高等学校‘两课’课程设置的规定及其实施工作的意见〉的通知》①，2005 年《中共中央宣传部教育部关于进一步加强和改进高等学校思想政治理论课的意见》等，这些文件虽然出自我国各个不同时期，但高校开设思想政治理论课程教育的根本目标和任务没有发生很大变化。高校思想政治理论课一直“是体现社会主义本质特征和基本要求的课程，在我国高校开设思想政治理论课，不仅体现着我国高校办学的社会主义方向和性质，而且体现着我国高等教育同资本主义高等教育的本质区别。因此，高校思想政治理论课程的根本目标和任务是帮助大学生树立马克思主义基本立场、观点和方法，树立正确的世界观、人生观和价值观，培养社会主义建设者和接班人”②。同样，人们对法律的本质、作用的认识，以及对法治价值的判断、法治精神的理解都是建立在一定的经济基础和阶级基础之上的，如果将法治观念抽象上升到国家的、阶级的、整体的观念

① 全国普通高校“两课”教育教学调研工作领导小组：《普通高校思想政治教育课程文献选编（1949—2003）》，中国人民大学出版社 2003 年版。

② 骆郁廷：《高校思想政治理论课程论》，武汉大学出版社 2006 年版，第 88 页。

上思考问题，那么法治意识形态就自然形成了。高校法治教育从《法律基础》课程开设之初就承担着培养学生“知法守法，增强法制观念，为建设具有高度的社会主义民主和健全的社会主义法制的现代化强国而努力”[①] 的社会主义接班人的法治意识形态教育任务。2019 年 6 月，教育部高等学校思想政治理论课教学指导委员会编写了《思想道德修养与法律基础（2018 年版）专题教学指南》（内部资料），该教学指南将课程内容分为 16 个专题，13—16 专题为法律基础部分内容，其教学目标具体为“引导和帮助大学生在学习马克思主义法学原理的基础上，深刻理解我国社会主义法律所体现的党的主张和人民意志的统一、科学性和先进性的统一，充分认识我国社会主义法律对中国特色社会主义建设的重要保障作用，牢固树立马克思主义法律观、具有初步运用中国特色社会主义法学理论分析法治实践中一些具体问题的能力”。可以看出，2019 年高校法治教育目标延续了高校法治教育中社会主义法治意识形态教育的一贯要求。回顾高校法治教育历程，虽然高校法治课程设置、法治教育内容编排、法治教育的目标侧重都有调整，但其中社会主义法治意识形态的教育主线一直没有变。高校法治教育一直围绕社会主义经济、政治、文化、社会发展的进程调整法治教育的具体内容，使广大学生形成与社会主义发展相适应的社会主义法治观念。这就是说，高校法治教育在着力加强现代法的一般内涵教育时也必须正视社会主义法治意识形态教育。正如俞吾金所说：“一个试图逃避意识形态教化的人只可能是自然存在物，而不可能是社会存在物，也就是说，掌握一种意识形态正是人们在任何特定的社会中从事任何实践活动的前提。”[②]

第四，法治教育在高等教育阶段所具有的特殊性，要求当代高校法治教育必须深植法治价值、法治思维的培养。德国教育学家雅斯贝尔斯认为：“大学自然是服务于实际目的的机构，但它实现这些目的

① 《关于在高等学校开设“法律基础课”的通知》，https：//wenku. baidu. com/view/480daa1f743231126edb6f1aff00bed5b9f3738b. html。

② 俞吾金：《意识形态论》，上海人民出版社 1993 年版，第 130 页。

是靠着一种特殊精神的努力，这种精神从一开始就是超越这些实际目的的，它这样做只是为了以后以更大的清晰度，更大的力度，更冷静的态度返回到这些目的中。”① 约翰·亨利·纽曼认为：“一所大学的心智训练真正的和恰当的目的不是学问或者知识，而是作用于知识的思想或者理性。”② 法治虽然作为“一种理想，它从未被哪个社会完全实现过”③，但国内学者基于法治所蕴含的自由、平等、公正、秩序、效率等价值基础，对法治形成的例如“秩序，良法之治，法律至上，法律的连续性、稳定性，依法限制权力，正当程序，法律平等，司法独立，行政机关尊重与服从法律和法院判决，保障公民权利，维护人的尊严，维护社会公平正义，保障律师权利等”④ 一般性共识为法治精神的提炼奠定了基础。由此可见，法治价值是法治精神的内在表达。古今中外，无论对法治的理解和修辞表达多么的丰富多彩，对于法治所蕴含的自由、平等、公正、秩序等价值认同都可谓是异曲同工的。当然，习近平总书记强调中国特色社会主义法治道路要“走适合自己的法治道路，决不能照搬别国模式和做法，决不能走西方‘宪政’、‘三权鼎立’、‘司法独立’的路子”⑤。不走西方法治的路子，不等于中国不搞法治建设，中国特色社会主义法治建设“支持司法机关依法独立行使职权，健全司法权力分工负责、相互配合、相互制约的制度安排”⑥。因此，高校法治教育只有在对法治基础之上形成的现代法治普遍遵循的法治价值进行教育和引导，才能使法治教育区别于法制教育。法治价值是人们以人为主体的历史选择和价值选择，社

---

① ［德］雅斯贝尔斯：《大学之理念》，邱立波译，上海人民出版社 2007 年版，第 20—21 页。

② ［英］约翰·亨利·纽曼：《大学的理念》，高师宁等译，北京大学出版社 2016 年版，第 106—122 页。

③ ［英］T. A. O. 恩迪科特（Timothy A. O. Endicott）：《论法治的不可能性》，陈林林、傅蔚冈译，《比较法研究》2004 年第 3 期。

④ 杨建军：《中国法治发展：一般性与特殊性之兼容》，《比较法研究》2017 年第 4 期。

⑤ 习近平：《习近平谈治国理政》（第 3 卷），外文出版社 2020 年版，第 285 页。

⑥ 习近平：《习近平谈治国理政》（第 3 卷），第 286 页。

会的自由、平等、公正正是在这种价值追求下推进和发展的。正因为如此，习近平总书记才指出："我们要依法公正对待人民群众的诉求，努力让人民群众在每一个司法案件中都能感受到公平正义，决不能让不公正的审判伤害人民群众感情、损害人民群众利益。"① 只有法治价值被崇尚才能使法治成为一种信仰被人们所坚守。如果法治教育抽空对法治价值的教育，那么，法治教育有可能再次为法律工具主义代言。当然，高校在进行法治价值教育的同时，不能忽视法治思维的培养，法治思维和法治方式是实现法治不可或缺的阶梯。在理论转化为实践的过程中，法治思维和法治方式是联结法治理论与法治实践的桥梁，而法治教育将要承担起训练法治思维和法治方式的重要任务。法治思维"之所以区别于日常思维在于它以现行有效的法律规定为思考前提，以遵守法律思维规则为主要思维形式，以法律原则、法律公平正义目的、法治理论、法治理念、法治信仰为主要价值支撑"②。高校法治教育法治思维的培养是避免法治教育落入法治教育工具化思维窠臼的重要途径，因为"任何把人置于工具地位、手段地位的教育之所以是错误的，就在于其中所体现的教育内涵丧失了'为人'的根基，而这种'为他性'而不是'为人性'足以造成教育的坍塌"③。因此，缺乏法治价值与法治思维的教育必定不是实质意义上的法治教育，而是缺乏法治精神的法治教育。

综上所述，根据高校法治教育的一般性和特殊性，我们可以尝试进行这样的概括：所谓高校法治教育就是以中国特色社会主义法治理论为指导，对高等学校非法律专业学生进行以"法律至上、权力制约、公平正义、权利保障、正当程序"为核心的法治规则、法治观念、法治精神与法治思维的养成教育，以此来引导和帮助高校

① 中共中央文献研究室编：《习近平关于全面依法治国论述摘编》，中央文献出版社2015年版，第67页。

② 陈金钊、杨铜铜：《法治思维、法治能力的考察需要法律方法》，《扬州大学学报》2017年第2期。

③ 王啸：《教育人学——当代教育学的人学路向》，江苏教育出版社2003年版，第256页。

大学生正确理解和建立新时代权利与义务及其关系概念，树立中国特色社会主义法治信仰，增强中国特色社会主义法治理论、法治道路自信，逐渐养成自觉守法、遇事找法、解决问题靠法的习惯和行为，努力成长为具有优秀法治素养并能自觉担当民族复兴大任的时代新人。

(四) 高校法治教育的实效性

无论是从普法意义上进行的法治宣传教育还是以学校渠道进行的法治教育，法治教育的实效性一直备受社会各界的关注。如何评价法治教育的实效性一直是法治教育的重要议题，它不仅关系到法治教育的效果，教育对象对法治价值、法治精神的认同，而且关系到法治国家、法治政府、法治社会的建设进度。学界对高校法治教育实效性的探讨成果比较多，糜红缨（2015）认为，高校法治教育实效性体现在高校法治教育的过程中，通过树立法律信仰、提高法律素质、创新载体方法、建立基地及援助机构，推动大学生知法、守法、用法，准确把握国家法律法规，牢固树立正确的法治观念，切实将法治教育落到实处，为推进和谐平安校园建设和依法治国进程奠定基础。[①] 孙阳（2016）认为，大学生法治教育实效性是指遵循大学生法治教育规律，按照法治教育的目标和内容，运用一定的方式、方法对大学生施加有目的、有计划、有组织的法治教育活动，其活动结果所达到的真实有效的程度直接体现为高校法治教育的实效。[②] 李晓兰、刘金莹（2016）认为，高校大学生法治教育实效性体现出法治教育目标与法治教育活动结果的正相关关系，这种实效性既体现为大学生通过法治知识和法治理论学习从而有效提高其法治意识、法律素养程度，又体

① 糜红缨：《增强高校法治教育实效性路径探析》，《学校党建与思想教育》2015 年第 8 期。

② 孙阳：《提升大学生法治教育实效性的路径探析》，《重庆科技学院学报》（社会科学版）2016 年第 8 期。

现为大学生法治素养的提升对整个社会法治文明进步的推动作用的外化。①

当前高校的法治教育如何开展法律专业基础知识教育与法律信仰教育、法律具体内容教育与法治价值教育、法律理论教育和法治实践教育、法治认识论教育与法治方法论教育还处在探索之中。本书认为，对高校法治教育实效性概念的界定对高校法治教育是否能够实现法治教育多维目标的教育效果评价具有重要的意义。目前，学界对高校法治教育既不是一般意义上的法律教育，也不是法学专业的法学教育已经达成初步共识，通过《思想道德修养与法律基础》课程进行的高校法治教育，作为国民法治教育处于最高阶段即高等教育阶段的高校法治教育，有其自身的特点。既不能因为法治教育内容的"法理性"而否定法治教育的政治性，也不能因为法治教育载体的"思想政治教育属性"而忽视法治思维一般性的培养。基于以上认识，我们认为高校法治教育实效性就是指大学生通过《思想道德修养与法律基础》课程中法律基础知识的学习，在思想上能够牢固树立马克思主义法治观，增强中国特色社会主义法治理论和法治道路自信，增进尊法、学法、守法、用法、护法的自觉性；在法治理论上能够深入理解法治核心理念和法治价值的倡导，能够知晓法治与人治、法治与法制、法治与德治的区别与不同，能够准确理解社会主义法治思维的基本内涵与特征，能够正确理解法律权利与法律义务关系，并在实践中树立马克思主义权利义务观；在法治素养上通过高校法治知识学习不断提高大学生法治意识、形成法治思维、坚定法治信仰、养成法治行为习惯，初具运用中国特色社会主义法治理论判断、分析和处理法治实践中一些具体问题的能力。通过高校法治教育使大学生努力成长为具有优秀法治素养并自觉担当民族复兴大任的时代新人。可以看出，高校法治教育实效性的评价涉及大学生法治基础知识掌握、法治思想

---

① 李晓兰、刘金莹：《提升大学生法治教育实效性路径探究》，《黑龙江高教研究》2016 年第 8 期。

认识、法治理论提升、法治素养培养等多层级教育目标与教育任务的完成与实现。因此在教育实践中评价高校法治教育实效性必须从客观实际出发，坚持科学性原则、针对性原则、发展性原则、实践性原则和以人为本原则。

四　研究内容和研究方法

（一）研究内容

在文献述评以及高校法治教育自身特点分析的基础上，本书研究内容主要包括以下四个方面。

1. 构建本书的理论依据及理论基础

本书拟在马克思主义人学思想、马克思主义法治思想、中国共产党人法治教育理论的指导下，立足于新时代大学生对中国特色社会主义法律体系、法治体系、法治道路的自觉认同，以影响高校法治教育实效性因素为研究切入点，结合主体教育理论、有效教学理论、泰勒课程原理等教育教学方法论，来构建高校法治教育实效性研究的理论基础及探讨编制高校法治教育实效性测评工具的理论依据。

2. 编制高校法治教育实效性测评工具

依据统计学原理、马克思主义人学理论，主体教育理论、有效教学理论和泰勒课程原理等教育教学方法理论，构建高校法治教育实效性评价指导原则和评价指标。在此基础上以高校法治教育教师和学生为测评主体自主编制“高校法治教育实效性调查问卷（教师卷）”和“高校法治教育实效性调查问卷（学生卷）”测量工具。教师问卷拟从教师对学生学情的了解、教师对法治课程的认同、教师对教育经验的组织方式、学校对学生学习经验的评价、教师对法治内涵的认知程度五个维度，学生问卷拟从大学生对法律知识掌握的程度、大学生对法治教育课程是否认同、大学生对法治内涵的认识、大学生学习法律基础知识的方法与途径、大学生对法律基础知识的运用五个维度进行高校法治教育实效性测量。

3. 高校法治教育实效性现状分析

在高校法治教育实效性评价原则和评价指标的指导基础上，对编制的“高校法治教育实效性调查问卷（教师卷）”和“高校法治教育实效性调查问卷（学生卷）”测量工具，面向全国一线高校法治教育教师和大学生进行一定数量样本的调查和分析。从当前我国高校法治教育取得的成效、高校法治教育存在的问题以及总结、归纳制约高校法治教育实效性影响因素三个方面对我国高校法治教育效果进行整体分析，为提高高校法治教育实效性进一步提出具有针对性、合理化的建议和策略，以夯实实证调查基础。

4. 提出提高高校法治教育实效性的对策

基于高校法治教育实效性实证研究结果，从高校法治价值认同、高校法治教育目标完善、高校法治教育各要素激活、高校法治教育理念和教育方式方法革新、高校法治教育话语体系融合五个不同维度，为提高我国高校法治教育实效性提出具有建设性的理论与实践对策和方法，以期实现提高高校法治教育实效性研究的初衷。

（二）研究方法

1. 文献研究法

本书涉及思想政治教育理论、法治教育理论、教育学理论、课程理论等文献资料，同时还有大量的关于法治、法治教育、高校法治教育以及高校法治教育问题、实效性的文献资料。这些文献研究资料在不同层面、不同程度上为高校法治教育实效性研究提供了丰富的理论基础。通过对这些文献材料的挖掘、整理、学习、分析、整合，有利于在比较全面、客观地掌握文献资料的基础上拓宽本书的研究思路、形成本书的研究假设。本书主要从思想政治理论课要求、高校法治教育目标、高校法治教育教学方法、高校法治教育课程设置、高校大学生自身特点等方面，深入分析和梳理相关理论文献资料。以期通过多角度的文献资料分析探索出具有针对性、创新性的，提高高校法治教育实效性的对策和策略。

2. 问卷调查法

除文献资料研究之外，实证调查研究也是高校法治教育实效性研究的主要方法，问卷调查法是调查研究方法中十分常见的方法之一，也是定量研究中的一种基本方法。本书在实证研究过程中坚持问卷编制和问卷调查的科学原则，严格按照测量学和统计学的要求，自主编制"高校法治教育实效性调查问卷（教师卷）""高校法治教育实效性调查问卷（学生卷）"，并对问卷展开全国范围内一定数量的样本调查。本书紧紧围绕高校法治教育实效性议题，客观分析影响高校法治教育效果的诸多因素。通过对调查问卷进行定量与实证分析，以期确保本书研究结果的客观性及科学性。

五　创新之处与研究不足

（一）创新之处

1. 选题视角的创新性

本书选题寓高校法治教育大视野大目标于具体课程建设之中，使人们对于高校法治教育实效性可以以小见大、见微知著。以课程视角研究推动高校法治教育既有理论探索创新，又有对现实问题解决的针对性。从目前高校法治教育的研究现状来看，高校法治教育研究要么以法制宣传教育的历史为切入点进行，要么依托全面依法治国思想展开，很少有人将高校法治教育放到思想政治教育理论课程视域下进行具体研究。因为从思想政治教育学科内容来看，思想政治教育包括政治教育、思想教育、思想政治教育、道德教育、法治教育等内容。学者从道德教育、思想教育、政治教育等角度研究思想政治教育内容的比较多，从思想政治教育视角考察法治教育实效性的成果比较少，从高校法治教育的课程载体——《思想道德修养与法律基础》课程视角研究的成果更少。《思想道德修养与法律基础》课程作为高校法治教育的主渠道、主阵地，它对高校法治教育效果的提升具有不可忽视的重要意义。本书既从思想政治教育理论课程视域探索法治教育功能的发挥，又对法治教育的内在要素进行实证分析。以高校法治教育课程为切入点，不仅对厘清思想政治教育课程视域下高校法治教育的合理内核具有一定的重要意义，也对高校法治教育目标的合理界定具有一定的促进作用，这些研究意义的取得都与本书选题视角的创新性分不开。

2. 为廓清和促进高校法治教育属性及实效性研究提供新的研究思路

本书在研究方法上针对思想政治教育学科实证研究相对缺乏的学术研究现状，将实证研究方法与文献法结合起来，以期探索出具有针对性的、提高高校法治教育实效性的路径与对策。在新时代，法治教育无论从理论到实践，从中央到地方，从高校到中小学教育都受到了充分的重视。但是法治教育的实效性到底如何，思想政治教育课程视域下的高校法治教育的效果到底如何，既是近年来思想政治教育要面对的重点和难点问题，也是高校法治教育要面对的重点和难点问题。思想政治教育学领域具有微观研究少，机理研究少的缺陷①，这种研究习惯和研究方式一方面制约着思想政治教育学向纵深发展，另一方面也影响着高校法治教育研究方法和研究方式的创新。本书遵循高校法治教育实效性“理论依据→测量工具编制→发放问卷→实证调查→样本数据分析→提出对策”这样的实证与理论相结合的研究思路，厘清了高校法治教育既不是单纯的法律基础知识教育，也不是法学学科的法治理论教育，而是具有多层级教育目标的法治教育。同时对高校法治教育所取得的成效、存在的不足和制约因素进行客观的实证分析，这种研究设计既能贴近和科学把握高校法治教育的目标要求，又符合高校法治教育实效性研究机理，也能大大提升高校法治教育实效性研究的解释性和科学性。

3. 多学科融合研究具有一定的创新性

高校法治教育实效性研究涉及思想政治教育、德育、法学、教育

---

① 张耀灿：《现代思想政治教育学》，人民出版社 2001 年版，第 30 页。

学、课程理论等多学科学术研究成果的互通与借鉴。本书从多学科融合研究思路出发，融入了与高校法治教育实效性相关的思想政治教育、法学、教育学、统计学、德育等学科的思想和内容，尝试将多学科研究理论，尤其是将马克思主义人学思想、法学理论、教育学理论与思想政治教育的具体任务和目标要求相结合。本书所选取的马克思主义人学思想、马克思主义法治思想、中国共产党人法治教育思想分别为高校法治教育旨归指明了方向，为高校法治教育为谁培养人指明了方向，为高校法治教育教什么指明了方向。所选取的主体教育理论、有效教学理论、泰勒课程原理从学生主体、教学方法、课程维度为高校法治教育实效性研究提供了坚实的方法论基础。本书采用多学科融合研究以期透视思想政治视域下高校法治教育的多维目标和影响因素，以期为提高高校法治教育实效性探索出一条新路。

（二）研究的不足

1. 本书针对高校法治教育实效性进行研究，主要通过问卷测量法，采用横断面研究，即通过某一时点受访者对高校法治教育现状的描述获取实证研究材料，从研究方法到研究设计、研究思路，再到研究过程都严格遵循实证研究的科学规范，比较客观地反映了当下制约高校法治教育实效性提高的因素、我国高校法治教育的基本现状、高校法治教育所取得的成绩与不足。但研究中仍然不能完全克服和避免问卷调查法本身的局限性，例如问卷在抽样上采用随机抽样方式，在以后的研究中应该运用多种抽样方式，将整群抽样、分层抽样和多阶段抽样结合起来。抽样的样本范围应该更加科学，在以后的研究中应该更加兼顾样本的代表性和地域性。

2. 在影响高校法治教育实效性诸多因素的调查和分析中，本书所关注的是高校《思想道德修养与法律基础》课程中法治教育过程诸要素，即课程目标、教师教育教学方式、教师所学专业背景、法治教育教师培训；学生对法治课程的态度、学生学习法治知识的方法、学生对中国特色社会主义法治内涵的认知、对中国特色社会主义法治道路的认同、学生法治意识、法治思维、法治信仰、法治行为、法治能力等中观方面考察高校法治教育的实效性，研究未能从历史的、文化传统的角度将中国依法治国战略、中国法治传统文化等宏观因素纳入考察视野，仅从课程角度，从法治教育课程参与要素变量上考察高校法治教育实效性的影响作用，这样难免会影响研究结果对实践指导的一般性。在以后的研究中应尽量弥补这方面的不足。

3. 本书尝试运用多学科交叉分析方法，试图对影响高校法治教育实效性的各种因素进行综合、立体、客观、全面的分析和梳理，但囿于自身知识背景、学术研究思维习惯、教育教学实践阅历、学术视野、学科知识和学科理论水平等因素的影响和制约，在理论统摄、理论解释、结论提炼和研究的整体把握上还需要进一步提升。

第二章　高校法治教育实效性研究的理论基础

教育最终都是指向人的教育，马克思主义人学思想所包含的丰富思想内涵为高校法治教育育人目标指明了改革和发展的方向。马克思主义法治思想对教育大学生正确认识法的性质，正确认识社会主义法的人民性具有重要的指导意义。科学、全面、整体地理解马克思主义法治思想有助于高校师生坚定中国特色社会主义法治理论自信和法治道路自信。中国共产党人法治教育思想对帮助大学生正确理解马克思主义法治思想中国化发展历程具有重要的教育引导意义，同时为帮助学生理解不同历史阶段高校法治教育设置不同层级教育目标提供了历史遵循。主体教育理论、有效教育理论、泰勒课程原理为高校法治教育在实施过程中实现中国特色社会主义法治精神进头脑、进课堂、进教材提供了坚实的理论和方法基础。同时也从教师教育、学生主动学习、有效教学、有效学习、课程目标等方面，为提高高校法治教育实效性、促进高校法治教育实效性有效因素的提取、教师教学方法的选择等具体方面提供了理论方法支持。

一　马克思主义人学、法治思想及中国共产党人法治教育思想

马克思主义人学是“从整体上研究人的存在、本质和活动的一般规律，以及人生价值、目的、道路等基本原则的学问”①。马克思主

① 陈志尚：《人学研究的回顾与展望》，《毛泽东邓小平理论研究》2010年第6期。

义人学思想是在客观、全面分析人与自然、人与社会、人与人关系的基础上，坚持以人作为中心的社会发展理念，在人的各种能力发展、人的自由个性发展、人的社会关系丰富和发展、人的主体性的全面发展以及个人价值的实现等诸多方面整体、现实、全面地把握人性的基础上建立了"关于现实的人及其历史发展的科学"①。马克思主义人学思想坚持在生产劳动及实践的基础上承认在社会关系中现实的客观存在的人，反对脱离生产力和生产关系决定的与具体的生产方式发展不一致、不平衡的"抽象的人"。马克思人学思想与法治思想强调人的主体性、能动性、积极性，鼓励人与人在实践基础上建立权利义务关系的内在联系。反过来，权利义务关系是人的主体性、社会性和实践性的充分体现。马克思主义人学思想使人学研究从研究人与自然、人与社会转向人的本质与人的自由、全面发展研究，从关注"物"的研究转向关注"人"本身的研究。这种研究转向为我国高校法治教育的终极目的和价值生成提供了教育指南。

（一）马克思主义人学思想

近年来，随着中国经济社会的全面发展，马克思主义人学研究也有了长足的发展。学界对马克思主义人学研究的内容和范围不断扩展，包括人的本质研究，社会主义核心价值体系与人的价值实现研究，马克思主义人生观、价值观研究，人道主义研究，马克思主义人权研究，马克思主义人的信仰和理想研究等内容。基于高校法治教育实效性研究，下面主要从马克思主义人的主体性思想、人的全面发展思想、人的社会性思想等方面着力阐释马克思主义人学思想的核心内容。

1. 马克思主义人的主体性思想

马克思的主体性思想扬弃了西方马克思主义以前的旧哲学仅将人的主体性限于哲学理论的任务、限于本体论的窠臼、限于唯心主义的

① 陈志尚：《现实、全面地把握人性》，《北京大学学报》（哲学社会科学版）1990 年第 1 期。

范围内进行探讨的不足，马克思立足实践，赋予主体以现实性、具体性和实践性，提出主体是理性与实践的统一、现实与具体的统一。认为人正是通过实践活动把自己的主体力量对象化为客观实在，从而使外部物质世界具有了属人的性质。“主体性”问题在马克思理论中带有总体性。人在实践活动的基础上把他人、自然、人类社会设定为异己的对象，人的主体性生成必然涉及人与人、人与自然、人与社会、精神和肉体各个方面的关系。马克思的主体性思想体现了哲学向主体的回归、世界向人类社会的生成。马克思主义主体性思想主要体现在以下几个方面：

第一，主体不是抽象的绝对精神，而是现实的、具体的人类个体。马克思认为：“全部人类历史的第一个前提无疑是有生命的个人的存在”①，同时他又强调：“当现实的、肉体的，站在坚实的呈圆形的地球上呼出和吸入一切自然力的人通过自己的外化把自己现实的、对象性的本质力量设定为异己的对象时，设定并不是主体，它是对象性的本质力量的主体性，因此这些本质力量的活动也必定是对象性的活动。”② 可以看出，马克思的人是实践活动主体的人，但人的主体性不是自我设定的，而是在实践活动的基础上与对象性关系一起生成的。

第二，实践是人的主体性的集中体现。马克思反对不以人的主体及实践去理解感受客体对象，他指出：“从前的一切唯物主义（包括费尔巴哈的唯物主义）的主要缺点是：对对象、现实、感性，只是从客体的或者直观的形式去理解，而不是把它们当做感性的人的活动，当做实践去理解，不是从主体方面去理解。”③ 因为“从实践出发去理解感性世界或现实事物，说明了能动意义上的主体性。实践活动把人的内在主观目的外在现实化，使作为客体的现实世界或现实事物发

① 《马克思恩格斯文集》（第1卷），人民出版社2009年版，第519页。

② 《马克思恩格斯文集》（第1卷），第209页。

③ 《马克思恩格斯文集》（第1卷），第499页。

生变化并对人呈现出意义，使一切关系表现出为我关系”①。因此，“实践作为将主观见之于客观的对象化活动，是合规律性基础上的合目的性的实现，以至达及美与自由的‘游刃有余’之境界，是人的主体性的淋漓尽致的表现”②。

第三，人通过对象性存在物表征自己的主体性。马克思认为：

> 人作为自然存在物，而且作为有生命的自然存在物，一方面具有自然力、生命力，是能动的自然存在物；这些力量作为天赋和才能、作为欲望存在于人身上；另一方面，人作为自然的、肉体的、感性的、对象性的存在物，同动植物一样，是受动的、受制约的和受限制的存在物，就是说，他的欲望的对象是作为不依赖于他的对象而存在于他之外的；但是，这些对象是他的需要的对象；是表现和确证他的本质力量所不可缺少的、重要的对象。③

可以看出，人的主体性在对象性活动中体现出人作为人的自主性、能动性、创造性、目的性等主体规定性，但同时人的主体性受到对象性存在物的制约，人的主体自觉能动性是受制约的、受限制的，不是无限的。

马克思人的主体性思想从唯物主义的视角高屋建瓴地指出了人的主体性发挥是人作为主体的能动性和创造性的体现，同时也受实践对象的制约与限制，但人的主体性的自觉，尤其是确立个人的主体性是当代中国权利理论兴起的逻辑起点。

2. 马克思主义人的全面发展思想

人的全面发展思想贯穿于整个马克思主义人学思想的始终，是马

---

① 黄文正：《论马克思的实践主体性的确立》，《贵州社会科学》2006 年第 5 期。
② 褚小山：《马克思主体性思想主要内容及重要意义》，《人民论坛》2014 年第 6 期。
③ 《马克思恩格斯全集》（第 3 卷），人民出版社 2002 年版，第 324 页。

克思人学思想“自始至终内在一贯的价值旨归、终极目的与方向牵引”①。马克思更是将人的自由全面发展视为共产主义社会的本质特征。马克思主义人的全面发展思想的基本内涵主要体现在以下四个方面。

第一，人的需要的全面满足。马克思主义人的全面发展思想首先是在肯定人的需要的全面满足基础上展开论述。马克思认为：“任何人如果不同时为了自己的某种需要和为了这种需要的器官而做事，他就什么也不能做。”② 马克思首先论述了物质生活资料对于人维持生存的重要性。其次强调了人的精神需要的满足是人区别于“物”的重要标志。最后，人的需要的内容和层次随着社会发展而发展。正是“人的需要的满足推动了人的需要的发展和社会的发展，也推动了人的全面发展的进程”③。

第二，人的社会关系的全面丰富。人的全面发展最终由人的社会关系来承载。用马克思的话说就是“这些社会关系实际上决定着一个人能够发展到什么程度”④。生产力的发展程度促进社会分工不断的细化，社会分工的细化也决定了在发展中人的本质的异化，而社会关系的全面丰富是弥补人在社会发展中异化的重要方式。因为在社会实践中，“只有具备丰富的社会关系，人才能够积极参与到经济、政治、文化、法律、民族、伦理、宗教、地缘和家庭的等各种社会关系中，才能够获得信息、丰富阅历、更新观念、开阔眼界、增长知识，完善实现全面发展的知识与素质”⑤，可见，人的社会关系的全面丰富是一切社会发展阶段人的全面发展的有效方式。

第三，人的各项素质和能力的全面养成和提高。马克思认为，

---

① 朱荣英：《马克思人的全面发展理论及其中国表征》，中国社会科学出版社 2018 年版，第 139 页。

② 《马克思恩格斯全集》（第 3 卷）人民出版社 1960 年版，第 286 页。

③ 赵秉峰：《论马克思人的自由全面发展思想的内涵》，《理论观察》2018 年第 9 期。

④ 《马克思恩格斯全集》（第 3 卷），第 295 页。

⑤ 陈瑞三、杨飞雪、阚迪：《马克思人的全面发展理论对高校思想政治教育工作的启示》，《辽宁大学学报》（哲学社会科学版）2018 年第 1 期。

"任何人的职责、使命、任务就是全面地发展自己的一切能力"①，对于人的能力全面发展的范围，包括了人的体力、智力、自然力和社会力等最大限度的发挥。人的体力和智力的发展总是通过劳动和劳动能力表现出来的力量以及运用知识解决实际问题的智慧。马克思认为，自然力就是"作为天赋和才能、作为欲望存在于人身上"② 的力量；社会力则包括"政治力量、思想力量、知识力量、道德力量、理想和信念力量等等"③ 在社会实践中形成的各种能力。可以看出，马克思人的各项素质和能力的全面发展囊括了人自身先天所具备的体力、自然力，也包括包含了后天经过社会实践逐步完善的智力和社会力，有着丰富的内容。

第四，人的个性的全面发展。"自由个性"的实现是马克思对共产主义自由人的联合体以及人的历史发展的理想目标和最高境界的指向。从马克思的《博士论文》《路易·波拿巴的雾月十八日》《资本论》等著作中可以概括、归纳出马克思对人的个性的理解包括三个层次的内容，即"作为个人对外部世界独特的主体倾向性的个性；作为特定的社会群体成员的个人所具有某种特殊社会特征的个性；作为个人在外部世界的个别存在形式的个性"④。如果忽略人的个性的社会性特征，人的个性自然而然就会陷入个人存在的抽象本体论规定中，就违背了马克思关于人的个性发展与社会发展之间规律的初衷。因此人的个性全面发展理应包括人的"独立个性""自主活动""独特性""自我性"及"社会性"的全面发展。

马克思人的全面发展思想通过人的发展与社会发展关系的辩证论述，为当代中国人与人、人与社会和谐发展，以人的全面发展促进社会的全面发展奠定了深厚的理论基础。同时，马克思人的全面发展思

① 《马克思恩格斯全集》（第3卷），人民出版社1960年版，第330页。

② 《马克思恩格斯全集》（第3卷），人民出版社2002年版，第324页。

③ 袁贵仁：《论马克思人的全面发展观》，《高等师范教育研究》1992年第3期。

④ 韩庆祥：《现实逻辑中的人 马克思的人学理论研究》，北京师范大学出版社2017年版，第329页。

想是在科学个人观的基础上承认每个人的自由全面发展，这种"'每个人自由全面发展'既不是个体主义命题，也不是整体主义命题，而是一个彻底的集体主义命题，是对个体主义和整体主义的双重超越，是集体主义的最高表现和完成形态"①。以"人的全面发展"为理念的教育价值观为高校法治教育发展道路指明了方向。

3. 马克思主义人的社会性思想

马克思主义人的社会性思想是马克思人学思想的重要内容和特征。人的社会性就是所处社会特征的总和。马克思从人的"社会性"入手不仅对人区别于动物的类本质有了明晰的认识，而且对人和人之间现实的、社会的本质进行了彻底的探讨。马克思对人的"社会性"的论述廓清了文艺复兴时期自然主义人道主义、18 世纪法国启蒙运动时期理性主义人道主义、19 世纪法国空想社会主义人道主义以及 19 世纪德国人本主义人道主义对人的"人性"、人的"本质"的抽象议论和认识，指出："人的本质不是单个人所固有的抽象物，在其现实性上，它是一切社会关系的总和。"② 人的社会性主要通过人的合作性、集体性、公共性以及人的差别性体现出来，人的社会性是人的本质属性。马克思主义人的社会性思想主要体现在四个方面。

第一，人的生存需要与他人的合作。马克思认为："人并不是抽象的栖息在世界以外的东西。人就是人的世界，就是国家。"③ 首先，个体无法孤立地生存与生活，个体在求生存的过程中与他人合作共同改造自然，并在此过程中形成社会。其次，人的类本质就是社会化结果，人在劳动过程中不断形成和提升语言、意识、思维等能力。最后，人的社会活动和社会享受也是通过同其他人的聚合来表现和确证的。

第二，人通过交往来发展自己并满足相互的需要。交往在马克思

① 陈曙光：《论"每个人自由全面发展"》，《北京大学学报》（哲学社会科学版）2019 年第 2 期。

② 《马克思恩格斯选集》（第 1 卷），人民出版社 1995 年版，第 60 页。

③ 《马克思恩格斯全集》（第 1 卷），人民出版社 1956 年版，第 452 页。

看来是人的社会性的集中体现，因为“交往既可以继承别人的能力，也可以学习他人的经验和知识，还可以换取自己所需要的东西，即可以利用别人劳动的成果来满足自己的多种需要”[①]。人在交往活动中所建立的人与人之间的关系、所进行的以劳动产品的形式交换的活动、个人能力的相互补充和利用都体现了人的社会性。

第三，人的发展受到社会生产方式的规定和制约。首先，个人受到已有生产力生产方式的规制。马克思认为：“已经生成的社会，创造着具有人的本质的这种全部丰富性的人，人的本质的这种全部丰富性的人，创造着具有丰富的、全面而深刻的感觉的人作为这个社会的恒久的现实。”[②] 其次，马克思也强调社会关系对人的发展的制约作用，他认为“社会关系实际上决定着一个人能够发展到什么程度”[③]。最后，个人的活动方式、社会职能、社会角色的差别性和被规定性是人的社会性的直接体现。马克思认为，人的“活动和享受，无论就其内容或就其存在方式来说，都是社会的，是社会的活动和社会的享受。自然界的人的性质，只有对社会的人来说才是存在的”[④]。

马克思主义人的社会性思想一方面为人积极融入社会发展提供了理论依据，另一方面也为鼓励个人通过人与他人、人与社会活动建立人与人之间的权利义务关系提供了智力支持。同样，马克思人的社会性思想不仅为高校大学生更好地理解法的产生提供了认知前提，而且也有利于理解人的社会性与法的内在价值之间的关系，因为法的自由、秩序、正义等内在价值都是人的社会性的集中体现。

（二）马克思主义法治思想

马克思主义法治思想是马克思和恩格斯关于法的产生、起源和发

① 韩庆祥：《现实逻辑中的人 马克思的人学理论研究》，北京师范大学出版社 2017 年版，第 234 页。

② 《马克思恩格斯全集》（第 3 卷），人民出版社 2002 年版，第 306 页。

③ 《马克思恩格斯全集》（第 3 卷），人民出版社 1960 年版，第 295 页。

④ 《马克思恩格斯全集》（第 3 卷），人民出版社 2002 年版，第 301 页。

展，以及对法的本质的根本看法和观点。马克思主义法治思想散见于其哲学、政治经济学、历史学等方面的著述中。建立在对资本主义法制批判基础上的马克思主义法治思想集中体现了马克思主义辩证唯物主义和历史唯物主义的立场。科学、全面、整体地理解马克思主义法治思想有助于高校师生坚定中国特色社会主义法治理论自信和法治道路自信，也为高校自觉开展中国特色社会主义法治意识形态教育奠定了理论基础。

1. 承认法的产生及内容是具体的、历史的

其一，马克思认为，法的产生受物质生产条件的制约。马克思指出："在社会发展某个很早的阶段，产生了这样一种需要：把每天重复着的产品生产、分配和交换用一个共同规则约束起来，借以使个人服从生产和交换的共同条件。这个规则首先表现为习惯，不久便成了法律。"① 因此，法、法制并不是一成不变的，它会随着社会的物质生产条件和经济基础的改变而改变。其二，立法本身受到社会发展实际的制约。关于立法，马克思指出："立法者应该把自己看作一个自然科学家。他不是在创造法律，不是在发明法律，而仅仅是在表述法律，他用有意识的实在法把精神关系的内在规律表现出来。如果一个立法者用自己的臆想来代替事情的本质，那么人们就应该责备他极端任性。"② 其三，法律所表达的内容同样是具体的、历史的。马克思和恩格斯就此问题在《共产党宣言》中指出，资产阶级的法律内容是由资本主义的物质生活条件决定的。马克思针对资产阶级认为法是永恒的观点，在《共产党宣言》中指出"各个世纪的社会意识，尽管形形色色、千差万别，总是在某些共同的形式中运动的，这些形式，这些意识形式，只有当阶级对立完全消失的时候才会完全消失。"③ 也就是说，马克思认为法会随着阶级的消失而消失。总之，马克思认为理解法的关系应该坚持历史唯物主义的观点，他指出：

① 《马克思恩格斯选集》（第 3 卷），人民出版社 1995 年版，第 211 页。
② 《马克思恩格斯全集》（第 1 卷），人民出版社 1995 年版，第 347 页。
③ 《马克思恩格斯选集》（第 1 卷），人民出版社 2012 年版，第 421 页。

"法的关系正像国家的形式一样，既不能从它们本身来理解，也不能从所谓人类精神的一般发展来理解……物质生活的生产方式制约着整个社会生活、政治生活和精神生活的过程。"①

2. 主张法的阶级性与社会性是其在本质与作用上的相互统一

马克思始终肯定法的本质是由统治阶级的阶级性来决定的。法作为上层建筑集中体现了统治阶级的阶级意志，他认为，资本主义的就是资产阶级统治者部分人的意志，没有反映也不会代表广大人民群众的利益。在《共产党宣言》中他明确指出："正像你们的法不过是被奉为法律的你们这个阶级的意志一样，而这种意志的内容是由你们这个阶级的物质生活条件来决定的。"② 马克思的这句话不仅反映了资本之于法的阶级性，同时也说明了阶级社会法的阶级性是不以个人的意志为转移的，是客观的、必然的。马克思并没有因为承认法的阶级性而否认法的社会性。与此相反，马克思认为，阶级社会的法的阶级性正是通过法的社会性表现出来的。法的社会性体现为法具有管理国家和社会的社会职能。法正是通过规范、管理、约束等公共职能的实现才可以达到维护阶级统治利益的目的，因此恩格斯强调："政治统治到处都是以执行某种社会职能为基础，而且政治统治只有在它执行了它的这种职能才能持续下去。"③ 我们在学习和认识马克思主义法治思想时，既要看到马克思主义法治思想中马克思对法的阶级性的论述，也要看到马克思对法的社会性及其社会职能的肯定，不能因为法的阶级性而忽视法的社会性，也不能因为看到法的社会性而忽略法的阶级性。

3. 强调良法的"人民主体性"

马克思就法律的主体指出："只有当法律是人民意志的自觉表现，因而是同人民的意志一起产生并由人民的意志所创立的时候，才会有确实的把握，正确而毫无成见地确定某种伦理关系的存在已不再符合

---

① 《马克思恩格斯选集》（第2卷），人民出版社1995年版，第32页。
② 《马克思恩格斯选集》（第1卷），人民出版社2012年版，第417页。
③ 《马克思恩格斯选集》（第3卷），人民出版社2012年版，第560页。

其本质的那些条件，做到既符合科学所达到的水平，又符合社会上已形成的观点。”[①] 可见，人民意志既是马克思所倡导的良法成立的基础，又是法律被人民所遵守的前提条件，只有体现人民意志的法律才既是科学的，又是符合社会发展规律的。无产阶级政权的取得为这种体现人民意志的良法的建立奠定了阶级基础，因为阶级社会的法往往因为融入私人利益而使人民的意志彰显不足。马克思主义强调法的人民主体性正是其无产阶级政治家的政治立场在法治观上的具体反映和表达。

4. 倡导“依法治国”是无产阶级政权维护自身利益的必要选择

马克思和恩格斯不仅承认统治阶级的性质决定法的性质，也肯定法律是国家与统治阶级意志的集中反映。基于法是国家意志的体现这一认识，恩格斯指出：“从某一阶级的共同利益中产生的要求，只有通过下述办法才能实现，即由这一阶级夺取政权，并用法律的形式赋予这些要求以普遍的效力。”[②] 也就是说，统治阶级在取得政权后，必须通过法律的形式来巩固和表达自己阶级的利益主张，而法律使得这一主张有了普遍的效力。那么，无产阶级政权应该如何维护自己的阶级利益？列宁指出：“工人阶级夺取政权之后，像任何阶级一样，要通过改变同所有制的关系和实行新宪法来掌握和保持政权，巩固政权。”[③] 对于建立政权后的无产阶级，如何处理与旧法法律之间的关系，马克思、恩格斯也明确表示：“旧法律是从这些旧社会关系中产生出来的，它们也必然同旧社会关系一起消亡。它们不可避免地要随着生活条件的变化而变化。不顾社会发展的新的需要而保存旧法律。”[④] 可以看出，马克思主义法治思想明确无产阶级在取得政权后一方面要废除旧法律，另一方面要建立适合无产阶级新的社会关系的新法律，并要用新的法律巩固无产阶级的新政权。

---

① 《马克思恩格斯全集》（第 1 卷），人民出版社 1995 年版，第 349 页。
② 《马克思恩格斯全集》（第 28 卷），人民出版社 2018 年版，第 631 页。
③ 《列宁全集》（第 38 卷），人民出版社 2017 年版，第 307 页。
④ 《马克思恩格斯全集》（第 6 卷），人民出版社 1961 年版，第 292 页。

马克思虽然没有专门论述关于法及法治的著述，但是马克思主义法治思想散见于其《共产党宣言》《德意志意识形态》等相关论述之中，马克思主义法治思想是马克思主义理论不可分割的重要组成部分。马克思主义法治思想为新时代中国特色社会主义法治理论的创建奠定了重要的理论基础，也为新时代中国特色社会主义法治道路的发展指明了方向。同时，马克思主义法治思想中所内含的人本思想也为高校法治教育立德树人指明了方向。

（三）中国共产党人法治教育思想

伴随着对法、法制和法治理解的不断深化，中国共产党人在中国革命、建设、改革的不同阶段，根据当时社会发展对法治的需要和要求，配合不同时期依法治国建设目标，对法治教育理论进行了不同层面的丰富和发展。

毛泽东作为新中国民主法制的开创者，在理论和实践上都为中国法制建设奠定了基础，他不仅注重新中国具体法律法规的修订，而且从法哲学观、法价值观层面对我国法制进行了开创性的探索。毛泽东法制教育思想主要体现在四个方面：一是明确了人民民主专政是我国社会主义法治教育的根本价值诉求。他指出："在人民内部，不可以没有自由，也不可以没有纪律；不可以没有民主，也不可以没有集中。这种民主和集中的统一，自由和纪律的统一，就是我们的民主集中制。在这个制度下，人民享受着广泛的民主和自由；同时又必须用社会主义纪律约束自己。"① 二是强调社会主义法治教育鲜明的人民性。他指出：要"用宪法这样一个根本大法的形式，把人民民主和社会主义原则固定下来，使全国人民有一条清楚的轨道，使全国人民感到有一条清楚明确的和正确的道路可走，就可以提高全国人民的积极性。"② 三是强调党员干部在遵法守法方面起模范作用。1954 年宪法

① 《毛泽东文集》（第 7 卷），人民出版社 1999 年版，第 209 页。

② 《毛泽东文集》（第 6 卷），人民出版社 1999 年版，第 328 页。

通过后，毛泽东要求领导干部要带头遵法。他指出：“特别是国家机关工作人员要带头实行，首先在座的各位要实行。不实行就是违反宪法”[①]。四是提倡在法治教育过程中将法律惩戒与思想改造相结合。对于反动阶级和反对派的人们，他指出：“在他们的政权被推翻以后……他们如果不愿意劳动，人民的国家就要强迫他们劳动。也对他们做宣传教育工作，并且做得很用心，很充分，像我们对俘虏军官们已经做过的那样。”[②]

邓小平在中国改革开放初期，在总结“文化大革命”经验教训的基础上，将加强法制提到了与端正党风同等重要的地位。认为加强法制的表现就是进行法制教育。在法制教育方面，邓小平强调法制教育思想主要体现在四个方面：一是法制教育以懂法为主，强调法律知识宣传普及的重要性。基于对法律知识教育重要性的认识，他指出：“要讲法制，真正使人懂得法律，使越来越多的人不犯法，而且能积极维护法律。”[③] 二是法制教育的目的是“在全体人民中树立法制观念”。同时，将法制教育写入宪法。三是强调法制教育对象的广泛性。强调“法制教育要从娃娃开始，小学、中学都要进行这个教育，社会上也要进行这个教育。”[④] 在青少年法制教育方面，要求将法制教育和文化教育结合起来，邓小平指出：“法制观念与人们的文化素质有关。现在这么多青年人犯罪，无法无天，没有顾忌，一个原因是文化素质太低。”[⑤] 四是高校法制教育要注重大学生法制观念培养，同时强调高校法制教育者要“以自身较好的法律素质和形象，影响和教育学生，并建立起新型的师生关系”[⑥]。

江泽民的法制教育思想与依法治国基本方略的提出紧密结合在一起。党的十五大报告首次提出“依法治国，是党领导人民治理国家的基

---

① 《毛泽东文集》（第6卷），人民出版社1999年版，第328页。

② 《毛泽东选集》（第4卷），人民出版社1991年版，第1476页。

③ 《邓小平文选》（第2卷），人民出版社1994年版，第254页。

④ 《邓小平文选》（第3卷），人民出版社1993年版，第163页。

⑤ 《邓小平文选》（第3卷），第163页。

⑥ 阎高程：《邓小平法制教育理论初探》，《高教发展与评估》2005年第3期。

本方略”；指出我国政治体制改革和民主法制建设的目标是“进一步扩大社会主义民主，健全社会主义法制，依法治国，建设社会主义法治国家”。在依法治国基本方略思想的统领下，其法制教育理论主要体现在四个方面：一是突出强调了法制教育在依法治国中的战略地位。他指出：“搞好法制教育，增强全体公民的法律意识和法制观念，是社会主义法制建设的基础工程。”① 二是在法制教育中要注重法律意识教育。江泽民指出：“实践经验还说明，如果人们的法律意识和法制观念淡薄，思想政治素质低，再好的法律和制度也会因为得不到遵守而不起作用，甚至会形同虚设。”② 三是强调法制教育与道德教育的有机结合。他认为：“教育是一个系统工程，要不断提高教育质量和教育水平，不仅要加强对学生的文化知识教育，而且要切实加强对学生的思想政治教育、品德教育、纪律教育、法制教育。”③ 四是法制教育与法制实践教育相结合。为此他指出：“要把民主法制实践和民主法制教育结合起来，不断增强广大干部群众的民主意识和法制观念。”④

胡锦涛在加快建设社会主义法治国家的背景下，在科学回答“建设什么样的法治国家、如何建设社会主义法治国家”这一重大命题的基础上，提出社会主义法治理念教育。胡锦涛法治教育思想以社会主义法治理念教育为主线，主要体现在以下三个方面：一是明确提出要让社会主义法治理念教育进教材、进课堂、进学生头脑。社会主义法治理念一经提出，中央组织部、宣传部、教育部和中央政法委员会就联合发文，明确提出：“要积极推动社会主义法治理念教育纳入各级各类高等学校的思想道德及法学教育的教材，明确不同层次的教学要求，培养大批既有深厚研究造诣，又有丰富教学经验的师资力量，真正使社会主义法治理念‘进教材、进课堂、进学生头脑’。”⑤ 与此同

① 任建新：《社会主义法制建设基本知识》，法律出版社1996年版，第3页。

② 《江泽民文选》（第1卷），人民出版社2006年版，第512页。

③ 《江泽民文选》（第2卷），人民出版社2006年版，第588页。

④ 《江泽民文选》（第1卷），第236页。

⑤ 中共中央政法委员会编：《社会主义法治理念读本》，中国长安出版社2009年版，第3页。

时，社会主义法治理念教育在各个行业有序开展。二是注重社会主义法治精神宣传教育。社会主义法治理念教育中强调的依法治国、执政为民、公平正义、民主法治、自由平等，为社会主义法治精神弘扬和宣传奠定了深厚的法治文化氛围。胡锦涛在党的十七大报告中指出："深入开展法制宣传教育，弘扬法治精神，形成自觉学法守法用法的社会氛围。"① 三是注重法治教育成效。2006 年《全国人民代表大会常务委员会关于加强法制宣传教育的决议》指出：开展法制宣传教育活动"要讲求实效，力戒形式主义"②。关于教育成效问题，胡锦涛在《全国教育工作会议上的讲话》中指出："教育成效不应该只看学生能否准确填写标准答案，更要看学生的学习能力、实践能力、创新能力，看他们是否掌握了发现问题、解决问题的关键能力，看他们是否具备了高度的社会责任感。"③

新时代，在中国共产党确立依法治国基本方略的前提下，习近平系统阐释了全面依法治国新理念、新思想、新战略。在全面依法治国新理念、新思想、新战略的系统阐述中，习近平关于法治教育的重要论述主要体现在四个方面：一是在道德教育中突出法治内涵，发挥道德对法治的滋养作用。习近平指出："要在道德教育中突出法治内涵，注重培育人们的法律信仰、法治观念、规则意识，引导人们自觉履行法定义务、社会责任、家庭责任，营造全社会都讲法治、守法治的文化环境。"④ 二是注重营造法治教育的文化环境。习近平指出："我们要在全社会加强宪法宣传教育，提高全体人民特别是各级领导干部和国家机关工作人员的宪法意识和法治观念，弘扬社会主义法治精神，努力培育社会主义法治文化，让宪法家喻户晓，在全社会形成学法尊

---

① 《胡锦涛文选》（第 2 卷），人民出版社 2016 年版，第 637 页。

② 中共中央文献研究室编：《十六大以来重要文献选编》（下），中央文献出版社 2007 年版，第 435 页。

③ 胡锦涛：《在全国教育工作会议上的讲话》，《中国职业技术教育》2010 年第 28 期。

④ 《习近平谈治国理政》（第 2 卷），外文出版社 2017 年版，第 134 页。

法守法用法的良好氛围。”[①] 三是法治教育的目标是推动全体人民崇法尚法，树立法治信仰。习近平指出：“要加强法治宣传教育，引导全社会树立法治意识，使人们发自内心信仰和崇敬宪法法律；同时要加强道德建设，弘扬中华民族传统美德，提升全社会思想道德素质。”[②] 四是注重将法治宣传教育方法与提高法治能力相结合。2014年《中共中央关于全面推进依法治国若干重大问题的决定》指出：“把法治教育纳入精神文明创建内容，开展群众性法治文化活动，健全媒体公益普法制度，加强新媒体新技术在普法中的运用，提高普法实效。”[③] 除此之外，习近平强调通过法治宣传教育，要“引导群众遇事找法、解决问题靠法，逐步改变社会上那种遇事不是找法而是找人的现象”[④]。

中国共产党人在中国建设和改革时期对法治教育理论的探索、丰富和深化，一方面有利于将法治教育融入我国社会主义建设和改革的布局中去理解和领悟，另一方面为今后高校法治教育改革创新指明了方向。提高高校法治教育实效性不仅是提高高校对教育效果的客观要求，也是高校积极融入我国社会主义建设和改革的客观要求。梳理中国共产党人法治教育思想，为高校进行法治教育改革、创新以及提高实效提供了历史的、整体的视野，树立了法治教育整体大局意识，避免了就法治教育谈提高法治教育实效性的局限性。

二　主体教育理论

如果说“马克思主义关于人与社会的关系、人和人的关系、人的本质、人的主体性、人的需要、人的价值以及人的权利和义务、人的

---

① 中共中央文献研究室编：《十八大以来重要文献选编》（上），中央文献出版社2014年版，第91页。

② 《习近平谈治国理政》（第2卷），外文出版社2017年版，第135页。

③ 本书编写组：《党的十八届四中全会〈决定〉学习辅导百问》，学习出版社2014年版，第20页。

④ 中共中央文献研究室编：《十八大以来重要文献选编》（上），第722页。

自由和平等、人的理想和信念等理论”① 为现代思想政治教育人学理念转向开辟了新路，同样，它也为中国现代法治教育从工具理性转向价值理性开辟了新路。如何在高校法治教育中唤醒大学生的主体性，使他们在有限的法治教育学习中充分发挥其作为主体的自主性、能动性、创造性是高校法治教育提高实效性亟须解决的难题。主体教育理论为我们在教育哲学视域下研究高校法治教育的实效性，提供了一个崭新的理论视域。

（一）主体教育理论提出的社会文化环境

主体教育理论，是伴随着20世纪80年代中国经济快速发展的步伐而提出的，中国社会同时步入一个大变革、大创造的时期，人们的主体意识也同这个时期技术的进步、物质生活的优越、精神的失落一起被科技裹挟着奔向现代社会。主体教育理论正是人们对人如何体现其主体地位在教育学领域的反思。科技在为人类创造物质繁荣、使人从繁重的劳动中解放出来带来便利的同时，人类也不得不面对生态失衡、环境污染、核战威胁、人际关系冷漠等一系列全球现代化过程中出现的负面产物。因此，作为支撑人类现代化进程的思想观念——主体性，再一次从最初的“高扬奋进”到现在的“消解反思”，进入了哲学家和教育学家的理论视野。

人类对主体性问题的提出、迷恋、反思总是与一定的历史条件相适应的，西方社会也因为其发展快于中国而提前面对了人的主体性问题。西方社会在18世纪工业文明之初，在不断满足物质获得感的基础上对科技至上、工具理性、占有性个人主体思维的信奉矢志不渝。人的主体性在那个特定时期外化为对自然、社会的认识，进而内化为个人的生存信条，同时外化表现为无休止地对社会和自然的征服和占有。占有“意味着，我想为自己获得一切；意味着，不是分享而是占

① 张耀灿、徐志远：《现代思想政治教育学科论》，湖北人民出版社2003年版，第96页。

有给我带来乐趣；意味着，我必须愈来愈贪婪，因为我若以占有为目的，则我占有得越多，我就愈是了不起；它还意味着，他人就是敌人……我永无餍足。因为我的欲望就是个无底之窟”①。占有成为人彰显其作为人的主体优越性的主要表征，也成为工业文明时期人对自身处于主宰地位的最高礼赞。如果说占有是主体性工业文明时期人们对主体性外化的表现，那么西方哲学家从未停止从形而上的角度对人作为主体及其主体性的思考，从笛卡尔的“我思故我在”，到康德的“我思”即“自我意识”“理性为自然立法”，再到黑格尔的“实体即主体”将主体性思想推到了近代哲学的极端，无不反映了近代西方哲学家对主体性的深刻思考。当然，对于主体性的思考并没有因为黑格尔而终结，19 世纪末 20 世纪初西方哲学对主体性的思考出现了集体的转向与流变，胡塞尔“交互主体理论”力图超出单独自我意识的努力，海德格尔、萨特试图从存在论的意义上对主体性进行演进，阿佩尔、哈贝马斯从语言学角度对主体间的有效性论证构成了西方哲学家对主体及主体性研究的谱系。马克思主义哲学虽然没有直接将主体性作为其哲学研究的范畴，但作为一种哲学思维方式和哲学形态的变革，它的出发点和立足点就是实践与主体。马克思对主体及主体性的理解与他的历史唯物主义是适切的，他认为人的主体性只有在实践中才会不断生成，这为人们继续探讨成为自由、自觉、理性的现代主体发挥了主体性作用，避免过分依赖个体主体性而使人类陷入人与物的异化之中打开了一条新的认识通道。伴随着西方对主体性认识的不断深入和研究，主体性视野下的教育理论也不断演进，个人主体教育是主体性哲学投射到教育领域的直接体现，这种主体性教育理念同样也经历了从自然主体教育到理性主体教育再到价值主体教育的过程。可以看出，“个人主体教育的出现和存在，是 18 世纪资本主义产生之后的必然产物，是培养‘以物的依赖性为基础的人的独立性’的应

① ［美］弗洛姆：《占有或存在》，杨慧译，国际文化出版公司 1989 年版，第 6 页。

然选择”[①]。但西方社会的实践发展以及对个人主体性的过度膨胀，倒逼着人们对人的异化和物化之后的“主体性”反思，这种反思主要体现在人们对“主体间性”“生活世界”“交往”等理论的讨论与转向方面。这种对个人主体性困境的反思被西方学者形象地称为“主体性黄昏的到来”。

我国对主体性教育的提出同样是建立在中国市场经济的发展与完善之上的。一方面经济社会的持续发展需要解放和发挥人的主体性以发展科学技术，另一方面思想解放运动为人的主体性的个人解放提供了理论前提。如果说解放个人和发展科学技术成为改革开放以来中国社会的最大现实需要，那么反射到教育领域的话题就是对主体教育理论的呼吁：

> 主体教育思想的产生正是时代精神的体现。面对现代科技的迅猛发展，生产过程日益智能化以及新科技革命带来的挑战，现代社会急需具有创新性的人才。教育应主动适应社会发展的要求，加强对学生主体性的培养，为社会培养既具有相应知识技能，又具有开拓进取的创新意识、竞争和合作精神，以及随机应变、办事能力强、工作效率高的人才。现代教育最重要的特征就是高扬人的主体性，这一点已取得共识。[②]

（二）主体教育理论的教育主张

自20世纪80年代以来，学术界关于主体教育经历了“主体”“主体性”“教育主体”“学生主体”“教师主体”“学校主体”等一系列概念的提出和辨析，并在概念辨析的基础上对“教师主体论”“学生主体论”“互为主体客体论”“双主体论”等几种不同但相互激

① 冯建军：《当代主体教育论》，江苏教育出版社2002年版，第97页。

② 武思敏：《主体教育的理论与实践》，《教育研究》2000年第5期。

烈交锋的教育观点的探索和争鸣阶段；经历了关于“什么是主体教育”与哲学上主体多重含义的解析和深化阶段。有学者指出，主体教育理论中的主体是认识论意义上的主体，认识论意义上的主体不等于认识的主体，人是认识主体、实践主体、价值主体、审美主体等，不同意义上的主体是有区别的，不能混淆。① 同样要明确的是教育中的主体理论不等于主体教育理论。在我国主体教育理论经历了反思、总结、批判、概括和提升阶段后，2005 年河南大学召开了“全国主体教育理论第二届专题学术研讨会”，会议一致认为，我国“主体性和主体性教育不是走向黄昏，而是在依托 13 年教育实验的基础上，开始了更为深入的研究；主体教育在我国当前乃至今后的一个时期内，仍是一个历久弥新的话题”②。总之，对于主体的理解，主体教育理论是从认识论的意义上展开界说的，是指有目的的认识活动和实践活动的承担者。主体包括两个基本内涵：一是主体必须是有意识的人；二是主体必须进行有目的的认识—实践活动。从这一点来看，主体与人在认识—实践活动中具有本质上的内在统一。③ 由此可以看出，“主体教育理论的内涵是丰富多彩的，思想是博大精深的”④。

1. 本真的主体教育是主体教育理论的“硬核”

培养和发挥学生的主体性，是主体教育理论研究的核心问题。主体教育理论的缘起就是解决传统教育中“目中无人”的弊病。这一核心问题的探究首先体现在谁是教育的主体之争上，以为只要确立教育者、受教育者的主体地位或教育者和受教育者主体间地位，主体教育的任务就会迎刃而解。随着学术界对主体教育理论的不断深化、交融、碰撞，最终使大家对主体教育理论的“硬核”即本真的主体教

---

① 孙迎光：《主体教育理论的哲学思考》，南京师范大学出版社 2003 年版，第 9 页。

② 刘志军、张红霞：《第二届主体教育理论专题学术研讨会综述》，《中国教育学刊》2005 年第 4 期。

③ 田慧生：《人的主体性内涵与人的主体性教育》，《教育研究》1995 年第 10 期。

④ 李秀萍：《新时期主体教育研究应关注的三个问题》，《中国教育学刊》2005 年第 4 期。

育有了更明晰的认识。所谓本真的主体性就是指“学生真正发挥主体性之后所表现出来的自然状态，这种主体性的表现是：学生有明确的目的意识、选择意识以及方向意识”①。本真的主体教育是在确立教育对象主体地位的基础上，在教育过程中改变教育对象由知识的单纯接受式教育转变为教育者引导下的自我教育，将学生变成自我教育的主体。一般的主体教育或者异化的主体教育可能仅仅限于这个环节就止步不前了，而对于本真的主体教育来说，确立学生的主体地位只是主体性教育的第一步，这个时候的主体性“是一种独立或半独立的实体在一定的监护引导和规范下，发挥出来的有限的主体性；学生主体性生成的基础——对象性关系是一种间接的和‘准社会’的关系；表现学生主体性的那些具体的功能性，如自主性、能动性和创造性等，因受其‘本质力量’尚处于‘孱弱’阶段的掣肘而只能有限地发挥，且总是与其自身客观具有的依附性、受动性和模仿性发生矛盾……学生主体性发展过程中矛盾的发生与转化，主要表现为能动性与受动性、自主性与依附性、创造性与模仿性、独特性与共同性”②。这种主体性也被学界定义为异化的主体性，在主体教育中并不是以发挥和培养受教育者异化的主体性为目的，因为这是一种虚假的主体性，这种虚假的主体性往往给人以假象。表面上受教育者好像自由地发挥其主体的能动性，实则是对学生放任自流之后的另一种形象的塑造。主体教育理论所倡导的本真的主体教育，不是“以确立教育对象在教育中的行为发出者意义上的主体地位为宗旨；不能认为这种主体地位已经确立，主体的自为性、自立性、创造性就立即彰显出来”③。本真的主体教育一定是在与各种虚假的、异化的主体性的去蔽中不断深化对主体自身的、能动的、自主的意识主体性和实践主体性的认识与实

① 李秀萍：《新时期主体教育研究应关注的三个问题》，《中国教育学刊》2005 年第 4 期。

② 李秀萍：《新时期主体教育研究应关注的三个问题》，《中国教育学刊》2005 年第 4 期。转引自杨小微《试论学生主体性及其发展条件》，张天宝：《主体性教育理论研究文献综述》（专题研究文集第四集），内部资料。

③ 孙迎光：《主体教育理论的哲学思考》，南京师范大学出版社 2003 年版，第 53 页。

践。它真正的教育意义在于使受教育者不屈从于外在的力量而盲目行动，而是要使其根植于一种独立的、基于人的生产性观察和思维行事。说到底，本真的主体教育就是使受教育者在理性教育中成为辩证理性的人。

辩证理性教育既重视受教育者在学习中的学习灵感、直觉能力、猜测能力、表象能力、联想能力以及情感、动机、需要、意志、兴趣、信念等非理性因素的培养，又克服了唯逻辑理性的教育弊端即借助具有固定含义的语言、概念、逻辑、科学等理性化的手段和工具来实施教育。可以看出，辩证理性教育不等于逻辑理性教育，辩证理性的人不是仅具有单一逻辑理性思维的人。本真主体教育就是通过理性教育让受教育者对“理性”与“非理性”有一个全面辩证的正确认识，辩证理性教育是一种在以逻辑结构为枢纽建构起来的科学文化知识教育的基础上，重视理性和非理性融合后的完整人格培养；辩证理性教育不唯逻辑至上，不把人看成概念和逻辑的产物，而是把人看成生命实践的产物；辩证理性教育强调辩证理性的“运思”教育，承认用辩证理性调控科学技术理性，追求人的精神发展的质的平衡。正是辩证理性教育关于完整人格培养目标的理论图景才使得主体教育理论格外耀目。

2. 启发、尊重、承认教育对象的“选择自由”是进行主体教育的首要任务

通过主体性教育所呈现的主体性是主体教育受教育者的主要特性，换句话说，就是受教育者通过培养和学习最终获得或养成其主体性。因为主体教育就是弘扬人的主体性的教育。正是因为人的主体性的弘扬，人才能在认识世界和改造世界中发挥主体的自为性、自主性、自觉性、主动性、创造性及自由性，主体性充分体现出人作为主体的根本属性。在主体教育中如何才能培养人的主体性成为主体教育始终必须面对的首要问题。启发和尊重受教育者的“选择自由”是培养和养成主体性的首要任务和基本前提。在所有的主体性表征中自由性是主体性的核心内容，自由性“是主体在主客结构中的自由选择性，即对客体、实践手段方

式，以及实践结果的选择，这是与必然性相对应的”[①]。但在实践中，人的选择的能动性往往以异化的能动性和非异化的能动性表现出来，异化的能动性一般表现为对某种力量的屈从和盲从，之所以对某种力量表现出屈从和盲从，就是因为缺乏选择的自由。如果没有受教育者的“选择自由”，受教育者的主体性培养和养成、人的主体地位的确立就会成为无源之水、无本之木。

> 人的主体地位的确立有两个关键的环节，这就是意识环节和活动环节。人首先在内在意识中形成了主体性意识、主体性思想，然后再通过人的外在活动体现出来。意识上萌生了自主的、选择的主体性，才可能产生活动中自为的、创造性的行为和结果。这两个环节具有内在的互动性。[②]

也就是说，意识上萌生出自主的、选择的主体性对人的主体性的养成具有至关重要的作用。人的选择自由决定了人是开放的、发展的；选择自由同时赋予人最大的责任和改变自己的可能。主体教育就是通过教育，指导受教育者向内用力，使人明确自我在塑造整合功能中的责任，唤起人的价值自由意识，使自我处于不断的自我反省、发展和提升之中，不断地超越自我，积极地进行自我规划和设计，开展出最本己的能是。[③]当然，启发、尊重和承认受教育者的选择自由必须与受教育者的要求结合起来，只有与要求结合起来的启发、尊重和承认，才是真正的尊重与承认。当然，我们必须承认在尊重受教育者的选择自由时，受教育者的“选择自由”不是无限制的、随心所欲的，而是建立在一定的社会历史条件下的合规律的选择，人的这种合规律选择自由一方面体现了人的主体性，另一方面也体现了教育和主体教育的本来意义。

---

① 张蓬：《主体性问题学术讨论会综述》，《人文杂志》1991 年第 5 期。

② 赵海英：《主体性：与历史同行》，首都师范大学出版社 2008 年版，第 96—97 页。

③ 孙迎光：《主体教育理论的哲学思考》，南京师范大学出版社 2003 年版，第 275—276 页。

3. “对话”与“我思”是主体教育的主要特征

“对话”与“我思”之所以是主体教育的主要特征，是因为主体教育通过“对话”与“我思”彰显出教育者和受教育者之间一种平等的“参与—合作—交流—共享”的共主体教育。它在消除以自我为中心的基础上，使受教育者获得一种生命的体验、智慧的增粘，人格的完善。在教育过程中，不是任何意义上的语言交流都是对话，“真正决定一种交谈是否是对话的，是一种民主意识，是一种致力于相互理解、相互合作、共生和共存，致力于和睦相处和共同创造的精神的意识，这是一种对话意识”①。同样，“我思”中的“我”表明了作为主体“我”的在场，而“思”则表明了作为主体的主体性发挥，“思”的过程就是“分辨”的过程，就是对书本知识、权威真理、相对真理的“待证明”的心态，是不把知识变为应对真理和标准答案的理所当然、理直气壮地全盘接纳的证明和质疑过程。“我思”是“自我意识”的觉醒与主体性自为、自觉、主动、自由、创造的深刻体现。因此可以看出“对话”与“我思”是主体教育的必然方式。如果说“对话”是主体教育体现其存在的外在表现方式的话，“我思”在某种意义上则直接体现了主体教育质的规定性。“对话”与“我思”反对应试教育中学生不加思考地对知识“量”的无限占有，反对教师没有任何思考印痕地对学生进行知识“灌输”。这种无视“对话”与“我思”教育方式的错误，“不在于传播铅字知识、权威人物的知识、相对真理的知识，因为教育不得不传授这些知识。它错在止思，将人们的思维都逼到了封闭的、标准答案的唯一性‘对’中，此‘对’让人们不再分辨‘何处必须寻求证明，何处不需要寻求证明’，使人变得‘未受教育’”②。教育的本质就是在“对话”与“我思”中锻炼和完善受教育者的独立的主体人格。因为“教育不是教育者与受教育者之间直接的主客体改造的过程，而是以共同客体为

---

① 滕守尧：《文化的边缘》，作家出版社 1997 年版，第 177 页。

② 孙迎光：《主体教育理论的哲学思考》，南京师范大学出版社 2003 年版，第 166—167 页。

中介的多极主体的交往过程。教育是以语言为中介，因此，教育的过程也就成为教育主体双方围绕教育内容的一个交流对话的过程”①。如果抛开“对话”与“我思”的教育方式和教育过程，主体教育便变得索然无味，因为对于主体教育理论而言，“对话便是真理的敞亮和思想本身的实现”②。

（三）主体教育理论的理论旨趣

主体教育理论作为一种现代教育理论，它的教育目标和理论旨趣与它的哲学基础是遥相呼应的，也是随着人们对主体和主体性的理解而不断深化发展的。目前哲学对于主体和主体性的认识和研究，促使主体教育理论具有了近期的培养目标和最高培养目标。

1. 培养学生健全的主体人格

主体教育之所以在实践中得到教育理论家的一致认可，就是因为它针对现实中工具性教育所存在的问题提出了先进的教育理论。培养学生健全的主体人格是主体教育理论直接的教育目标。主体教育理论反对把人当作工具来培养，把人培养成为社会服务的工具；反对把社会和个人对立起来，以社会的需要来模塑个人的发展，片面强调个人的社会化过程，而不言及个体的个性化过程。把个人培养成没有个性的社会需要的工具，工具性教育的结果必然陷入功利主义，这种陷入功利主义的教育“是可悲的事情，这种风气带来了两个弊端，一是学问成了政治和经济的工具，失掉了本身应有的主动性，因而失去了尊严性；另一个是认为唯有实利的知识和技能才有价值，所有做这种学问的人都成了知识和技术的奴隶，由此产生的结果是人类尊严的丧失”③。与此相对应，主体教育理论始终主张把人、人的发展、人的

① 冯建军：《主体教育理论：从主体性到主体间性》，《华中师范大学学报》（人文社会科学版）2006 年第 1 期。

② ［德］雅斯贝尔斯：《什么是教育》，邹进译，生活·读书·新知三联书店 1991 年版，第 12 页。

③ ［日］池田大作、［英］汤因比：《展望二十一世纪》，荀春生等译，国际文化出版公司 1985 年版，第 61 页。

完善放在教育的第一位，把受教育者主体意识的增加、主体能力的发展、主体人格的培养作为教育的第一要义。

2. 培养和发展学生的类主体性

培养和发展学生的类主体性是主体教育理论关于个人主体性培养和发展的终极关怀，是使盲目张扬的个人主体性进入更高的人类发展层次的反省主体的更高阶段。培养和发展学生的类主体性就是把受教育者培养成为人的自觉存在者，使受教育者个人在全面自由发展的基础上，在遵循自然和社会规律的条件下，实现人与自然、人与社会、人与他人的自觉融合和统一。以类主体性为主体教育理论的最高追求目标才会避免因主体教育强调充分发挥学生个体主体作用而走向“人类中心论”“个人中心论”的误区，从而促进实现个人主体性向类主体性的转移，实现造就社会历史活动主体的远大目标。①

主体教育理论所崇尚的主体间的个体在思想和主体地位上的平等，为法治教育民主、平等意识的确立奠定了教育学意义上思想启蒙和理论实践的坚实基础。这种“教育交往中的民主，不仅是教育主体间的平等和彼此尊重，而且指有限教育资源在学生之间的平等享用。教育交往中的自由，强调权利和责任的统一，个人有自己做事的自由，但个人必须为自己的行为承担责任，并且个人的自由以不妨碍他人的自由为前提”②。这种教育交往中的民主，为高校法治教育公平、民主意识的树立以及规则、责任意识的树立创设了实践交往的情境。主体教育理论所倡导的思辨思维、独立人格是法治教育进行法律思维、独立分析、科学推断的必要载体，如果受教育的学生只会人云亦云，那么很难想象受教育者会在法治社会条件下主动依法维护自身的权利，更不要说追求和推动法治所倡导的民主精神了。当然，主体教育所提倡的“独立之人格”“自由之思想”并不是“不问政治、不受意识形态和道德规范约束、放任自流的个体偏执性格，而是指具有进

① 高向斌：《主体教育：我国走向新世纪的一种教育理论》，《中国教育学刊》2005年第4期。

② 冯建军：《主体间性与教育交往》，《高等教育研究》2001年第6期。

步的思想和良好的道德品质，自觉地维护人的尊严，具有独立见解和独特个性的品格。"① 正如李德顺在《当代哲学思维的变革与挑战》中所说的：

> 充分的主体意识和价值判断精准化，是现代民主法治精神的根本要求，所谓良法之治，本质上就是维护每个人的正当权利与责任的规则之治。它意味着最大限度地理解和尊重人的自由，并使个体自由与维护良好的社会秩序相融合。沿着这样的思路去面对纠纷，解决冲突，致力于形成广泛自信与宽容的社会氛围，显然有助于构建"人人平等""各得其所""和而不同""公正和谐"的社会。②

不得不说，主体教育理论"有关教育本质、教育功能、教育与人的关系的讨论以及由此带来的教育观念的不断更新"③，为启发和培育教育对象的主体性觉醒具有重要的意义。这种主体性品格的觉醒和养成必将为法治社会公民主体性的形成奠定坚实的基础。在现代法治社会里，"如果没有主体性公民的联结与集合而形成的自主公民社会，公权力的法治配置引发的权力矛盾运动很有可能摧毁公民社会及法治本身"，同样，"如果缺少了主体性公民对现代法治共识与制度的参与和形成，法治将会失去其存在的基础和目的……公民主体性是法律权利制度的灵魂与核心，也是促进传统的社会的人治均衡向法治均衡转变的重要推动力量"④，主体教育理论从教育主导思想上契合了现代法治教育的内在要求，也为高校法治教育从工具理性转向价值理性

① 王红梅：《在教育实践中培养当代大学生的独立人格》，《赤峰学院学报》2010 年第 11 期。

② 李德顺：《当代哲学思维的变革和挑战》，《岭南学刊》2017 年第 1 期。

③ 朱智贤、林崇德：《思维发展心理学》，北京师范大学出版社 1986 年版，第 578—583 页。

④ 涂少彬：《探求均衡之治：基于公民主体性与儒家文化的论述》，中国社会科学出版社 2012 年版，第 14—15 页。

开辟了新路。它从教育方式方法上促进了大学生主体意识的形成与增长，为大学生进入法治社会树立法治意识提供了必要的主体自觉意识，也为大学生适应法治社会治理方式奠定了良好的个体思想基础，说到底“人与法的关系实质上是主体与客体的关系。人既是法的实践主体，也是法的价值主体。作为法的实践主体和价值主体，人在法律生活中具有自主性、自觉性、自为性和自律性，具有某种主导的、主动的地位”①。这种在法治生活中作为人所体现的按照自己意愿来选择活动的自主性；能够意识到自己活动的对象、性质与状态，自己活动的内容及其后果的自行其是的自觉性，建立在对社会规范自我意识和自我认同基础上的自律性，通过创造、支配、变更社会关系参与权利义务分配的资格和地位所体现的主导性以及积极地适应社会结构和社会环境，以其意志和行为反作用于他人和社会的主动性，都是个体主体意识在法治生活中的具体展现和发挥。主体教育理论为大学生主体意识的生成及养成，为高校法治教育实效性的取得提供了教育理论和教育方法支持。

三 有效教学理论

有效教学（effective teaching）始自20世纪上半叶捷克教育学家夸美纽斯所撰写的《大教学论》。书中所体现的“用一种简易而又可靠的方法”“把一切事物交给一切人类的全部艺术”“使得教员因此少教，但是学生可以多学”的这种“少教多学”的思想及教学效率观为中外有效教学理论奠定了理论和实践研究的基础。西方有效教学思想从一开始就是针对现实教学所面临的“低效”问题而提出的，随着历史的发展和教育问题的变迁，各种有效教学思想也应运而生。西方的有效教学理论历经以夸美纽斯感觉论为基础的有效教学、以赫尔巴特心理学为基础的有效教学、以杜威的儿童中心为基础的有效教

① 张文显：《权利与人权》，法律出版社2011年版，第59页。

学、以布鲁纳的结构主义心理学为基础的有效教学、以布鲁姆的“掌握学习”理论为基础的有效教学、以奥苏伯尔讲授教学为基础的有效教学。随着苏霍姆林斯基基于实践形态的有效教学思想的演进与发展，有效教学的研究范围也依从学科教学—儿童中心—学科知识结构—“所有的人”—认知结构—人的培养这一链条而不断扩展和深化。纵观西方有效教学思想的演进和内容，有效教学思想主要体现在两个方面：一是以追求教学效率为主要特征的有效教学思想，其代表人物有夸美纽斯、赫尔巴特、凯诺夫、布鲁纳、瓦根舍因、布鲁姆等，他们强调知识教学的重要性，认为学生的能力和情感在知识教学的过程中能够自动生发与发展。二是以追求学生的个性发展为主要特征的有效教学思想，其代表人物有杜威、赞科夫、罗杰斯、多尔，他们认为“真正有效的教学至少要促进学生的个性发展，实现知识教学、情感教育、人格教育等方面的并重”①。

我国的有效教学理论是在西方有效教学理念的影响和启发下，坚持以研究中国教育实践问题为面向，立足于我国教学改革的实际，不断将有效教学理念与中国实际相结合，针对现行基础教育课程体系的陈旧落后、问题重重的现状应运而生的。2001 年钟启泉、崔允漷、张华在《基础教育课程改革纲要（试行）解读》中对有效教学从课程内容、资源、实施以及教学过程和教学手段等方面进行了多维阐释，提出在基础教育课程改革中开展有效教学的新要求。从此开始，我国有效教学的研究持续升温，集中从教师视角、课程视角和学生视角分别对有效教学课堂教学活动、新课程改革、学生自主学习等方面开展了大量的研究。② 在实践中，我国有效教学改革活动也是此起彼伏，目标教学、主体性教学、情感教学、生命性教学、双基教学以及新课程教学都是有效教学的实践创新方式。我国有效教学经历了早期以“效率”为取向的局部或散点式教学改革，到追求科学

① 李森、张家军、王天平：《有效教学新论》，广东教育出版社 2010 年版，第 29 页。

② 陈晓端、孙渊、何同周：《我国有效教学研究的历史回顾与未来展望——基于 30 年（1986—2016）研究的知识图谱分析》，《课程 · 教材 · 教法》2017 年第 7 期。

化的教学实验探索，再到新一轮基础教育课改的兴起，最后到在学校转型性变革的整体思路下开展的“以学生的学习为中心”和“以学生的发展为本”的有效教学改革历程。可以看出，有效教学理论是一个动态发展的概念，它随着历史发展和教育目标的变化而不断变化，这种变化促使有效教学从静态概念的界定转向动态实践的观念。

（一）有效教学的内涵

虽然有效教学理论一直处于发展变化之中，但所有研究有效教学理论的学者基本上对教学有无效益是判断有效教学的主要特征这一点达成一致的看法，具体地说，就是指通过教师一段时间的教学之后，学生是否获得具体的进步和发展是教学有没有效益的唯一指标。在实践中，我国学者围绕“有效”和“教学”两个关键词对有效教学的概念进行了多角度探索。关于什么是有效教学，代表性的看法可归纳为以下三种：

第一，以效果、效率和效益的概念来界定有效教学。如持这种观点的学者余文森认为：“有效教学是一种提倡效果、效益、效率三者并重的教学观，有效果、有效益、有效率是有效教学的三个维度。有效果指的是学有所得、所获；有效益指的是学的东西是有价值的、有用的；有效率指的是学的过程和方法是科学的、简洁的、省时的。”[①]“有效教学的有效果、有效用、有效率，就像长方体的长、宽、高一样，三者缺一不可，缺少任何一个维度都不能构成完整意义的有效教学。”[②] 在此基础上，有学者认为：“没有效果、没有效益的有效教学，效率再高也毫无意义；缺乏效率的有效教学，即使有效果且有预期的结果，也是事倍功半的教学，不成为有效教学。”[③] 除此之外，程红、张天宝也沿用经济学概念对有效教学从效果、效率和效益三个

① 余文森：《有效教学》，高等教育出版社2013年版，第11页。

② 余文森：《有效教学三大内涵及其意义》，《中国教育学刊》2012年第5期。

③ 姚利民：《有效教学涵义初探》，《现代大学教育》2004年第5期。

维度进行了界定和阐释。[①]

第二，基于教育学视角，界定有效教学概念。如一些学者认为，有效教学是师生遵循教学活动的客观规律，以最优的速度、效益和效率促进学生在知识与技能、过程与方法、情感态度和价值观“三维目标”上获得整合、协调、可持续的进步和发展，从而有效地实现预期的教学目标，满足社会和个人的教育价值需求而组织实施的教学活动。[②] 也有一些学者认为，有效教学之所以能够实现预期的教学效果、效率和效益，是因为教师在教学过程中遵循了教学规律。[③]

第三，以学生“是否成长”为标准界定有效教学。钟启泉就曾认为：“有效教学主要是指‘有助于学生成长的教学’，就是说，‘学生成长’成为公认的衡量教学成效的标准。”[④] 有学者认为：“有效教学虽然谈论教学的效率，但它更关注教学中人的生存状况，尤其是教师和学生的生存状况。追求有效教学的过程，就是一个教师和学生因此而变得更加自主、自信的过程。”“凡是能够有效促进学生发展，有效地实现预期的教学结果的教学活动，都可称之为‘有效教学’。”[⑤]

除此之外，有学者基于有效教学的内部结构，认为有效教学是一种过程性教学，从表现形态上分为表层、中层和深层。轻松的教、愉快的学、严谨的教学过程、默契的师生配合、融洽的教学氛围、较高的教学效率是有效教学的表层体现；有效教学的中层则是把有形的教学上升为一种教学思维，这种教学思维以一种内在的逻辑支持有效教学表层“好教学”活动，通过对教学情感的调适和科学控制，从而达到教学目标的有效实现；有效教学的深层则体现为教学的理想状态或者理想的教学境界。结合有效教学内部结构的理解，就可以看出有

---

① 程红、张天宝：《论教学的有效性及其提高策略》，《中国教育学刊》1998 年第 5 期。

② 刘桂秋：《有效教学概念新探——综合有效教学观之下的有效教学》，《课程·教材·教法》2008 年第 9 期。

③ 陈佑清：《有效教学》，高等教育出版社 2016 年版，第 4—10 页。

④ 钟启泉：《“有效教学”研究的价值》，《教育研究》2007 年第 6 期。

⑤ 高慎英：《“有效教学”的理想》，《课程·教材·教法》2005 年第 8 期。

效教学是一个由外而内的转化过程，即把有效教学的“理想”转化成有效的教学“思维”，再转化为一种有效教学“状态”的过程。①

从以上关于有效教学的概念中可以看出，国内有效教学的研究者比较注重教学效果的研究，同时将教学效率、教学效果和教学效益相互统一起来，对有效教学的看法比较一致、客观和全面。有效教学对传统的教学观和学习观进行了“有效的”发展和创新。

（二）有效教学的教学观

无论有效教学作为一种教学思维、一种教学理念，还是一种教学理想被作出界定，其理论的前提和基础都是有效教学的教学观。有效教学的教学观是有效教学的重要内容和重要特征之一，是有效教学区别于其他教学形态教学的重要标志。有效教学的教学观集中体现在三个方面。

1. 有针对性的教学是有效教学的突出特点

要达到教学的有效率、有效果和有效益，必然要求教学有针对性。在教学中只有对学生的特点有充分的认识、对教材内容进行科学的组织、对教学策略进行恰当选择才能做到教学的有针对性，才能为有效教学提供充要的准备。

（1）充分认识学生的特点

有效教学的针对性往往需要在教学过程中“以学定教，贴近学情”“以生为本、有效参与”，因此，了解学生已有的知识和能力基础、了解学生阶段特点和思维方式、了解学生的情感需要和表达方式是开展有效教学的前提和基础。如果在教学中不了解学生已有的知识和能力基础，就可能在教学实践中出现学生渴望学习的知识被忽略，学生会的知识被重复讲，讲了学生也听不懂继续讲的现象。正像奥苏贝尔所言：“假如让我把全部教育心理学仅仅归纳为一条原理的话，

---

① 龙宝新、陈晓端：《有效教学的概念重构和理论思考》，《湖南师范大学教育科学学报》2005 年第 4 期。

那么，我将一言以蔽之：影响学习的唯一重要的因素就是学生已经知道了什么，要探明这一点，并应据此进行教学。”[①] 如果在教学中不了解学生的思维状态和阶段特点，就可能使师生在传递知识和技能的时候产生理解偏差或是不理解。如果在教学中不了解学生的情感需要和情感表达方式，就难以使学生在教学过程中产生“教”与“学”的思想共鸣，不会激发学生感同身受的换位思考，势必造成学生自觉或不自觉地“远离”教学的场景，造成老师自说自话。除此之外，对学生的学习兴趣、学习的困难或障碍、自我意识的发展、人际能力的发展等的全面了解有助于增强教学的有效性。

（2）科学组织教学内容

科学组织教学内容不仅是衡量有效教师素质的重要因素，而且是判断教学是否有效的重要标准。有效教师的专业意识、专业精神、专业知识、专业理论、专业能力、专业智慧、专业理想等诸多素质都必将通过教学内容的科学组织而体现出来。在有效教学中教师根据自己的背景性认知结构，在研读教材内容的基础上，根据学生背景性认知结构的原有状况，对教材内容进行重新组织、选择和加工，将“教材内容”变为“教学内容”和学生的“学习内容”。也就是说，教师通过对教材内容的提炼、活化、融通把教学内容还原为与学生实际相联系的学习内容，在完成“教材内容”转变为“教学内容”，再活化为“学习内容”的基础上，有效教学“以教学目标的确立为基础和核心进行教学的整体设计，形成课堂教学的‘观念结构’，包括确定教学目标、内容、方法、手段、组织形式及评价等，然后将教学设计付诸实践，主导形成课堂教学的‘实践结构’”[②]。教学内容的科学组织将有效教学的课前准备与课堂教学及课后评价等环节联系在一起，教学内容的科学组织在有效教学中起着至关重要的作用。

---

① D. P. Ausubel, “The Use of Advance Organizers in the Learning and Retention of Meaningful Verbal Material,” *Journal of Educational Psychology*, 1960 (51), pp. 267 – 272.

② 孙杰远、叶蓓蓓：《有效教学的设计原理、策略与评价》，教育科学出版社 2013 年版，第 32 页。

（3）恰当选择教学策略

在教学活动中，教学策略的恰当选择可以使整个教学效果达到事半功倍的目的。教师可以根据教学内容设计和教学目标要求选择恰当而适切的策略来协调“教”与“学”的关系，从而提高教学过程中教学的有效性。课堂教学准备策略和课堂教学实施策略是有效教学策略的两种主要表现形式。课堂教学准备策略主要包括环境优化策略和教学准备策略，环境优化策略指教学环境的适切性，主要指学校教学活动的场所、各种教学设施、校风班风和师生人际关系与教学的融洽性，环境优化策略的恰当选择是提高有效教学的环境因素。教学准备策略围绕“我教什么”“我为什么教”“我怎么教”三个问题进行教学准备，具体包括教学目标的确定、教育内容的理解、学生情况的了解、教学内容的组织、导学问题的制定、教学辅助设备的选用等内容。[①] 凡事预则立不预则废，课堂教学准备策略为有效教学的实施提供了有力的保障。课堂教学实施策略包括课堂管理、讲授、提问、课堂讨论和作业布置等一系列实施策略。课堂教学实施策略是根据课堂教学的需要，为了提高教学的针对性、指向性和有效性而创设的教学方法和策略。教学策略本身没有好坏、有效无效之分，但“课堂教学中策略、方法的选择与创造是实现有效教学的关键”[②]。同样，“教学策略的产生和选择不是随意的，而是指向特定的目标、内容、主体和情境的，因此有效教学策略在构建和实施过程中要体现目标指向性和内容的针对性”[③]。

2. 有效教学是重视“教”与“学”双向行为的教学

随着教学行为在教学论研究中的发展和崛起，有效教学在注重教导行为研究的基础上，有学者主张摒弃孤立研究教师教导行为的做法，力图从教导行为、学习行为以及师生互动行为关系中进行整体性

① 陈晓端、张立昌：《有效教学》，高等教育出版社 2015 年版，第 109—111 页。
② 陈晓端、张立昌：《有效教学》，第 129 页。
③ 陈晓端、张立昌：《有效教学》，第 130 页。

研究。[①] 随着有效教学理论与实践的不断推进，有学者通过对有效教学分析模型的研究与探索，发现学习行为是决定教学是否有效的最为直接的控制变量，有效教学行为应该聚焦学生的学习行为，学生的学习行为正是在教师教导行为作用的基础上影响学习结果与效率的。[②] 可以看出“教”与“学”双向行为以及“教”与“学”的互动关系一直是有效教学研究的重要内容。

（1）教导行为：影响有效教学的间接控制变量[③]

与传统的教学论不同，有效教学认为教师以课程为媒介，通过有效的教与学的交流和互动实现预期的课程教学目标。促进学生学习和发展的教学过程并不是影响教学效果的决定性因素，而以学习的组织者、指导者、帮助者、促进者的身份教导学生为什么学、怎么学，以此来激发和生成学生学习的主动性、积极性和创新性，这在有效教学中显得尤为重要。教师的教导行为虽然不对教学的效果起直接的决定作用，但不是说教导行为本身在教学过程中就不重要。教师身份变化和教导行为突出廓清了有效教学所关注的教学的焦点发生了变化，也就是说，有效教学不仅关注教育中的教学行为即“做了什么”，而且关注有效的教学行为。正是通过这种教学理念与教学行为的转变，更加明了有效教学的内在意蕴。可以确定，在教学过程中“教导不是决定学生能否学习的条件，而是决定学生能否能动、有效学习的条件。引导学生能动学习并促进学生有效学习，教导就是有效的、有意义的，这就是教导对于学生学习的功能所在”[④]。因此，教导行为不是有效教学的目的，但教导行为贯穿于教学策略的始终。

（2）学习行为：影响有效教学的直接因素

相对于教导行为，学习者学习的积极性、主动性、主体性、创造

---

① 赵士果：《有效教学行为研究的反思与重构》，《当代教育科学》2012 年第 20 期。

② 向葵花、陈佑清：《聚焦学习行为：教学论研究的视域转换》，《课程·教材·教法》2013 年第 12 期。

③ 陈佑清：《论有效教学的分析模型》，《课程·教材·教法》2012 年第 11 期。

④ 陈佑清：《有效教学》，高等教育出版社 2016 年版，第 108 页。

性行为都是有效教学积极探索的重要载体和目标，有效教学倡导的学习行为是将知识由“物”向“人”、由“公共性”向“个体性”转化的行为。因为只有对机械的、被动的、接受的、低效的学习行为进行调整和改进，才能使有效教学在探究学习、自主学习、体验学习和合作学习等学习方式中得以有效进行与施展。因为历史的原因，我国现行的教学论深受苏联教育学和教学论的影响，在教学过程中呈现出“重教轻学”的特点，在教学中始终以教师教的是什么、教的怎么样、教的多还是少来判断教学效果的好与坏。与此不同，有效教学在行为主义、认知主义、建构主义和人本主义等学习理论的基础上主张学生的学习行为是影响有效教学的直接因素。有效教学打破教学过程中过分依赖教师的教，认为学生的有效学习行为才是开展有效教学的根本，正是基于对学习行为重要性的认识，才有了有效教学以学为本、先学后教、以学定教的教学原则。

虽然西方有效教学将教导行为和学习行为分开进行研究，但无论是教导行为还是学习行为都无可辩驳的是在教学互动过程中进行的，因此，“对教学过程与结果的监控分析是有效教学的一个特点，教学的有效性不仅仅是一种目标，一种对象性的设计，一种科学流程”①，也是在教学过程中对教导行为和学习行为的有效监控与分析。监控的实际目的是通过对课堂教学过程中教导行为和学习行为信息的收集与分析，及时调整教学活动的实施，从而提高教学的有效性。

3. 有效教学是强调实现预期教学目标的教学

从有效教学的评价标准、价值取向和理论特征来看，区别有效教学、无效教学或低效教学的一个关键因素就是教学行为是否实现了预期的教学效果（教学目标），是否有较高的效率。如果某一教学行为实现了预期的教学效果（教学目标）并有较高的教学效率，那么这一教学行为就是有效的、好的；反之，这一教学行为就是无效的、不

① 孙杰远、叶蓓蓓：《有效教学的设计原理、策略与评价》，教育科学出版社 2013 年版，第 11 页。

好的。从一定意义上看，“有效教学在很大程度上取决于教师对教育目标，尤其是课程目标和课程标准的理解与把握”①。一个教师如果在教学中对起码的教学目标、课程目标、教育目标的要求都不清楚，在教学中随心所欲、天马行空地讲授一通，那么，这样的教学很难说就是有效的教学。基于以上认识的一致性，有学者将无效和低效教学的表现归纳为五个方面：一是三维目标的割裂；二是教学内容的泛化；三是教学活动的外化；四是教学层次的低下；五是预设与生成教学的冲突与对立。② 可以看出，实践中无效和低效教学表现说到底就是离开教学目标，无主题、无中心、无边界、无重点地开展教学活动的结果。既然教学目标是否实现是评价教学效果的关键因素，那么教学中对教育目标的理解就显得尤为重要，在泰勒看来，教育目标是教育的核心和前提，因为“如果要设计一种教学计划并不断加以改进，那么，就极其需要对所要达到的目标具有某些概念。这些目标是选择材料、勾画内容、编制教学程序，以及制定测验和考试的准则。教学计划的各个方面，实际上只是达到基本教育目标的手段。因此，我们如果要系统地、理智地研究某一教学计划，首先必须确定要达到的各种教育目标。”③ 从泰勒对教育的目标理解来看，教育目标是多层级的，是综合的、立体的，不是单一的，它包括教育目的（aims）、教育目标（goals）、课程与教学目标（objectives）。我国对教育目标的理解和表述也不是单一的，主要体现在教育宗旨、培养目标、课程目标、教学目标等上。无论对教育目标如何进行细分，“有效教学教育目标都是定位准确的预期课时教学结果，它是指教师在讲授一个课题后要在学生身上实现且处在学生最近发展区内的发展目标，是学生在学习完该节课后在知识、能力、道德、情意、学习方法等方面所获得的各方面的进步和提

① 陈晓端、Stephen Keith：《当代西方有效教学研究的系统考察与启示》，《比较教育研究》2005 年第 8 期。

② 余文森：《有效教学十讲》，华东师范大学出版社 2018 年版，第 19 页。

③ ［美］拉尔夫·泰勒：《课程与教学的基本原理》，施良方译，人民教育出版社 1994 年版，第 1 页。

高”①。

事实上，我们发现“教师对教育目标和课程目标与标准的理解与把握越好，教学的有效性就会越强”②。当然，我们也不能说实现预期教学目标的教学就一定是有效教学，因为被动的、机械的教学也可能达到一定的教学目标。但不可否认，有效教学理论注重和强调在教学中实现预期的教学目标。

（三）有效教学的学习观

“教”与“学”是所有教学活动中不可回避的一个问题的两个方面，有效教学不仅注重有效的教学，也注重引导学生树立有效的学习目标、重视有效的学习过程和学习方式。因此有效教学的学习观与有效教学观相辅相成、相互影响，共同对教学效果起着作用。在教学中，“教学虽然是由教和学这两种活动构成的复合性的活动，但是，在有效教学中，教与学这两种活动所占的地位、发挥的作用是有很大的区别的，总体上讲，对于学生能动而有效的学习而言，教师的激发、引导、帮助是很重要的，但教是教学中的条件性或手段性的活动，而学是全部教学活动中的本体性或目的性的活动”③。为什么学、如何学、怎么学体现了有效教学的学习观。有效教学的学习观主要体现在以下几个方面。

1. 学习的目的在于发展

与其他教学的“知识本位”不同，有效教学强调以发展为本的目标取向。以发展为本的目标取向强调，课程与教学应以促进学生身心素质的发展作为最终目标和根本目标。从以知识掌握为主到以发展为本，是有效学习目标的一个重大变化。有学者认为：“发展指人们在

---

① 陈晓端、张立昌：《有效教学》，高等教育出版社2015年版，第58页。

② 陈晓端、Stephen Keith：《当代西方有效教学研究的系统考察与启示》，《比较教育研究》2005年第8期。

③ 陈佑清：《教学过程的本土化探索：基于国内著名教学改革经验的分析》，《当代教育与文化》2011年第1期。

其一生中是如何成长、适应和改变的，主要包括生理发展、个性发展、社会情绪发展、认知发展以及语言发展。”① 有学者强调从生命全程来看发展：“个体发展是指人的身心诸方面及其整体结构与特征随着年龄的推移而发生的不断变化的过程……其实质是个体生命的多种潜在可能逐渐转化为现实个性的过程。”② 一般来说，教育学上所说的发展关注学生正向、积极的变化。有学者从人的身心素质的形成与完善来看发展，认为“身心素质从少到多、从低水平到高水平的变化过程”③ 就是发展。以发展为本的学习观对于知识学习的总体看法是：“书本知识掌握本身不是教学的最终目标、根本目标或全部目标，虽然掌握基本知识也是教学目标之一；书本知识学习是促进学生身心素质发展的重要资源、工具或手段；并且，它只是落实学生身心全面发展所需要的诸多资源、工具或手段的一种。”④ 有效教学的学习是注重学生通过“认知活动、情感活动、意志活动等心理过程，理解外部世界的本质及其规律，并建立自我与外部世界关系的过程。在这一过程中，通过知识理解、社会认知、文化反思、环境参与等活动获得学习者自我内在精神的发育和发展而实现学习的成长意义”⑤。也就是说，通过学习，“使主体实现自我理解、自我确证、自我实现以及自我超越，进而获得精神的充盈、生命活力的激发、自我素质的提升、主体性的自由创造以及人生境界的陶冶”⑥。以发展为本的学习，不仅可以使学习者采取灵活多样的方式获得丰富的知识，而且使其在获取知识的同时增长了其获取知识、解决问题的智慧和能力。这就为其独立学习、独立工作甚至为其开展研究奠定了基础，成长是有效教

---

① R. E. Stavin, *Educational Psychology*: *Theory & Practice*, Beijing: Earson Education Asia Limited and Peking University Press, 2004, p. 28.

② 叶澜：《教育概论》，人民教育出版社 1991 年版，第 201 页。

③ 陈佑清：《教学论新编》，人民教育出版社 2011 年版，第 80 页。

④ 陈佑清：《有效教学》，高等教育出版社 2016 年版，第 46 页。

⑤ 郭元祥：《论学习观的变革：学习的边界、境界与层次》，《教育研究与实验》2018 年第 1 期。

⑥ 郭元祥：《论学习观的变革：学习的边界、境界与层次》，《教育研究与实验》2018 年第 1 期。

学追求的重要学习目标。

2. 学习的方式在于参与

有效教学所倡导的常见学习方式如自主学习、合作学习、探究学习等，其共同特点就是学生积极能动地参与到学习中去。不同的学习方式具有不同的参与学习表现方式。例如在自主学习方式中，学生在学习的计划阶段、行为或意志的控制阶段、自我反思阶段的积极参与就表现为目标定向、自我控制和自我观察、自我判断和自我反应，学生通过经验和参与自主学习形成自主学习的意识和能力，从而提高学习的质量；合作学习相对于学生个体来说，是指以小组为单位组织学生进行学习，在学习中学习小组具有完成共同学习任务的目标设定，从学习开展伊始小组成员就需要相互协作和明确责任分工，小组在学习中取得的总体成绩是评价小组成员学习效果的依据。合作学习要求激发每一个小组成员的积极性、主动性和责任性，鼓励每一个学生参与到学习中去；探究学习也被称为发现学习或研究性学习，这种学习方式鼓励学生在学习过程中发挥个体能动性以自主发现问题、探究问题、解决问题。这种学习方式“不仅重视知识结论，更看重知识结论的形成过程。探究学习要求学生充分发挥自己的主观能动性，亲自参与研究性的活动，依靠自己发现问题，寻求问题解决策略，直至最终解决问题”①。有效教学理论所倡导的参与学习是有效教学理论教学范式从预设向生成的嬗变，也是我国教学改革的重要标志，有学者总结了让学生主动参与的步骤：“创设情景—初步参与，引导自学—独立参与，组织交往—合作参与，精讲解疑—深入参与。”② 因与传统教学过分强调教，以教为中心，以教为基础不同，有效教学强调学习的互动性、主动性、参与性、交往性。通过参与学习发现问题、理解世界、寻找方法、解决问题、增长能力，从而在学习过程中实现成长和学会规划人生。

---

① 陈佑清：《有效教学》，高等教育出版社 2016 年版，第 91 页。

② 王升：《全国主体教育实验第四届年会综述》，《教育研究》2000 年第 2 期。

3. 学习的过程在于建构

有效教学除了在学习目的和学习方式上与传统的教学不同外，在学习过程中强调主动建构也不同于传统教学过分强调知识的接受和掌握。传统学习在某种程度上强调学生对知识的被动接受、死记硬背，容易把教学看成是知识的灌输和注入，这种教学与学习过程不仅消解了学生学习的热情和兴趣，而且不能有效地促进学生的发展，反而成为学生学习的阻力和障碍。有效教学采取的自主学习、合作学习以及探究学习方式，就是让学生在学习的过程中根据已有的知识，在教师不预先设定结论的情况下，依靠自己的力量和方法去获得新知识、寻求解决问题的方法。同时在这一过程中感悟世界、认识世界，建构个体的知识体系。有效教学承认学生的个体差异性，不同的学生由于自身在生理、心理和社会性等方面的个体差异，对相同的知识具有不同的认识。因此在有效学习的过程中，强调“知识不是在各种情境中都能适用的‘教条’，而是处于不断的发展之中，在不同的情境中，需要被重新建构。学生的学习是通过新旧知识的相互作用，主动改造、充实已有的知识经验，来完成双向的知识建构过程，是‘同化、顺应、平衡’的过程”①。

有效教学理论中教学有效性的科学内涵为如何理解和把握高校法治教育实效性奠定了教育理论分析基础，有效教学理论从教与学两个方面在教学过程中所起作用的定位与分析，以及对教育效果终极意义的探究和构建，为指导本书研究影响高校法治教育效果的各项因素，为制作高校法治教育实效性问卷划分实测维度，分析目前高校法治教育现状提供了坚定的理论基础。

四　泰勒课程原理

拉尔夫·泰勒（Ralph W. Tyler，1902—1994）是美国著名的教育

① 韩立福：《有效教学法》，首都师范大学出版社 2012 年版，第 35—36 页。

学家、课程理论专家、评价理论专家。泰勒的教育思想主要体现在评价和课程两个方面：一是他的评价活动原理，主要体现在他 1934 年出版的《成绩测验的编制》一书中。二是他的课程原理。1949 年，泰勒在亲历和领导了 1934—1942 年共计八年的改进学校教育实践活动的基础上，写下了著名的《课程与教学的基本原理》（*Basic Principles of Curriculum and Instruction*）一书，书中提出的教育目标确定、学习经验选择、学习经验组织、学习经验评价被人们称为“课程原理”。这本著作被一些西方学者称为课程研究的“圣经”，泰勒课程原理为现代课程理论的发展奠定了坚实的基础，对现代课程理论的研究与创新产生了极其深远的影响。拉尔夫·泰勒本人被尊为“现代课程论之父”。关于泰勒在课程领域的贡献，瑞典当代著名教育家胡森（Torsten Husen）有这样一段评论：“泰勒的课程基本原理已经对整个世界的课程专家产生影响……不管人们是否赞同‘泰勒原理’，不管人们持什么样的哲学观点，如果不探讨泰勒提出的四个基本问题，就不可能全面地探讨课程问题。”① 泰勒课程原理影响之所以如此之大，是因为“‘泰勒原理’为现代学校的课程开发提供了一个基本的模式，我们可以直接把这一模式付诸实践，很好地指导了教育实践中的课程开发工作。”②

（一）确定教育目标是课程开发和实施的前提和基础

泰勒认为，要合理地确定教育目标，必须考虑三个来源，即学习者本身、当代校外生活、学科专家对目标的建议。因为“任何单一的信息来源，都不足以提供能让学校教育目标作出全面且理智的决定的基础”③。因此泰勒认为，通过研究学习者本身，研究当代校外生活

① ［美］拉尔夫·泰勒：《课程与教学的基本原理》，施良方译，教育科学出版社 1994 年版，第 2 页。

② 杨明全：《世界著名教育思想家泰勒》，北京师范大学出版社 2012 年版，第 3—4 页。

③ ［美］拉尔夫·泰勒：《课程与教学的基本原理》，罗康、张阅译，中国轻工业出版社 2019 年版，第 5 页。

和研究学科专家对目标的建议是确定教育目标的前提和基础。

1. 研究学习者本身是教育目标确定的首要基础

对学生本身的研究包括调查、研究学生的需要，例如对学生的习惯、知识和想法、态度、兴趣、学生为人处世的观点和看法、学生的学习兴趣和其他兴趣，并以这些兴趣作为教育关注的焦点。当然不能把学生的需要直接当作教育目标，而是要从学生需要的研究中提取教育目标，从众多学生需要的材料中所确定的教育目标必须满足两个条件：一要对教育目标有明确的认识；二要明确所确定的教育目标在学生行为上所发生的变化。

2. 研究当代校外生活是确定教育目标的必要内容

对当代校外生活的研究，一是为了帮助和促进学生融入和理解当下社会生活。二是可以在教学中促使学生通过感同身受而对所学知识触类旁通，掌握举一反三地解决实践问题的能力。三是对当代校外生活的研究为确定教育目标指明了方向。根据“教育机构的职责之一就是帮助学生确立理想和价值观”这一假设，对当代校外生活的研究同研究学习者的方法一样，即把生活内容分为不同的方面，按功能性和重要性将生活内容分解成方方面面，从而得出研究的范畴并确定教育目标。

3. 研究学科专家对目标的建议是确定教育目标的主要来源

一般来说，学科专家通常是学校和学院团体教科书和教材的编写者，学科专家不仅是课程目标和教学目标的设计者，同时也反映了学科专家关于试图达到的教育目标的看法。由于学科专家提出的目标的技术性、专业性太强，因此学科专家提出的教育目标受众范围有限，其普遍性、大众性难以实现。为此，我们应从学科专家的学科报告、课程报告中提炼出两类建议：第一类是关于特定学科所能发挥的广泛功能的一系列建议；第二类是该学科可以对其他教育功能作出的较具体的贡献。

在选定教育目标的来源之后，泰勒论述了教育目标确定的两组依据和工具。其一是利用哲学陈述作为一组标准或一个筛子来选择目标，因为从来源中所确定的目标一方面数量众多，另一方面与教育目标相互矛盾或不一致，以哲学陈述作为筛子就是要使最终确定的教育目标不仅高度一致，而且要确保其在一定的时间内，可以在相当高的程度上达成。其二是利用学习心理学来筛选和确定目标，这样可使教育目标更趋于合理、可行，同时有助于揭示出学习过程的本质和规律。在经过对教育目标的筛选后，按照有利于指导教学、选择学习经验的要求和形式对目标进行陈述。

泰勒从教育目标的重要性出发，阐释了教育目标在选择教学材料、勾勒教学内容、形成教学步骤以及准备测验和考试等方面所具有的决定性意义。换句话说，只有确定一门课程的教育目标，依次进行的教学材料的选择、教学内容的取舍、教学步骤的推进、测验和考试的标准才能做到有的放矢、量体裁衣，才能以教育目标为基准提高教学的有效性。因此确定教育目标在泰勒的模式中，既是选择、创造和组织学习经验的决定性因素，也是课程开发和实施的起点和归宿。因为泰勒的课程原理始终都是以教育目标为中心展开论述的。泰勒认为，教育并不是简单地完成某个写在纸上的教育计划，而是一种改变人们行为模式的过程，这个改变人们行为模式的过程同时也改变着人的思维、情感以及人的外显行动。如此一来，教育目标则是教育机构力图促使学生产生思维、情感、行为变化而绘制的行为目标蓝图。为了便于对教育目标的理解和实现，他采用了行为目标这一术语，行为目标克服了课程目标的模糊性和随意性缺陷，使其具有较强的可操作性，并为后期评价的效度提供了依据和条件。

在教育实践中，人们往往会对教育目标与课程目标、培养目标与教学目标产生混淆，从不同角度对课程目标含义的阐释容易使人们对其存在多元理解，如何在课程开发中理解课程目标和教育目标的关系也是理解泰勒原理的重要内容。我国学者钟启泉认为：

> 教育目的、培养目标、课程目标与教学目标是不同层次的教育目标。教育目的最宽泛，层次最高，指导范围最广，它是一个

> 长期的目标；培养目标次之，是针对一个学段或一种类型的学校，培养目标是对教育目的的解释，具有独特性、针对性，也可以体现一个学校的办学指导思想和办学特色；而课程目标与教学目标是最具体的，它的制定必须考虑教育目的、培养目标的要求。①

当然，对课程目标的概念，理论界根据不同的理解也有不同的定义，但基本观点还是比较一致的，“即普遍认为课程目标是在课程设计与开发过程中课程本身要实现的具体要求，它期望一定阶段的学生在发展品德、智力、体质、素养等方面所达到的程度”②。

（二）学习经验的选择是教育目标实现的关键

在教育过程中，学习者只有通过自身的教育经历并通过对身处环境所产生的反应才能内化教育计划的要求，在设计一项教育计划以实现特定目标的过程中，教育经验的选择决定学习行为的产生，从而决定着教育目标是否能够实现以及实现的可能性。学习经验是泰勒课程原理中的一个重要概念，所谓学习经验（泰勒也称之为教育经验）“是指学习者与使他起反应的环境中的外部条件之间的相互作用”③。学习经验的选择应该遵循以下原则：（1）选择使学生有机会实践既定目标所隐含行为的学习经验。比如说，教育目标是培养广泛的阅读兴趣，那么学习经验的选择就是让学生有机会广泛地阅读，并从中获得满足，否则该既定目标则无法实现。（2）学生在从事目标所隐含的相关行为时获得满足感是选择学习经验时必须考虑的因素，这就要求教师了解和熟悉使学生产生满足感的需要、兴趣，以及了解使人类产生基本满足感的具体事物。（3）教育经验所期望的反应是在学生力

① 钟启泉：《课程论》，教育科学出版社 2007 年版，第 108 页。

② 杨明全：《世界著名教育思想家泰勒》，北京师范大学出版社 2012 年版，第 39 页。

③ ［美］拉尔夫·泰勒：《课程与教学的基本原理》，罗康、张阅译，中国轻工业出版社 2019 年版，第 66 页。

所能及的范围之内的。也就是说，教师必须从学生的现状出发。(4) 教育经验的选择不能也不应该拘泥于其中的一种或几种，只要能满足有效学习的目的，不同标准的学习经验都可以选择，最好可以兼顾师生的共同兴趣。(5) 同样的学习经验常常会产生多种结果。教师应该在产生多种结果的情况下防止产生消极的结果。

为了进一步阐释选择有效学习经验的方法，泰勒花费大量笔墨对四种常见的学习经验，即思维技能培养的学习经验、信息获取的学习经验、社会态度培养的学习经验、兴趣培养的学习经验进行了详细的举例说明。例如，(1) 有助于思维技能培养的学习经验。在思维技能培养的学习经验中，必须注意三点内容：一是按照训练思维技能的顺序、遵循思维的步骤进行，具体步骤的安排因学生而异；二是让学生在学习经验中学会思考；三是帮助学生形成一种可用来分析问题并处理其中各种元素的概念结构，并利用其观察正在思考的现象，最终形成一种分析和解决问题的心理机制。(2) 有助于信息获取的学习经验。在获取信息时，一是要将所获取的信息视为功能性的，而非终极性的价值，只有这样才可以避免断章取义、死记硬背；二是要选择值得记忆的重要信息；三是要反复练习重要信息；四是要学会对已经获取的重要信息在不同情境下的使用。(3) 有助于社会态度培养的学习经验。泰勒认为，态度是一种反应的倾向，而非实际发生的，但对个人行为的选择会产生强烈的影响。形成态度的方式主要有四种：一是环境的同化；二是某些种类的经验引起的情绪效应；三是创伤性经验；四是直接的理智过程。在这四种态度的形成过程中，学校教育主要依靠第一种方式培养社会态度。(4) 有助于兴趣培养的学习经验。兴趣在教育上既可视为宗旨，也可视为手段，又可理解为既是目标也是与旨在实现目标的教育经验相关联的驱动力。培养学生的某种兴趣就要使得学生在培养兴趣的经验领域中获得满足，例如，社会认同带来的满足、生理需要适应带来的满足、实现自我抱负获得的满足等，这些满足很可能使学生对这些活动产生兴趣。

通过以上论述可以看出，泰勒在教育经验选择上的特点是具体问题具体分析，无论是对教育目标的分类还是对不同学习经验特征的分析都能具体问题具体分析，这样分类论述的优点是一目了然的，同时对指导具体的实践具有可行性并使这种可行性容易转化为操作实践。

（三）学习经验的组织是教育目标实现的有力保障

泰勒认为，人类行为的一些重大改变，并非一日之功，例如人们的思维习惯、生活方式、大脑中固有的想法、情感倾向、日积月累的兴趣倾向或喜好等，对其的改变不仅是缓慢的，而且效果甚微。为了使教育经验产生累积效应，就必须将它们组织起来，学习经验的组织作用不仅会像不同排列组合那样产生不同的效果，也会影响学习者的学习效果。

1. 有效组织的标准

泰勒认为，学习经验的有效组织应该遵循三个标准，即学习经验的组织要有连续性、顺序性和整合性。所谓连续性是指主要课程要素在安排上所呈现的直线重复性，就是使相同类型的技能可以在一段时间内多次反复操作练习。顺序性是指在连续性的基础上，将每一后续经验在超越先前经验的基础上加以进一步强化和巩固。课程要素涉及和探究的广泛性、深入性是有效组织顺序性的基础。整合性是指横向联系课程经验。通过对学习经验加以整合性组织，一方面可以使学生将自己习得的观点统一起来，另一方面可以促使学生知行统一，在两个统一的过程中确保学生的观点、技能和态度的逐渐统一。这三个标准是有效组织学习经验的基本指导标准。

2. 组织的要素

所谓组织要素也就是通常所说的概念和技能。在制定一门具体课程的组织方案时，确定和挑选要素的类型，例如概念、价值、技能、习惯、能力等作为课程组织中的有效线索至关重要。作为课程组织中有效线索的要素是课程中长远的主要项目，这些组织要素的特点体现在它们既不是具体的事实，也不是具体的习惯或高度特殊化的内容方面。因为具体的事实、习惯、内容既不具有发展性，又不能提供机会来拓展与学校课程的其他不同领域之间的关系。一旦确定需要组织的要素，对这些要素就要按连续性、顺序性、整合性三个有效的组织标准进行合理安排，换句话说，就是要对这些要素进行合理、有序、宏观、整体的统一安排和架构，使它们在整个课程中环环相扣以达到有效组织。

3. 组织的原则

在选择和确定所需要的组织要素之后，就要在组织原则的指导下将这些要素线索编织在一起。在确定重要的组织原则时，必须以学习者的身份，而不是以其他任何人的身份审视学习经验。当然，在以学习者的身份组织学习经验时同样要遵循课程要素有效组织的三个标准。具体而言，就是组织原则的确定应根据不同标准的具体要求，连续性强调特定要素在学习者经验中的反复强化；顺序性强调的是广度和深度对促进学习者发展的重要性；整合性则强调课程所涉及的相关要素与学习者行为的统一性。一般而言，人们将逻辑组织和心理组织结合起来应用到实践组织中去，按年代顺序排列是学校课程运用常见的组织原则之一，但其是否与学习者的心理发展相适应还需要进行仔细考查。除此之外，组织原则还包括这些具体原则：应用广度的增加；活动在一定范围内的扩大；“先描述，后分析”方法的使用；先举实例加以具体说明，再运用原理来解释某些例子；从具体到整体，再在整体的基础上构建相对统一的世界观，等等，无论哪种具体原则的组织都必须在连续性、顺序性和整合性的指导下进行，以此来提高组织的有效性和实现程度。

4. 组织的结构

课程组织的结构是学习经验组织的载体，只有对课程组织的结构有清晰的认识，才有助于课程目标的有效实施。课程的结构一般分为三个层次：从课程组织最宽泛的层次上说，结构要素主要包括具体科目、广域学科、核心课程、一种未完全分化的结构，整个计划被当成一个单元；从课程组织的中间层次上说，结构要素包括递进课程、学期课程或者年度课程；从课程组织的最低层次上说，结构要素包括

“课”的组织形式、“课题”的组织形式、“单元”的组织形式。不可否认，每一种课程结构都具有其优缺点，就促进与生活的关系而言，泰勒赞成较广泛的组合，如广域学科和核心课程，而不赞成十分狭隘的单元，如许多具体课程和科目。

5. 设计组织单元的过程

课程经验的组织规划，既包括大量的预先规划，也包括随着工作进行而开展的规划，有组织的课程规划的设计方式主要有五种：(1) 对采用哪种课程组织结构的总体方案需要意见一致。(2) 对具体课程领域内总体组织原则应该达成一致意见。(3) 对采用的最低层次的课程结构的具体方式应该达成一致意见。(4) 提供给教师的“资源单元”应该丰富而灵活，以便其因材施教、因需选用。(5) 特定班级及其活动所采用的组织单元应该为师生共同设计的方案。在设计组织单元的过程中“资源单元”方案的制定或开发既要避免重复工作，也要防止不恰当的遗漏或者太大的跳跃；在勾勒所提出的学习经验时，不仅要考虑与组织单元的原则有内在联系的那些经验，还要关注这个年级的学生个体很可能具有的不同需要和兴趣，为每一位学习者提供足以激发其持久的兴趣和注意力，又不产生厌倦情绪的多样性，在不同领域构建资源单元的过程中，有机会进行大量创造性工作；根据不同的教育个体，让学生和教师一起计划这个班级所要做的较具体的事情，使学生对其学习经验获得更深的理解和产生更大的意义。

(四) 学习经验的评价是检验和改进教育目标的参照

基于学习经验的评价是检验和改进教育目标的重要因素，泰勒将评价正式引入课程编制的过程之中，目的在于检验和确定教育目标在课程实施过程中是否得以实现。泰勒对评价进行了界定，所谓评价就是对课程预期的教育目标实现程度和实际效果的检验。他还建立了完整的评价程序：(1) 确定评价目标。泰勒认为，评价概念自身存在两个方面的内容：一是对学生行为的评价，这是教育效果在教育对象身上由内而外、由思想转化为行为的体现。二是评价在教育开始前后要各做一次，以确定变化是否已经发生。行为目标、解决方案的技能是确定评价目标的二维分析，确定评价目标是制定评价程序的基础。（2）确定评价情境。评价情境的选择和确定必须是那些会给学生机会表现教育目标中所隐含行为的情境，这种情境的选择会引导和影响学生主动产生目标行为，从而实现教育目标和教育目的。（3）设计评价手段。泰勒认为，对于一些容易转换为行为目标的教育目标像问卷、观察、访谈、样品收集、记录分析等都能为是否达到教育目标提供证据；对一些教育目标，在很难找到对它们而言很合适的现有的评价手段时，就有必要设计或发明一些方法，以获得关于学生是否实现了教育目标的证据。设计评价手段是每个测试情境中都必须考虑的一个步骤。（4）利用评价结论。通过评价获得的评价结论，表面上只是一个简单的分数或描述性结论术语，但从中可以反馈和观察学生学习的变化和状况剖析图，评价的真正目的之一就是让学生和教师以及相关人士了解教学的效果。

泰勒的课程原理对美国及世界课程理论与实践的影响十分广泛和深入，“截至1975年，泰勒的著作共印行33次，被翻译成几十种文字。‘泰勒原理’的提出引起美国课程理论工作者对课程的全面、深入的研究”①，之后，课程研究流派纷呈，标志着课程研究成为专门学科时期的到来。泰勒的课程原理为高校法治教育实效性的研究提供了坚实的课程理论基础，不仅突破了对法治教育研究法学视角的局限，而且为从《思想道德修养与法律基础》这门课程中分析当前法治教育的实效性提供了实践分析的理论基础和操作指导，使高校法治教育的效果不仅仅局限于实践的考问，为高校法治教育形而上的研究拓宽了进路。泰勒的课程原理使我们对在研究高校法治教育过程中如何认识和处理培养目标、教育目的、教育目标、课程目标进行了具体细分，并且对课程目标确定的重要性有了非常清晰的认识，同时为以课程目标为评价准则的评价模式提供了理论依据。

---

① 张立昌：《课程与教学论》，陕西师范大学出版总社有限公司2012年版，第32页。

主体教学理论、有效教学理论和泰勒的课程原理，从学习、教学、课程三个方面，尤其是从课程角度为研究高校法治教育实效性提供了坚实的理论基础，当然，每一个理论的提出都是在不同的时代，是根据所面临的不同现实问题而提出的，因此每一个理论都有其特定的问题域和特定的解决问题的观点和方法，但这并不妨碍我们以此为理论依据分析高校法治教育的现实问题。在高校法治教育实效性研究过程中，我们发现课程、教学、学习并不是一个单独存在的，一门课程的效果如何，必须建立在对这门课程、教学、学习以及评价的客观分析基础上，因为实践中“课程、教学、学习这三者存在直接而密切的关联，课程与教学的关系离不开它们与学习的关系，而且，学习是理解课程与教学关系的一个关键，或者说是一个逻辑中介，因为它们都是以学习为根本的。只有与学习关联起来，才能真正把握课程与教学的关系”①。因此可以看出，一门课程的效果如何是由多个方面的因素相互作用的结果，下面我们将通过调查问卷和实证分析来探讨影响高校法治教育实效性的多重因素。

① 丁念金：《课程论》，福建教育出版社 2007 年版，第 34—35 页。

第三章　高校法治教育实效性评测工具理论依据

目前，学者对法治教育实效性课题多为描述性研究。与高校法治教育评价和中小学法治教育评价一样，也存在着“评价理念工具性与价值理性的矛盾、评价标准政策协同性与实践本土化的矛盾、评价主体行政性与多元性的矛盾、评价方式行政性与专业性的矛盾”① 等多种评价标准矛盾交织的现状。如何评价高校法治教育实效性不仅是一个理论问题，而且是一个实践问题。因为不同的研究主体、评价主体、站在不同的角度对高校法治教育实效性评价标准的理解和认同是不一致的，所以对法治教育实效性的评价应该根据不同学段、不同视域、不同主体的不同要求进行具体的研究和细化，不能一概而论。

一　构建高校法治教育实效性评价原则和指标

本研究以《思想道德修养与法律基础》课程为切入点，根据高校《思想道德修养与法律基础》课程的教育要求和教育目标，在征集多位高校《思想道德修养与法律基础》课程教师对高校法治教育目标、教育内容、教育方式、教育理念、评价方式、评价内容等多项内容建议和意见的基础上，在吸收多位法学教育专家，《思想道德修养与法律基础》课程专家、教师，教育学课程专家、教师对高校法治教育实

---

① 王雅荔、李莹：《中小学法治教育评价的现实困境及改革路径》，《西安文理学院学报》（社会科学版）2019 年第 4 期。

效性评价指标的讨论和建议指导下，在对全国高校法治教育教师、学生进行高校法治教育实效性测量问卷的发放、回收及数据内容的梳理上，本书尝试对高校法治教育实效性评价指导原则和评价指标进行初步构建。与此同时，高校法治教育实效性评价指导原则的确立，一方面有利于构建具体的高校法治教育评价指标，另一方面有利于确保所构建的高校法治教育评价指标具有一定的科学性。

（一）确立高校法治教育实效性评价原则

基于本书研究进路和高校思想政治教育及高校法治教育相关文件指导精神，本书认为高校法治教育实效性评价主要遵循如下原则。

1. 科学性原则

所谓科学性原则就是高校法治教育在社会主义核心价值理性规约下的科学化认知。高校法治教育不是去政治化，也不是泛教育化，应对其坚持法治教育的科学性原则下的理性评价。这既是新时代高校法治教育发展的客观要求，也是新时代中国特色社会主义法治实践发展的必然趋势。社会上有一些人之所以对法治教育存在排斥心理，就是因为他们仍然从法制管制思维的角度，而不是从人的解放和个人人格的完善以及现代社会人的基本素养上来评价法治教育。为此，法治教育更应该用科学理论及实践育人的效果去说服人。

2. 针对性原则

所谓针对性原则就是根据目前高校法治教育的现状、高等学校法治教育实施阶段的特点与要求、大学生自身成长特点与学习规律，对高校法治教育途径、法治教育方式、法治教育课程、法治教育内容、法治教育目标、法治教育个体成长效果、法治教育社会期望效果进行客观的、全面的、具体的评价。针对性原则的坚持有利于防止高校法治教育效果评价过程中的空洞与泛化。

3. 发展性原则

从高校法治教育发展的历史来看，高校法治教育的目标并不是一成不变的，而是随着社会发展、时代的变迁、社会发展理念的更新、社会发展任务的出新而不断调整和发展的。发展性原则就是指在评价高校法治教育效果时坚持发展的眼光和发展的立场进行评价，发展性原则的坚持有利于防止对高校法治教育效果进行片面的、静止的评价。

4. 实践性原则

基于法治教育实践性的内在属性特征，法治不仅是一种理念、一种价值遵循，也是一种具有实践指向的行为方式和治理方式。对法治教育效果的评价不只是理论形态的试卷考试能够单独完成的，高校法治教育的最终结果就是通过法治教育让学生在现实生活实践中遇事找法解决，用法化解生活实践中的各种矛盾。如果通过法治教育，仍然用人情、关系、权力等法治之外的方式去解决生活中的实际问题，那就说明法治教育仍然停留在口头阶段，而法治也没有成为一种思维习惯和生活方式。

5. 以人为本原则

无论从法治理念的吸收内化还是法治信仰的外化实践上，法治教育的目标指向一方面是教育学生要尊法守法用法，另一方面通过法治教育追寻“自由、平等、公正”等法治价值，形成人格的独立和完善。撇开以人为本原则的法治教育实效性评价，有可能导致出现缺乏法治精神和法治教育价值的合理内核进而机械地进行“见法不见人的”法治教育现象。

（二）构建高校法治教育实效性评价指标

高校法治教育实效性评价指标的构建对于全面、科学地把握和评价高校法治教育实效性提供了有力的理论支撑。本书关于高校法治教育实效性研究是以《思想道德修养与法律基础》课程为视角展开的，因此，构建高校《思想道德修养与法律基础》课程中法治教育实效性评价指标，其主要根据是教育部高等学校思想政治理论课教学指导委员会的《〈思想道德修养与法律基础〉专题教学指南（2018 年版·试行）》（2019 年 6 月）对高校法治教育的指导意见，本书认为对高校法治教育的实效性评价需要从不同维度构建评价指标。本书所构建的高校法治教育实效性评价指标是以高校法治教育载体《思想道德修养与法律基础》课程为基准的。

1. 课程教育目标的完善与实现

从高校法治教育的课程维度来说，判断高校法治教育的实际效果必须对其课程教育目标进行研究，任何一门课程的教育目标在教学中都起着提纲挈领的作用，如果缺乏对高校法治教育目标的确定和研究，那么高校法治教育的实效性研究就成了无的放矢、夸夸其谈、言之无物、隔靴搔痒。一般来说，在教育过程中“教育目的是对受教育者的质量规格的总体要求，是所有教育工作者的出发点和最终归宿，从某种意义上说，所有教育目的都要以课程为中介才能实现。事实上，课程本身就可以被理解为是使学生达到教育目的的手段。”① 因此如何将高校法治教育目的转化为课程目标，进而用来指导课程实施工作，这不仅是法治教育课程工作者要研究的重要内容，也是评价高校法治教育实效性的一项重要指标。

2. 法治概念的形成与获得

从高校法治教育的本身来说，法治概念的形成与获得是检验高校法治教育实效性的基础性指标。所谓概念形成就是指学生知道某些东西属于这一类别，其他东西不属于这一类别。法治概念的获得就是指学生通过接受高校法治教育，能以“法律至上、权力制约、公平正义、权利保障、正当程序”等法治思维认识、分析和处理问题。所谓概念获得就是指学生能够发现可用来区别某一类别的事物与非同一类别事物的各种属性。法治概念的获得就是指学生通过接受高校法治教育，能够知晓法治的核心理念与价值倡导，并能够对法治与人治、法治与法制、法治与道德进行区别。

---

① 施良方：《课程理论——课程的基础、原理与问题》，教育科学出版社 1996 年版，第 83 页。

3. 法治价值观念的认同与坚定

从高校法治教育的内在要求来说，法治价值观念正如“科学、民主、法制、自由、人权，并非资本主义所独有，而是人类在漫长的历史进程中共同追求的价值观和共同创造的文明成果”①。但是可以肯定的是，不同的法治价值主体对法的价值的内涵、法的性质、法的本质和特征的界定是不同的，因为“统治阶级为了维护自己的统治、攫取全社会的利益，总是打着为国家、社会、被统治阶级、阶层和全体公民的意志的旗帜构筑法的权威。隐去法价值所体现出的利益，由此而产生不同阶级性质的法，法的阶级性质与国家的阶级性质又是一脉相承的”②。法治价值观念的认同与坚定标志着法治区别于人治与法制内在要求的不同，社会主义法治价值观的确立也不同于资本主义国家的法治价值观，因此“树立正确的法治价值观念对于大学生法治教育而言具有根本性和全局性的意义”③。同时基于法治价值观念认同与坚定基础上的法治思维和法治信仰才能得以发展。

4. 权利义务意识的增强与深化

从高校法治教育的内容载体来说，对权利义务意识的正确认识与增强是法治意识提升的重要抓手，以权利义务角度来观察、分析和解决问题是法治思维的具体体现。权利义务意识的推进和增强体现了平等主体之间的一种合理关系，主体社会地位的平等、权利义务的对等是法治社会存在的必要基础前提。现代法治的精神“既不是使权利和义务平起平坐、平分秋色，更不是使权利的宣告服务于强化对人们的义务约束，而是以保障平等权利为基本宗旨去施加平等的义务约束”④。权利义务意识的推进与增强有利于自由、平等、公正、效率等法治价值的内化，也有利于推动社会发展从“身份社会”向“法

① 中共中央文献研究室编：《十八大以来重要文献选编》（下），中央文献出版社2008年版，第912页。

② 杨震：《法价值哲学导论》，中国社会科学出版社2004年版，第8页。

③ 张霖：《中国特色法治理论及其教育研究》，华中师范大学，博士学位论文，2016年。

④ 郑成良：《权利本位说》，《政治与法律》1989年第8期。

治社会”的转向。

5. 法治思维方式的养成与固守

从高校法治的阶段核心目标来说，高校法治教育的目标定位是法治素质教育而非法律基础知识的教育。如果将高校法治教育定性为法律基础知识教育，只会导致出现“一些高校的法制教育，片面追求传授法律知识的深度和广度，在课堂上搞‘满堂灌’，争分夺秒地讲解法律条文，力求最大限度地满足学生对实用性法律知识的需求”① 的现象和结果。我国从 1991 年“二五”普法开始就已经从普及法律常识逐步提升为提高全民的法律意识，“98 方案”以后，高校法治教育的目的也从法律基础知识提升为法律意识的培养。从一定意义上说，区分法治教育是以法律基础知识教育为目标还是以法治意识提升为目标，最重要的分水岭就是法治思维方式是否养成。

6. 法治实践能力的提升与践行

从高校法治教育的实践要求来说，大学生法治实践能力的提升以及在生活世界中对法治理念的践行是高校法治教育实效性的最终体现，是法治教育目的在大学生行为方式上法治化的显性效果；是对法治意识、法治价值、法治信仰等法治意识形态叙事范式在实践领域的上升与超越；是作为法治主体参与社会生活的理性表达；是法治教育从“理论塑造”转向实践参与的客观要求。如果通过接受法治教育，学生对法治仍然只停留在理论阶段，那么法治教育的意义可能也只停留在纯粹的法治文献教育上。因此大学生法治实践能力的提升与践行是评价高校法治教育实效性的客观依据。

不得不承认，高校法治教育研究虽取得了长足的发展，但“法治教育”概念的形成和发展仍然是一个具有理论描述功能的学术概念，要提高高校法治教育的实效性，不仅需要理论功能的研究和概念厘清，也需要将“高校法治教育”的概念转化为一个具有实践和操作

① 陈大文、孔鹏皓：《关于高校法制教育定位问题的思考》，《思想理论教育导刊》2013 年第 7 期。

功能的概念。这也意味着对“高校法治教育”概念的解释必须从原来简单地套用一般性法治教育理论，转向作出具有实践意义的操作性解释。

（三）编制高校法治教育实效性测评工具的理念与流程

本书旨在根据高校《思想道德修养与法律基础》课程中教师法治教育的教学实际和学生学习法律基础知识的情况，基于马克思主义人学理论对未来人才培养高屋建瓴的方向指引，以及基于提高教育教学效果的主体教育理论、有效教学理论、泰勒课程原理等教育方法论，同时根据教育教学实践中教师和学生的不同主体维度，编制具有理想信度和效度的“高校法治教育实效性调查问卷（教师卷）”和“高校法治教育实效性调查问卷（学生卷）”。

“高校法治教育实效性调查问卷（教师卷）”的编制，从《思想道德修养与法律基础》课程教师教育专业背景，教师在高校的具体身份，教师对课程的课时占比安排态度，内容占比安排态度，教师对法律基础知识的内化，教师对《思想道德修养与法律基础》课程中法律基础教育目标的认识及转化，教师在实践中教育方法的处理以及高校法治教育对教育效果、学习效果的评价方式等方面进行实证调查，以期测量影响和制约高校法治教育实效性的各项因素并对其进行精准分析，从而为提高高校法治教育实效性并对未来高校法治教育改革和发展提出建设性对策。

“高校法治教育实效性调查问卷（学生卷）”的编制，从学生学习态度、学习方法、学生对法律基础知识的内在需求、考核方式、学生对法治的认知态度、对法律基础知识课程载体的认知程度以及对所学法律理论知识在实践生活中的运用程度来测量高校法治教育学生学习的实效性，以期测量学生通过《思想道德修养与法律基础》课程中法律基础知识的学习，能否达到法治意识的提高、法治思维的养成、法治信仰的坚定、法治素养的提升等高校法治教育目标效果。

问卷编制工作主要通过三个步骤展开和实施。第一步，阅读大量高校法治教育相关文献，从已发表的著作、论文中提取影响高校法治教育实效性的相关变量，针对我国高校法治教育的实际情况，确定调研的研究对象，从教师和学生不同维度构建量表的原始题项池中，通过组织数名《思想道德修养与法律基础》课程专任教师研讨，学生座谈，在吸取高校法治教育任课教师、学生意见建议的基础上，精简题项，形成预测版问卷。第二步，使用预测版问卷，实施取样调查，经过预测版问卷的信度分析和效度分析，在任课专家和教师的建议下，精简题项，形成正式发放版问卷。第三步，使用发放版问卷，在全国范围内实施一定数量的样本调查取样，经过信度分析和效度分析，验证发放版问卷的结构信度与效度，最终确定高校法治教育实效性的测评工具。

具体编制工作流程见图 3 – 1 所示。

二 "高校法治教育实效性调查问卷（教师卷）"的设计与实施

所有被试的选取采用非概率抽样①（nonprobability sampling）中的目标式（判断式）抽样②方法，分两次从全国高校中正在从事《思想道德修养与法律基础》课程的任课教师群体中抽取。高校法治教育教师调查取样工作由一位联络员组织施测，担任主试者一般是受试高校的《思想道德修养与法律基础》课程教师，通过给主试人员提供一些实施说明和测试指导，确保每一名主试人员在问卷施测过程中的组织实施行为是规范、科学和一致的。因为受 2020 年春季新型冠状病毒肺炎疫情的影响和开学延迟的影响，为了提高数据回收的质量，问卷采用问卷星网络发放形式，通过思想政治论坛 qq 群，微信群链接等多种线上形式进行发放。取样时间为 2020 年 3 月至 2020 年 5 月，由于网络发放问卷回收没有数据缺失，也没有出现选项单一或明显有规律性的数据等现象，因此共抽取被试有效样本 265（57 + 208）份，

---

① 非概率抽样：抽取样本的方式并不依据概率理论。非概率抽样的方式主要有就近抽样、目标式（判断式）抽样、配额抽样和滚雪球抽样。

② 目标式（判断式）抽样：一种非概率抽样。其选择观察对象的方式是以个人的判断（对象是否最有效或者最有代表性）为基础的。

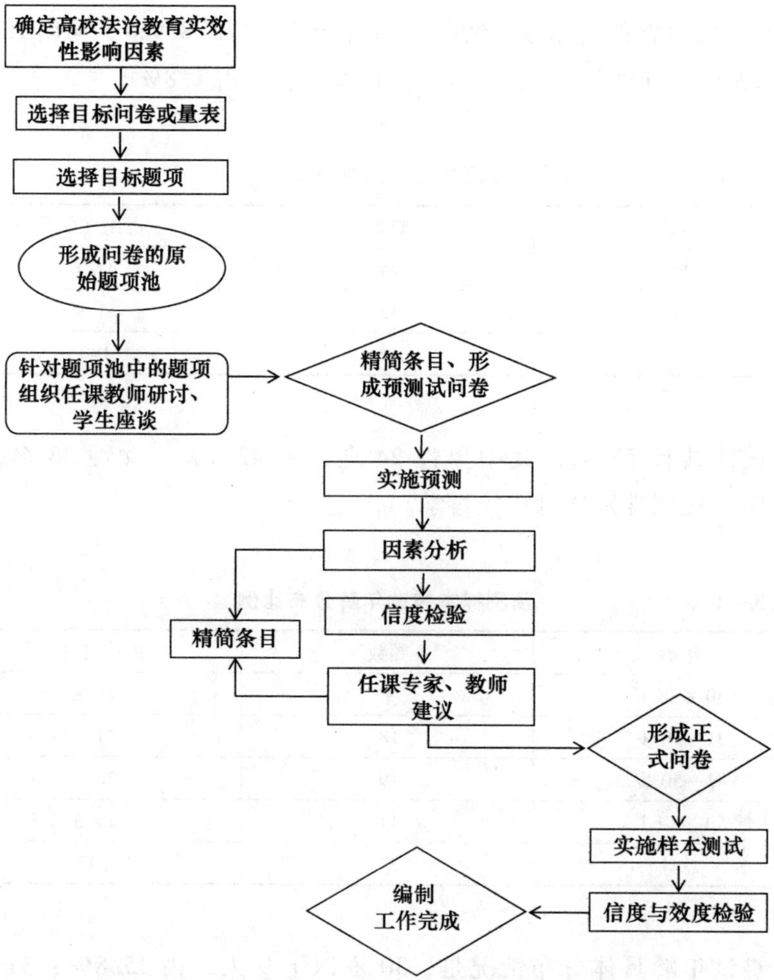

图 3－1　教师（学生）调查问卷编制流程

收回问卷 265 份。

（一）预测试样本

被试匿名填写“高校法治教育实效性调查问卷（教师卷·预测版）”。样本取自陕西省测试点多所高校，取样时间为 2020 年 3 月至

2020年4月，共计发放问卷57份。回收问卷57份，回收率为100%，填写省份具体分布情况为陕西45份，占78.9%；河南10份，占17.5%；山西1份，占1.8%；甘肃1份，占1.8%。

表3－1　　预测样本被试性别比例

性别	频数	占比（%）
男	24	42.1
女	33	57.9
总计	57	100

被试共计57名，其中男性24名，占42.1%；女性33名，占57.9%。被试性别比例比较科学。

表3－2　　预测样本被试年龄分布比例

年龄	频数	占比（%）
30岁以下	9	15.8
31—40岁	18	31.6
41—50岁	19	33.3
50岁以上	11	19.3
总计	57	100

被试年龄具体分布情况是，30岁以下9人，占15.8%；31—40岁18人，占31.6%；41—50岁19人，占33.3%；51岁以上11人，占19.3%。

表3－3　　预测样本被试专业背景分布比例

专业背景	频数	占比（%）
哲学	9	15.79

续表

专业背景	频数	占比（%）
经济学	0	0
法学	31	54.39
教育学	5	8.77
文学	1	1.75
历史学	1	1.75
理学	2	3.51
工学	2	3.51
农学	2	3.51
医学	0	0
军事学	1	1.75
管理学	3	5.26
艺术学	0	0
总计	57	100

被试所学专业背景具体分布情况是，哲学9人，占15.79%；法学31人，占54.39%；教育学5人，占8.77%；管理学3人，占5.26%；理学、农学各2人，各占3.51%；文学、历史学、军事学各1人，各占1.75%；经济学、医学、艺术学没有被试。

表3－4　　预测样本被试所在高校属性分布比例

高校属性	频数	占比（%）
“985工程”大学	2	3.5
“211工程”大学	3	5.3
中央部属本科院校	2	3.5
省属本科院校	50	87.7
高职（高专）院校	0	0
总计	57	100

被试所在高校属性具体分布情况，“985工程”大学2人，占

3.5%；"211 工程"大学 3 人，占 5.3%；中央部属本科院校 2 人，占 3.5%；省属本科院校 50 人，占 87.7%；高职（高专）院校无被试。

表 3－5　　预测样本被试所在高校地理位置分布比例

高校地理位置	频数	占比（%）
东北地区	0	0
华北地区	1	1.8
华中地区	10	17.5
华东地区	0	0
华南地区	1	1.8
西南地区	0	0
西北地区	45	79.0
总计	57	100.1

说明：由于四舍五入，总计百分比大于 100%。

被试所在高校地理位置具体分布情况是，西北地区 45 人，占 79.0%；华中地区 10 人，占 17.5%；华北地区、华南地区各 1 人，各占 1.8%；东北地区、华东地区、西南地区无被试。

表 3－6　　预测样本被试具体身份分布比例

课程教师具体身份	频数	占比（%）
专任教师	36	63.2
行政人员	3	5.3
辅导员	16	28.1
教辅人员	0	0
临聘人员	2	3.5
总计	57	100.1

说明：由于四舍五入，总计百分比大于 100%。

被试担任课程教师的具体身份分布情况是，专任教师 36 人，占 63.2%；行政人员 3 人，占 5.3%；辅导员 16 人，占 28.1%；无教辅人员；临聘人员 2 人，占 3.5%。

表 3-7　　　　　　　　**预测样本被试教龄分布比例**

教龄	频数	占比（%）
1—2 年	19	33.3
3—5 年	4	7.0
6—10 年	13	22.8
11—15 年	5	8.8
15 年以上	16	28.1
总计	57	100

被试担任课程教师的教龄具体分布情况是，任教 1—2 年 19 人，占 33.3%；任教 3—5 年 4 人，占 7.0%；任教 6—10 年 13 人，占 22.8%；任教 11—15 年 5 人，占 8.8%；任教 15 年以上 16 人，占 28.1%。预测试样本被试民族均为汉族。

（二）构建量表的原始题项池

1. 筛选与教师相关的影响高校法治教育实效性的影响因素

理论驱动式是本书编制“高校法治教育实效性调查问卷（教师卷·预测版）”的重要根据之一，理论驱动式就是“从已有的相关理论出发，根据理论模型所建构的因素关系，自上而下地构建量表的因子和维度”①。因此在编制“高校法治教育实效性调查问卷（教师卷·预测版）”之前，从已发表的关于高校法治教育问题②、高校法

① 张婉莉：《高校辅导员职业心理韧性研究》，陕西师范大学，博士学位论文，2016 年。

② 马钰：《新中国 70 年高校法治教育的回顾和展望》，《当代教育科学》2020 年第 3 期；孟鹏涛：《中国高校法治教育问题研究》，吉林大学，博士学位论文，2017 年；蒋玉娟：《高校大学生法治教育面临的困境与对策》，《学校党建与思想教育》2017 年第 5 期；徐蓉：《当前高校法治教育发展的障碍与突破》，《思想理论教育》2016 年第 11 期。

治理念教育[①]、高校法治教育目标体系[②]、高校法治教育方法[③]、高校法治教育价值导向[④]、高校法治教育课程设置[⑤]、高校法治教育评价[⑥]等多维度对有关高校法治教育的文献进行梳理，从文献中筛选出与教师相关的影响高校法治教育实效性的影响因素，为编制“高校法治教育实效性调查问卷（教师卷·预测版）》确立问卷维度奠定理论基础。

2. 选择目标量表

根据高校法治教育实效性实证研究方法和量表编制理论[⑦]，检索有关高校法治教育实效性文库，查找与本书主题相关的现存问题和问卷与量表，选择已发表的高层次文献，质量比较高的理想的测量工具，作为研究问卷编制的参考。具体测量工具的筛选情况如下。

---

① 逮慧、陈晋胜：《我国高校法治理念教育内容之重构——基于中国优秀传统法律文化与社会主义法治理念的暗合之思考》，《教育理论与实践》2015 年第 15 期；宣璐、余玉华：《五大发展理念下高校法治教育困境之破解》，《广西社会科学》2017 年第 2 期；陈金钊：《意识形态法治化及意义》，《北京联合大学学报》2015 年第 1 期；陈曙光：《论“每个人自由全面发展”》，《北京大学学报》2019 年第 2 期。

② 陈金钊：《以法治中国战略为目标的法学话语体系建构》，《求是学刊》2019 年第 5 期；邓多文：《高校普法目标：从增强观念到重塑行为的转向》，《社会科学家》2017 年第 12 期；臧宏：《高校法治教育的目标体系探析》，《东北师大学报》（哲学社会科学版）2016 年第 5 期；陈扬光：《浅析课程编制目标模式》，《外国教育研究》1989 年第 2 期；陈大文、周扬洋：《学校法治教育的性质和目标》，《思想政治课教学》2016 年第 7 期。

③ 戴钢书、杨龙：《高校思想政治理论课教学跨学科研究方法论的意义、涵义和特征》，《思想政治教育研究》2020 年第 1 期；王淑娉、李艳：《论思想政治教育者的主体自觉》，《思想政治教育研究》2019 年第 5 期；刘庆昌：《教育之思的基本范畴及其理解维度》，《北京大学学报》（哲学社会科学版）2019 年第 4 期。

④ 杨超：《大学生法制教育价值取向变革研究——法治文化视域的思考》，上海大学，博士学位论文，2016 年；徐蓉：《法治教育的价值导向与大学生法治信仰的培育》，《思想理论教育》2015 年第 2 期；陈驰、古剑：《高校思政课法治教育的价值、内容与路径——习近平新时代中国特色社会主义政法思想融入高校思政课教学研究》，《四川师范大学学报》（社会科学版）2019 年第 4 期。

⑤ 张阳：《思想政治理论课“灌输性与启发性相统一”的教育之路》，《思想理论教育导刊》2020 年第 2 期。

⑥ 曹明：《过程性评价的应用困境及对策》，《思想政治课教学》2020 年第 3 期。

⑦ ［美］诺曼·布拉德伯恩、希摩·萨德曼、布莱恩·万辛克：《问卷设计手册——市场研究、民意调查、社会调查、健康调查指南》，赵峰译，重庆大学出版社 2018 年版，第 270 页。

（1）借鉴与法治内涵测量变量相关的文献1篇，借鉴大学生对法治内涵的认知量表1个，即姚建龙等人研制的“大学生法治教育调查问卷”中“大学生对法治内涵的认知程度”量表（2016）。[①]

（2）借鉴与参照高校法治教育相关的测量工具和调查问卷，共计2个，分别是张晓敏在其博士论文《大学生法治素养研究》中关于“大学生法治素养现状的调查问卷（2018）”，[②] 学者李红玲的“大学生法治思维培育研究调查问卷（2019）”[③]

（3）借鉴与参照大学生思想政治教育实效性研究中的测量工具和问卷，共2个。分别是学者李晓红的研究成果《新媒体环境下大学生思想政治教育实效性研究》中相关的实效性调查问卷内容（2016）[④]，学者董前程的研究成果《高校思想政治理论课教学模式改革研究》中编制的“高校思想政治理论课教学及教学模式改革情况调查问卷（教师用）”（2017）。[⑤]

（4）参考与高校法治教育实效性密切相关的测量工具，共选取了2个，分别是孙建东的硕士学位论文《依法治国背景下高校法治教育实效性研究》中“依法治国背景下高校法治教育调查问卷”（2017）[⑥]，张福娟的“大学生法治教育实效性调查问卷”（2016）[⑦]

3. 选择目标题项，创建原始题项池

根据有效教学理论与泰勒课程原理，在筛选“高校法治教育实效性调查问卷（教师卷·预测版）”原始题项池的条目时，主要依据以

---

① 姚建龙、马岩：《大学生法治教育论》，中国政法大学出版社2016年版，第78—79页。

② 张晓敏：《大学生法治素养研究》，东北师范大学，博士学位论文，2018年。

③ 李红玲：《当代大学生法治思维培育研究》，哈尔滨师范大学，博士学位论文，2019年。

④ 李晓红：《新媒体环境下大学生思想政治教育实效性研究》，大连理工大学，博士学位论文，2016年。

⑤ 董前程：《高校思想政治理论课教学模式改革研究》，东北林业大学，博士学位论文，2017年。

⑥ 孙建东：《依法治国背景下高校法治教育实效性研究》，成都理工大学，硕士学位论文，2017年。

⑦ 张福娟：《依法治国视域下大学生法治教育实效性研究》，武汉工程大学，硕士学位论文，2016年。

下6个标准。

（1）教师对学生特点的认知

有效教学理论认为，是否了解学生已有的知识、能力基础，是否了解学生的思维状态和特点，是否了解学生的情感是能否有效教学的前提和基础。泰勒课程原理认为，对学习者本身的研究是教育目标确定的首要基础，因此在“高校法治教育实效性教师调查问卷（教师卷·预测版）”中，以教师对学生特点的认知为维度设计了9个问题，分别是第12、13、14、15、16、17、18、19、20题。

（2）教师对课程设置的认同

教师对课程目标、课程内容及教育目标的认同和理解对提升教育教学效果，提升教育质量，创新教育教学方法都具有一定的促进作用。有效教学理论和泰勒课程原理强调教师对课程目标的理解和把握有助于课程教学效果的提升。在此基础上，“高校法治教育实效性调查问卷（教师卷·预测版）”，以教师对课程设置认同为维度设计了5个问题，分别是第9、10、11、21、29题。

（3）教育经验的组织方式

无论是主体教育理论、有效教学理论，还是泰勒课程原理，对教育经验的科学组织在教学过程中所起的作用都给予了高度的肯定，主体教育理论强调教育过程中对学生的启发与交流，注重教育方法的创新。有效教学理论认为，教学内容的科学组织是判断教学是否有效的重要标准，教育经验的组织是理论观念转化为课堂教学实践的关键纽带。泰勒课程原理则认为，教育经验的组织是教育目标实现的有力保障。为此，“高校法治教育实效性调查问卷（教师卷·预测版）”，以教育经验的组织方式为维度设计了9个问题，分别是第22、23、25、26、27、28、31、32、33题。

（4）对学习经验的评价

泰勒课程原理认为，学习经验的评价是检验和改进教育目标的参照，对学习经验的评价一方面可以检验学生是否实现了教育目标，另一方面可以让教师、学生以及有关人士了解教学的效果。为此，“高校法治教育实效性调查问卷（教师卷·预测版）”，以对学习经验的评价为维度设计了2个题项，分别是第35、36题。

（5）教师对法治内涵的认知程度

有效教学理论认为，教师的专业意识、专业精神、专业知识、专业理论、专业能力、专业智慧和专业理想都必将通过教学内容的组织体现出来。因此，教师对法治内涵的认知程度，直接决定和影响着教师在教学中的教学理念、教导行为，同时也体现了教师自身法治理论素养对学生的引导作用。它虽然对高校法治教育教学效果不起直接的决定作用，但是影响教育效果的间接控制变量。为此，“高校法治教育实效性调查问卷（教师卷·预测版）”以对学习经验的评价为维度设计了6个题项，分别是第34、37、38、39、40、41题。

（6）适用工作人群

此问卷适用于担任《思想道德修养与法律基础》课程中法律基础部分教学的任课教师。“高校法治教育实效性调查问卷（教师卷·预测版）”针对教学适用工作人群设计了2个题，分别是第7、8题。

除此之外，还设计了2个开放式题项，分别是第44、45题。基于人口学特征共设计了6个题项，分别是第1、2、3、4、5、6题。

经过以上步骤，形成“高校法治教育实效性调查问卷（教师卷·预测版）”。

（三）“高校法治教育实效性调查问卷（教师卷·预测版）”结构分析

在形成“高校法治教育实效性调查问卷（教师卷·预测版）”后，为了保证问卷（预测版）测试的正确性（validity）、真实性（reality）与结果的稳定性（stability）、一致性（consistency），在预测进行之前对“高校法治教育实效性调查问卷（教师卷·预测版）”进行了初步的效度分析和信度分析。

1. 效度分析

所谓效度（validity）是指能够测到的该测验所欲测的心理或行为

特质的程度。内在效度（internal validity）与外在效度（external validity）是研究效度的两个主要内容，内在效度和外在效度从研究叙述和研究推论两个层面保证研究的真实性与正确性。一般认为，要提高研究问卷的内在效度，在研究设计时要以理论正确、解释清楚，操作忠实、减少误差，样本合宜、预防流失，正本清源、排除无关变因四个方面的要求为原则；而要提高研究问卷的外在效度，则要遵守四个方面的原则：一是解释分析应具有真实性、合理性、客观性、中立性和普遍性；二是以操作型定义代表概念性意义，取样应有足够的代表性、一般性，研究的情境最好能与未来实际应用或推论的情境相类似；三是观察具有普遍性，搜集资料要深广；四是慎防实验者效应发生，排除干扰量标。① 效度分为内容效度、校标关联效度和建构效度，内容效度属于一种命题的逻辑分析，校标关联效度属于实征统计分析，而建构效度又称结构效度，是在理论的逻辑分析基础上，根据实际所得的资料来检验理论的正确性，因此是一种相当严谨的效度检验方法，在通常情况下，使用者常会在问卷形成以后通过因素分析来求得问卷的建构效度。

"高校法治教育实效性调查问卷（教师卷·预测版）"形成以后，对其进行了结构效度分析，1—8 题为人口统计学信息，不做效度分析；开放性题项也不做效度分析，预测问卷对 Q9—Q41（单项选择题）进行了结构效度分析，此处检测到的 KMO 值为 0.531（见表 3－8），巴特利特球形度检验的近似卡方分布值为 1018.253，自由度为 465，达到 0.05 显著水平，由于 KMO 值小于 0.6，较不适宜进行因素分析，进行因素分析的普通（mediocre）准则至少在 0.6 以上。

① 吴明隆：《问卷统计分析实物——SPSS 操作与应用》，重庆大学出版社 2010 年版，第 194 页。

表3－8　　　　KMO与巴特利特检验

Q9—Q41KMO和巴特利特检验		
KMO取样适切性量数		0.531
巴特利特球形度检验	近似卡方	1018.253
	自由度	465
	显著性	0.000

预测问卷对Q33—Q34（多项选择题）进行了结构效度分析，此处检测到的KMO值为0.470（见表3－9），巴特利特球形度检验的近似卡方分布值为144.385，自由度为66，达到0.05显著水平，由于KMO值显著小于0.6，较不适宜进行因素分析，进行因素分析的普通（mediocre）准则至少在0.6以上。

表3－9　　　　KMO与巴特利特检验

Q33—Q34KMO和巴特利特检验		
KMO取样适切性量数		0.470
巴特利特球形度检验	近似卡方	144.385
	自由度	66
	显著性	0.000

综上检验可以看出，“高校法治教育实效性调查问卷（教师卷·预测版）”的结构效度不是很理想，需要对问卷的内容和结构进行重新调整，以确保问卷效度的各项值在科学合理的范围之内，以确保问卷具有理想的效度。

2. 信度分析

信度是指测验或量表工具所测得的稳定性（stability）及一致性（consistency），量表的信度愈大，则其测量标准误愈小。对问卷进行信度分析的目的在于检验问卷各层面与总问卷的可靠性。信度检验完全依据统计方法，不管采用信度系数还是测量标准误作为测验信度的指标，它们完全是一种统计量，因而信度主要是借由统计方法而取得的。信度可界定为真实分数（true score）方差与观察分数（observed score）方差的比例。信度是指测验分数的特性或测量的结果，而非指测验或测量工具本身。外在信度（external reliability）与内在信度（internal reliability）是信度的两大类。外在信度通常指不同时间测量对量表一致性的程度，外在信度最常用的检验方法是再测信度；内在信度通常指的是每一个量表是否测量单一概念（idea），同时组成量表题项的内在一致性程度如何。内在信度最常用的检验方法是 Cronbach's alpha 系数①，也就是克隆巴赫系数。由于“高校法治教育实效性调查问卷（教师卷·预测版）”信度测试偏向于检验组成量表题项的内在一致性程度如何，不需要对问卷进行不同时间测量量表一致性程度的检验，因此，本问卷在检验信度时采用的是 Cronbach's alpha 系数检验法，不需要对其进行外在信度的检验。

“高校法治教育实效性调查问卷（教师卷·预测版）”形成以后，对其进行了信度分析，1—8 题为人口统计学信息，不做信度分析；开放性题项也不做信度分析，预测问卷对 Q9—Q41（单项选择题）进行了信度分析，表 3－10 为执行 SPSS 26.0 信度检验结果，克隆巴赫 alpha 栏的数值为原始信度，原始内部一致性 α 系数为 0.795，项目个数为 32。学界一般认为 0.70≤α 系数＜0.80（内部一致性信度系数值），那么层面或构念佳（信度高），整个量表可以接受，这说明 Q9—Q41（单项选择题）信度比较好，题项可以接受。

表 3－10　**信度统计**

Q9—Q41 可靠性统计	
克隆巴赫 Alpha	项数
0.795	32

① Lee J. Cronbach：克隆巴赫（1916—2001），美国心理学家、教育学家，他创建了一套常用的心理或教育测验可靠性的方法——克隆巴赫 α 系数（Cronbach's coefficient alpha），并在此基础上建立了一个用于确定测量误差的统计模型。

预测问卷对Q33—Q34（多项选择题）进行了结构效度分析，表3－11为执行SPSS 26.0信度检验结果，克隆巴赫alpha栏的数值为原始信度，原始内部一致性α系数为0.447，项目个数为12。学界一般认为0.50＜α系数（内部一致性信度系数值），那么层面或构念不理想，舍弃不用（信度低），这说明Q33—Q34（多项选择题）信度比较低。

表3－11　**信度统计**

Q33—Q34可靠性统计	
克隆巴赫Alpha	项数
0.447	12

综上，对“高校法治教育实效性调查问卷（教师卷·预测版）”分题项对问卷进行的效度和信度的检测结果可以看出，Q9—Q41（单项选择题）效度KMO值为0.531，Q33—Q34（多项选择题）KMO值为0.470，问卷整体的效度不理想；Q9—Q41（单项选择题）克隆巴赫alpha值原始内部一致性α系数为0.795，Q33—Q34（多项选择题）原始内部一致性α系数为0.447，虽然问卷中的单项选择题信度系数佳，但多项选择题信度系数较低，影响整个问卷的可靠性，因此，要对问卷中影响效度和信度的题项予以修改和调整。

（四）“高校法治教育实效性调查问卷（教师卷·正式版）”效度和信度

1. 修改和调整问卷

Windle等人（2011）所界定的量表内容效度标准主要体现在三个方面：一是研究清晰，准确地描述了测量的目的；二是目标人群和相关概念清晰，准确地描述了条目筛选过程中的被试取样；三是调查者以及参与的专家。[1] 预测版对以上三个方面中的第一、第二方面兼顾得比较好，在第三个方面有所欠缺，因此在修改和调整问卷题项过程中，通过专家组鉴定，提出修改和调整意见。问卷检核专家组由5位老师和1名博士生组成，其中3位是《思想道德修养与法律基础》课教师，1名教授，1名副教授，1名讲师；2名是教育学教师，均是教授；1名统计学博士生。专家组检核内容涉及问卷的构念、操作性定义、条目属性（建构维度、方面、特征）、条目语义（问题的语言是否简练清晰，语言是否为目标受众所熟悉，问题是否避免双重或多重含义，问题是否中立，问题是否抽象难懂、受访者必须胜任并愿意回答）。

专家鉴定共分三个步骤进行：第一步，由研究者对问卷的构念进行总体阐述，使每一位专家对问卷的构建理念、构建理论基础、问题现状有一个整体性认识。第二步，对预测版问卷的设计、抽样及抽样方法及人口学特征进行讨论。第三步，对预测版问卷效度、信度测试结果进行讨论，对预测版问卷出现的问题进行讨论。

经过专家对预测版问卷的讨论和核检，对问卷的修改和调整提出以下意见和建议：其一，问卷构建最好用李克特五级评分制来评价每一个条目、分别用五级即5—1分由强到弱加以呈现。其二，对条目语义质量进行了逐条修改和调整。其三，建议条目按照维度划分进行分类。其四，建议对Q33—Q34（2个多项选择题）进行修改并调整为一一对应的单项选择题，建议对Q44—Q45（2个开放性问题）凝练语义、简化成一道题。经过最后对预测版问卷的修改和调整，形成"高校法治教育实效性调查问卷（教师卷·正式版）"。

2. "高校法治教育实效性调查问卷（教师卷·正式版）"的发放与检验

（1）测试样本

使用最终形成的50个题项的"高校法治教育实效性调查问卷

① 张婉莉：《高校辅导员职业心理韧性研究》，陕西师范大学，博士学位论文，2016年。

（教师卷·正式版）”，在全国范围内对担任高校《思想道德修养与法律基础》课程的法治教师进行一定数量的取样，以验证该问卷的效度和信度。本次取样共计发放问卷208份。回收问卷208份，回收率为100%，填写省份主要分布在全国22个省市、自治区，具体情况为陕西103份，占49.52%；贵州13份，占6.25%；湖北12份，占5.77%；新疆11份，占5.29%；云南11份，占5.29%；河南9份，占4.33%；山东7份，占3.37%；浙江7份，占3.37%；甘肃6份，占2.88%；湖南5份，占2.40%；宁夏4份，占1.92%；重庆3份，占1.44%；山西3份，占1.44%；江苏、广东、北京、河北各2份，各占0.96%；海南、安徽、江西、辽宁、四川各1份，各占0.48%；国外有一份，占0.48%（见图3-2）。之后对问卷采用SPSS 26.0进行信度和效度统计分析。

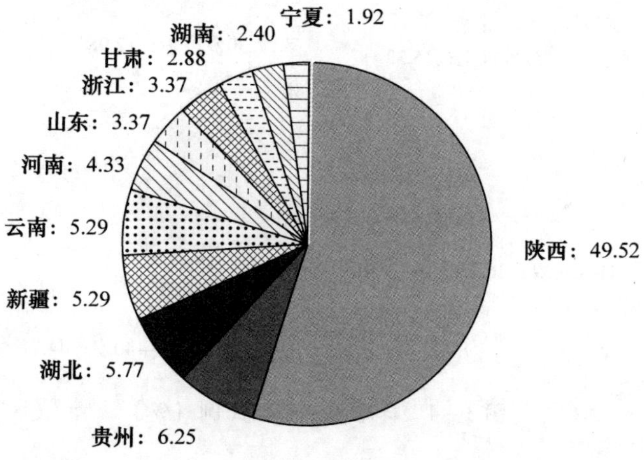

图3-2　取样地理位置分布（%）

被试人口学特征如下：

被试共计208名，其中男性91名，占43.75%；女性117名，占56.25%。被试性别比例比较科学（见图3-3）。

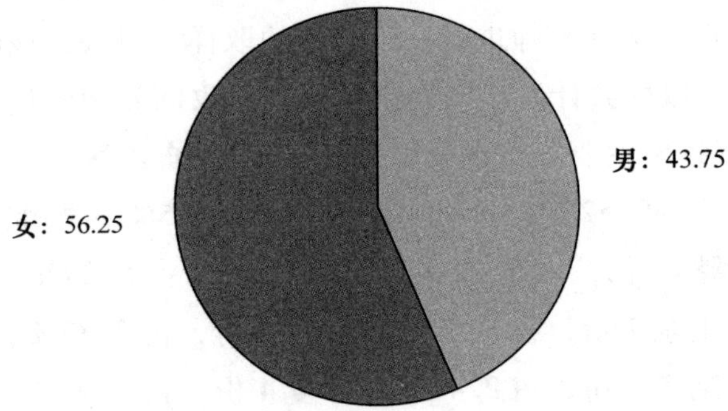

图 3－3　样本被试性别比例（%）

被试年龄具体分布情况是，30 岁以下 27 人，占 12.98%；31—40 岁 93 人，占 44.71%；41—50 岁 56 人，占 26.92%；51 岁以上 32 人，占 15.38%（见图 3－4）。

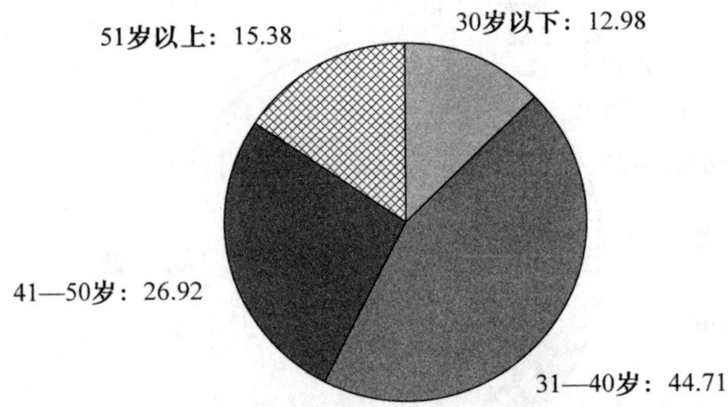

图 3－4　样本被试年龄比例（%）

被试所学专业背景具体分布情况是，法学 115 人，占 55.29%；哲学 40 人，占 19.23%；教育学 22 人，占 10.58%；文学 8 人，占 3.85%；经济学 7 人，占 3.37%；历史学 5 人，占 2.40%；管理学 4 人，占 1.92%；理学 3 人，占 1.44%；医学 3 人，占 1.44%；工学 1 人，占 0.48%；无农学、艺术学被试（见图 3－5）。

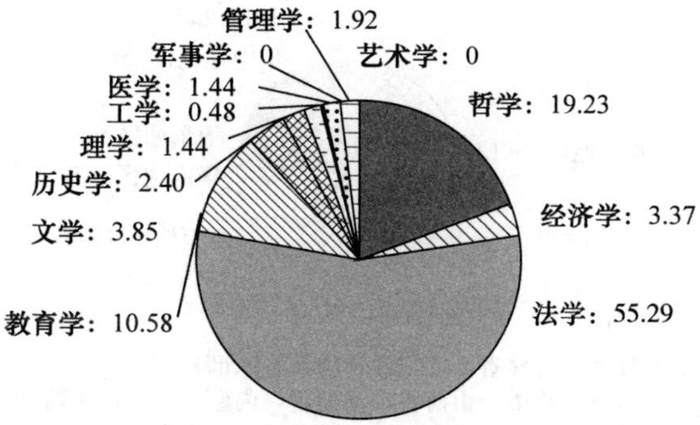

图 3－5　样本被试专业背景比例（%）

被试所在高校属性具体分布情况，“985 工程”大学 11 人，占 5.29%；“211 工程”大学 45 人，占 21.63%；中央部属本科院校 13 人，占 6.25%；省属本科院校 108 人，占 51.92%；高职（高专）院校 31 人，占 14.9%（见图 3－6）。

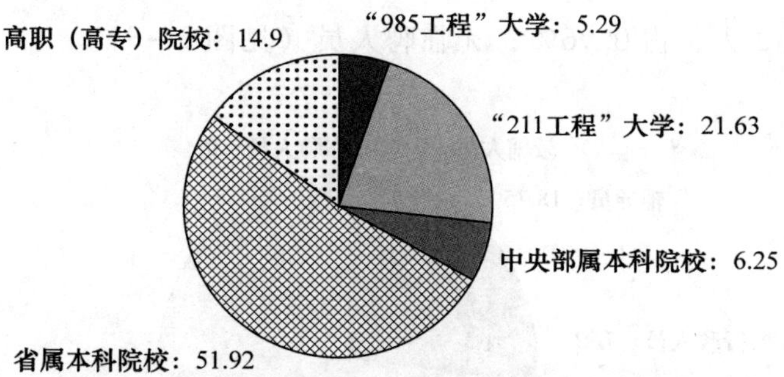

图 3－6　样本被试所在高校属性比例（%）

被试所在高校地理位置具体分布情况是，西北地区 123 人，占 59.13%；西南地区各 28 人，占 13.46%；华中地区 26 人，占 12.50%；华东地区 20 人，占 9.62%；华北地区 6 人，占 2.88%；华南地区 3 人，占 1.44%；东北地区 2 人，占 0.96%（见图 3－7）。

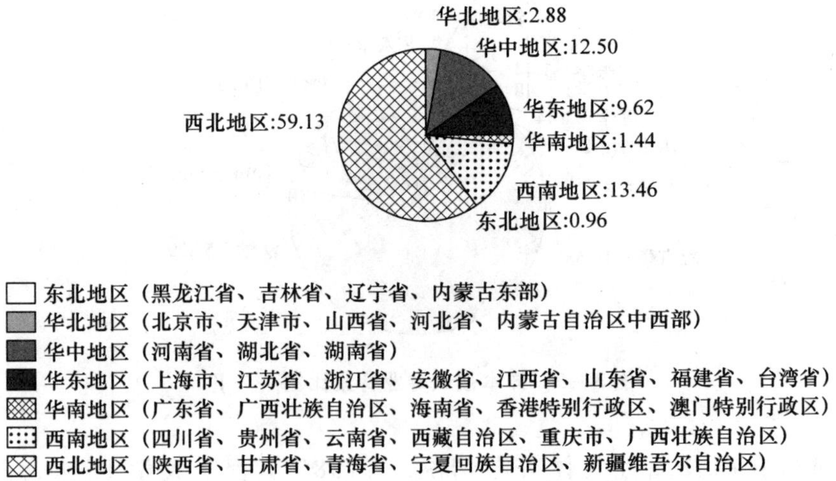

图 3－7　样本被试所在高校地理位置分布比例（%）

被试担任课程教师的具体身份分布情况是，专任教师 152 人，占 73.08%；行政人员 15 人，占 7.21%；辅导员 39 人，占 18.75%；教辅人员 2 人，占 0.96%；无临聘人员（见图 3－8）。

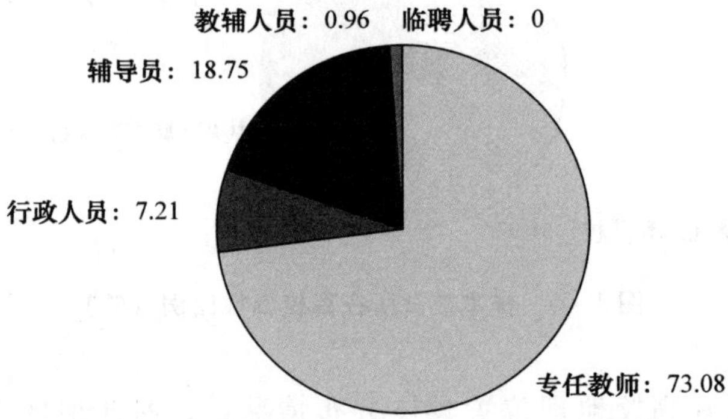

图 3－8　样本被试担任法治教育教师具体身份比例（%）

被试担任课程教师的教龄具体分布情况是，任教 1—2 年 64 人，占 30.77%；任教 3—5 年 39 人，占 18.75%；6—10 年 41 人，占

19.71%；11—15 年 25 人，占 12.02%；15 年以上 39 人，占 18.75%（见图 3－9）。

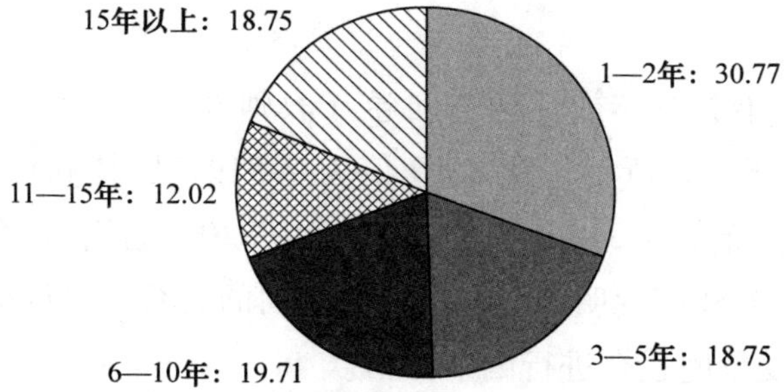

图 3－9　样本被试教龄比例（%）

除此之外，样本被试民族中，回族 4 人，满族 3 人，蒙古族、侗族、苗族、土家族、彝族各 2 人，傣族、白族各 1 人，其他均为汉族。

从样本人口学特征统计来看，此次抽样从被试性别比例、年龄分布、专业背景、所在高校属性、所在高校地理位置、担任课程教师具体身份、教龄等分布都比较合理，没有出现极端数值，抽样符合非概率抽样要求。

（2）效度检验

在对问卷进行修改和调整后，对效度的分析是检验问卷正确性与真实性的必要步骤。与预测版测试过程一样，正式版同样根据研究目的对问卷进行结构效度分析。正式版问卷调整了预测版中的多项选择题，整个问卷除了人口学特征题以及第 50 个为开放性问题之外共计 41 个题项，预测问卷对 Q9—Q49（单项选择题）进行了结构效度分析，依据 Kaiser（1974）的观点，可以从取样适切性量数（Kaiser-Meyer-Olkin measure of sampling adequacy；KMO）值的大小来判别。KMO 统计量表的基本原理是依据变量间净相关（partial correlations）系数值而得，当变量间关联度越高时，KMO 值越接近于 1，若变量间的简单相关系数愈小（愈接近 0），则表示变量间的相关性越弱，KMO 指标值介于 0 和 1 之间。当 KMO 值小于 0.50 时，表示题项变量间不适合进行因素分析，当相对的 KMO 值小于 0.80 时，表示题项变量间的关系是良好的，题项变量间适合进行因素分析。

"高校法治教育实效性调查问卷（教师卷·正式版）"检测到的 KMO 值如表 3－12 所示，其 KMO 值为 0.819，巴特利特球形度检验的近似卡方分布值为 3486.421，自由度为 820，达到 0.05 显著水平，KMO 值大于 0.80，说明问卷题项变量之间的关系是良好的（meritorious），题项变量间适合进行因素分析。

表 3－12　**KMO 与 Bartlett 检验**

Q9—Q49KMO 和巴特利特检验		
KMO 取样适切性量数		0.819
巴特利特球形度检验	近似卡方	3486.421
	自由度	820
	显著性	0.000

（3）信度检验

"高校法治教育实效性调查问卷（教师卷·正式版）"效度检验完成以后，接下来就要对其进行信度检验，信度和效度的检验不可相互替代，但可以相互佐证，信度低的问卷，其效度一定低，但信度高的问卷其效度并不一定高。同样，正式版问卷共计 50 道题项，Q1—Q8 为人口学特征统计，Q50 为开放性题项，信度检验主要针对 Q9—Q49 共计 41 个题项进行，正式版问卷修改和调整了多项选择型题型，Q9—Q49 均为单项选择题。信度检验仍采用克隆巴赫 alpha 系数检验法，克隆巴赫 alpha 系数是属于内部一致性信度的一种，它以 α 系数来代表问卷的内部一致性信度，α 系数愈高，代表问卷的内部一致性愈佳。（注：如果量表由多个分层面题项组成，其中分层面最低的内部一致性信度系数要在 0.50 以上，最好能高于0.60，而整份量表最低的内部一致性信度系数要在0.70以上，最好能高于0.80。）

对“高校法治教育实效性调查问卷（教师卷·正式版）”进行信度检验，表3－13为执行SPSS 26.0信度检验结果，克隆巴赫alpha栏的数值为原始信度，原始内部一致性α系数为0.872，项目个数为41。按照克隆巴赫alpha系数检验意义对照表，学界一般认为0.80≤α系数<0.90（内部一致性信度系数值），那么层面或构念甚佳（信度很高），整个问卷的稳定性及一致性都很好，这说明整个问卷信度高。

表3－13　**信度分析检验**

Q9—Q49 可靠性统计	
克隆巴赫 Alpha	项数
0.872	41

“高校法治教育实效性调查问卷（教师卷·正式版）”的编制在理论驱动理念的指导下，借鉴了国内学者从理论和实证两方面对高校法治教育多维度探索和研究的成果，借鉴了一些比较成熟的与高校法治教育实效性相关的测量工具和问卷，问卷在编制过程中严格按照问卷设计方法和原则，统计学和测量学的科学原理和编制方法与要求，从最初的设计理念到初步确定包含单项选择题项、多项选择题项、开放性题项共计45道题项池，经由组织学生、任课教师初步探讨，到发放预测版问卷，经过预测版问卷效度和信度分析，到组织专家组核检，再到问卷的修改和调整，形成正式版问卷，最后对正式版问卷进行信度和效度检验，形成具有理想信度和效度的问卷。“高校法治教育实效性调查问卷（教师卷·正式版）”，其效度KMO值为0.819，巴特利特球形度检验的近似卡方分布值为3486.421，自由度为820，达到0.05显著水平，KMO值大于0.80；其信度“克隆巴赫alpha值”原始内部一致性α系数为0.872，都符合学界关于信度、效度的

理想标准，说明“高校法治教育实效性调查问卷（教师卷·正式版)”的结构信度和效度具有稳定性和可靠性。

三 “高校法治教育实效性调查问卷（学生卷)”的设计与实施

“高校法治教育实效性调查问卷（学生卷·预测版)”所有被试采用非概率抽样（nonprobability sampling）中的就近法[①]抽样方法抽取；“高校法治教育实效性调查问卷（学生卷·预测版)”则采用非概率抽样中的目标式（或判断式）抽样方法进行。“高校法治教育实效性调查问卷（学生卷)”分两次从全国高校大学生群体中抽取被试，高校大学生调查取样工作由一位高校《思想道德修养与法律基础》课程教师联络员组织施测，通过给主试人员提供一些实施说明和测试指导，确保每一个主试人员在问卷施测过程中的组织实施行为具有规范性、科学性和一致性。为了提高数据回收的质量，问卷采用问卷星网络发放形式，通过高校思想政治论坛 qq 群，微信群链接等多种线上形式进行发放。取样时间为 2020 年 3 月至 2020 年 5 月，发放问卷回收没有数据缺失，也没有出现选项单一或明显有规律性的数据等现象，共抽取被试有效样本 1413（85 + 1328）份。

（一）预测试样本

被试匿名填写“高校法治教育实效性调查问卷（学生卷·预测版)”。样本就近取自某本科院校，取样时间为 2020 年 3 月至 2020 年 4 月，共计发放问卷 85 份。回收问卷 85 份，回收率为 100%。

① 就近法：就近法是非概率抽样方法中的一种常用方法，往往受到高等教育者的欢迎，因其简易而且方便经常采用，高等教育者常常用就近法对人数众多的大班课程学生进行社会调查，就近法抽样方法，通常被认为作为问卷的前测是比较好的。

表 3－14　　预测样本被试性别比例

性别	频数	占比（%）
男	15	17.6
女	70	82.4
总计	85	100

被试共计 85 名，其中男性 15 名，占 17.6%；女性 70 名，占 82.4%。

表 3－15　　预测样本被试年级分布比例

年级	频数	占比（%）
大一	44	51.8
大三	41	48.2
总计	85	100

被试共计 85 名，其中大一学生 44 名，占 51.8%；大三学生 41 名，占 48.2%。

表 3－16　　预测样本被试所学专业比例

专业	频数	占比（%）
理工科类	84	98.8
其他	1	1.2
总计	85	100

被试共计 85 名，其中理工科类学生 84 名，占 98.8%；其他专业学生 1 名，占 1.2%。

表 3－17　　预测样本被试所在高校属性比例

高校属性	频数	占比（%）
中央部属本科学校	6	7.1
省属本科学校	79	92.9
总计	85	100

被试共计 85 名，其中中央部属本科学校学生 6 名，占 7.1%；省属本科学校学生 79 人，占 92.9%。

（二）构建问卷的原始题项池

1. 筛选与学生相关的影响高校法治教育实效性的因素

“高校法治教育实效性调查问卷（学生卷·预测版）”的编制，以马克思主义人学理论为根本教育指导思想，以主体教学论为内驱动理论依据，以有效教学理论和泰勒课程原理为教育指导方法，从《思想道德修养与法律基础》课程专家、法治理论专家、高校法治教育任课教师三个维度梳理关于高校法治教育的相关文献，梳理出与高校法治教育实效性相关的条目维度，以期为编制“高校法治教育实效性调查问卷（学生卷·预测版）”理论条目奠定坚实的理论基础。

（1）《思想道德修养与法律基础》课程专家关于高校法治教育的理论文献

《思想道德修养与法律基础》课程专家关于高校法治教育相关的理论文献主要体现在两个方面：一是与高校法治教育直接相关的理论文献，例如，邢国忠的《改革开放以来法律信仰研究的回顾与前瞻》（2018）①、《全国高校道德教育与法制教育理论与实践研讨会综述》

① 邢国忠：《改革开放以来法律信仰研究的回顾与前瞻》，《社会主义核心价值观研究》2018 年第 6 期。

(2012)[①]；陈大文等人的《在改进中加强大学生法治教育的新任务》(2017)[②]、《学校法治教育的性质与目标》(2016)[③]、《论大学生社会主义法治思维的培养》(2015)[④]；廖奕的《法治中国的顶层设计》(2013)。[⑤]二是与高校法治教育间接相关的课程、教学理论，例如，陈大文等人的《论高校思想政治理论课专题教学的难点问题》(2019)[⑥]；冯秀军等人的《思想政治理论课改革创新要坚持灌输性和启发性相统一》(2019)[⑦]、《论思想政治教育的整体性视野》(2017)[⑧]；刘水静等人的《增进高校思想政治理论课程的文化含量：目标、内容与方法》(2019)[⑨]、《加强高校思想政治理论课教材研究与建设的四个着力点——以“思想道德修养与法律基础”课为例》(2018)[⑩]。梳理和研读以上学科专家关于高校法治教育内容、课程、教学方法的文献，对于在思想政治教育生态大背景下如何整体理解、认同高校法治教育课程设置目标、课程教育目标具有一定的理论指导意义，也为科学、有效编制“高校法治教育实效性调查问卷（学生卷·预测版）”指明了方向。

---

① 邢国忠：《全国高校道德教育与法制教育理论与实践研讨会综述》，《思想理论教育导刊》2012 年第 10 期。

② 陈大文、周扬洋：《在改进中加强大学生法治教育的新任务》，《思想理论教育导刊》2017 年第 7 期。

③ 陈大文、周扬洋：《学校法治教育的性质与目标》，《思想政治课教学》2016 年第 7 期。

④ 陈大文、孔鹏皓：《论大学生社会主义法治思维的培养》，《思想理论教育导刊》2015 年第 1 期。

⑤ 廖奕：《法治中国的顶层设计》，《中国教育报》2013 年 11 月 29 日。

⑥ 陈大文、陈娟：《论高校思想政治理论课专题教学的难点问题》，《思想理论教育导刊》2019 年第 12 期。

⑦ 冯秀军、咸晓红：《思想政治理论课改革创新要坚持灌输性和启发性相统一》，《思想理论教育导刊》2019 年第 7 期。

⑧ 冯秀军：《论思想政治教育的整体性视野》，《教育研究》2017 年第 8 期。

⑨ 刘水静、朱洁仪：《增进高校思想政治理论课程的文化含量：目标、内容与方法》，《教学与研究》2019 年第 10 期。

⑩ 刘水静：《加强高校思想政治理论课教材研究与建设的四个着力点——以“思想道德修养与法律基础”课为例》，《北京教育》（德育）2018 年第 1 期。

（2）法治理论专家关于法治的理论文献

这类文献主要有：张文显的《坚定不移走中国特色社会主义法治道路》（2020）[①]；陈金钊《法治是被定义的生活——关于法治逻辑的意义探寻》（2019）[②]、《法学意义上的法治思维》（2017）[③]，李德顺的《厘清马克思主义法治观》（2018）[④]、《马克思主义怎么看"人"》（2018）[⑤]，黄文艺的《列宁社会主义法制建设思想与当代中国法治建设》（2015）[⑥]、《从法律体系到法治体系：中国法治建设战略的转型》（2015）[⑦]，郑成良的《论法治理念与法律思维》（2000）[⑧]。梳理和参考以上法治理论专家关于法治、法治思维、法治理念、中国特色社会主义法治体系、法治道路、法治建设等具体理论，对拓展、深化、提升和理解《思想道德修养与法律基础》课程中关于法治理论渊源和理论依据具有十分重要的意义，从法学意义上透视法治的内涵与外延，对全面理解不同学科体系对法治的定义具有一定的融合意义，从而为全面、正确编制"高校法治教育实效性调查问卷（学生卷·预测版）"奠定了深厚的理论依据和基础。

（3）高校法治教育任课教师的理论文献

这方面的文献主要有：林凯、周晨的《对高校思想政治教育中融入法治教育的思考》（2019）[⑨]，周大智的《大学生认同和践行法治价

---

① 张文显：《坚定不移走中国特色社会主义法治道路》，《党建研究》2020 年第 4 期。

② 陈金钊：《法治是被定义的生活——关于法治逻辑的意义探寻》，《探索与争鸣》2019 年第 7 期。

③ 陈金钊：《法学意义上的法治思维》，《国家检察官学院学报》2017 年第 1 期。

④ 李德顺：《厘清马克思主义法治观》，《北京日报》2018 年 8 月 13 日。

⑤ 李德顺：《马克思主义怎么看"人"》，《岭南学刊》2018 年第 6 期。

⑥ 黄文艺：《列宁社会主义法制建设思想与当代中国法治建设》，《马克思主义与现实》2015 年第 2 期。

⑦ 黄文艺：《从法律体系到法治体系：中国法治建设战略的转型》，《新长征》2015 年第 1 期。

⑧ 郑成良：《论法治理念与法律思维》，《吉林大学社会科学学报》2000 年第 4 期。

⑨ 林凯、周晨：《对高校思想政治教育中融入法治教育的思考》，《学校党建与思想教育》2019 年第 9 期。

值观研究》(2019)[①]，钱晓丽的《高校法治教育问题与推进路径：课程的视角》(2018)[②]，韦洪发、张然的《论高校“思政课”法治教育功能的生成逻辑》(2017)[③]，邓多文的《高校普法目标：从增强观念到重塑行为的转向》(2017)[④]，蒋玉娟的《高校大学生法治教育面临的困境与对策》(2017)[⑤]，黄佳的《“法治中国”背景下高校法治教育的发展》(2015)[⑥]，耿兆辉、易崇艳的《中国高校法治教育的问题与路径选择》(2014)[⑦]。通过梳理与研究高校法治教育任课教师的理论文献，从课程设置、学生主体、法治教育功能、法治价值观认同、高校法治教育所面临的困境与问题等诸多方面，全方位地探寻影响高校法治教育实效性的因素，为编制和生成“高校法治教育实效性调查问卷（学生卷·预测版）”奠定了现实基础。

2. 选择目标量表

检索与高校法治教育实效性相关的量表和问卷，为编制“高校法治教育实效性调查问卷（学生卷·预测版）”提供借鉴和参考，具体测量工具的筛选情况一方面参考本书中“高校法治教育实效性调查问卷（教师卷·预测版）”筛选的相关目标量作为间接参考［参见本章第一节中“高校法治教育实效性调查问卷（教师卷·预测版）”］；另一方面筛选与高校法治教育学生主体相关的量表和问卷作为直接

① 周大智：《大学生认同和践行法治价值观研究》，《东华大学学报》（社会科学版）2019 年第 1 期。

② 钱晓丽：《高校法治教育问题与推进路径：课程的视角》，《当代教育科学》2018 年第 9 期。

③ 韦洪发、张然：《论高校“思政课”法治教育功能的生成逻辑》，《思想政治教育研究》2017 年第 4 期。

④ 邓多文：《高校普法目标：从增强观念到重塑行为的转向》，《社会科学家》2017 年第 12 期。

⑤ 蒋玉娟：《高校大学生法治教育面临的困境与对策》，《学校党建与思想教育》2017 年第 5 期。

⑥ 黄佳：《“法治中国”背景下高校法治教育的发展》，《思想政治教育研究》2015 年第 1 期。

⑦ 耿兆辉、易崇艳：《中国高校法治教育的问题与路径选择》，《河北大学学报》（哲学社会科学版）2014 年第 6 期。

参考。

(1) 借鉴与课程相关的问卷 2 个

借鉴和参考学者董前程的研究成果《高校思想政治理论课教学模式改革研究》中编制的“高校思想政治理论课教学及教学模式改革情况调查问卷（学生用）”（2017）[①]，田文文在其《大学生心理健康教育课程的实效性调查研究——基于积极心理学视角》中的“大学生心理健康教育课程的有效性调查研究问卷”（2019）[②]，以上两个问卷从课程的角度为“高校法治教育实效性调查问卷（学生卷·预测版）”编制提供了参考。

(2) 借鉴与法治教育具体内容相关的问卷 2 个

耿艳丽在其《网络环境下大学生法治精神培育研究》中编制的“大学生法治精神现状调查问卷”（2018）[③]，学者王东在其《新媒体生活环境下的法治教育研究》中编制的“大学生新媒体生活环境下的法治教育现状调查问卷”（2017）[④]，学者于丽芬在其《大学生规范法律意识教育研究》中编制的“大学生规范法律意识状况的调查问卷”（2016）[⑤] 三个问卷从大学生法治教育具体内容方面为“高校法治教育实效性调查问卷（学生卷·预测版）”的编制提供了设计思路。

(3) 借鉴和参考与实效性研究内容相关的问卷 2 个

孙倩倩在其《当代大学生思想政治教育话语实效性研究——基于主体间性视角》中编制的“大学生思想政治教育话语满意度调查问

---

① 董前程：《高校思想政治理论课教学模式改革研究》，东北林业大学，博士学位论文，2017 年。

② 田文文：《大学生心理健康教育课程的实效性调查研究——基于积极心理学视角》，西安电子科技大学，硕士学位论文，2019 年。

③ 耿艳丽：《网络环境下大学生法治精神培育研究》，重庆邮电大学，硕士学位论文，2018 年。

④ 王东：《新媒体生活环境下的法治教育研究》，西北工业大学，博士学位论文，2017 年。

⑤ 于丽芬：《大学生规范法律意识教育研究》，大连理工大学，博士学位论文，2016 年。

卷”（2018）[①]，漆学鹏在其《当前高校思想政治理论课教学实效性研究》中编制的“高校思想政治理论课教学实效性问卷调查表”（2016）[②] 关于实效性研究相关内容的问卷为“高校法治教育实效性调查问卷（学生卷·预测版）”的编制提供了问卷内容维度划分的理论参考。

3. 选择目标题项，创建原始题项池

根据马克思主义人学思想中人的主体性思想、人的全面发展思想、人的社会性和实践性思想以及主体教育理论，对“高校法治教育实效性调查问卷（学生卷·预测版）”原始题项池的条目进行筛选，“高校法治教育实效性调查问卷（学生卷·预测版）”原始题项池的条目筛选经过两轮完成，第一轮在与学生座谈、访谈的基础上构建与高校法治教育实效性有关的多维度题目共计 102 个，筛选完成后，在征询《思想道德修养与法律基础课程》任课教师的意见和学生的意见之后，缩减合并为 56 个条目；第二轮为组织教育学专家 2 名、统计学专家 1 名、《思想道德修养与法律基础》课程教师 3 名，在经由讨论与分析所提出的建议和意见的基础上，对“高校法治教育实效性调查问卷（教师卷·预测版）”原始题项池条目作出再次修改，修改后的“高校法治教育实效性调查问卷（学生卷·预测版）”原始题项池条目为 47 个。具体体现在以下七个维度的构建方面。

（1）大学生对法律基础知识的掌握程度

大学生对法律基础认知程度以及对法律知识掌握的熟练程度是树立法治意识、运用法律知识解决生活问题、开展法治实践活动、崇尚法治精神、坚定法治信仰的理论基础和逻辑基础，大学生对法律基础知识的掌握程度与高校法治教育实效性存在正相关关系。为此在“高校法治教育实效性调查问卷（学生卷·预测版）”中，以大学生对法

① 孙倩倩：《当代大学生思想政治教育话语实效性研究——基于主体间性视角》，扬州大学，硕士学位论文，2018 年。

② 漆学鹏：《当前高校思想政治理论课教学实效性研究》，广西师范大学，硕士学位论文，2016 年。

律知识的掌握程度为维度设计了10个问题，分别是第18、19、20、21、22、23、24、25、26、27题。其中第18、19、20、21、22题为单项选择题，第23、24、25、26、27题为多项选择题。以上关于法律基础知识的条目设计，严格遵循教育部高等学校思想政治理论课教学指导委员会于2019年6月编写的《〈思想道德修养与法律基础〉2018年版·试行）专题教学指南》中关于法律基础知识要求掌握的相关内容。

（2）大学生对《思想道德修养与法律基础》课程的认同

《思想道德修养与法律基础》课程是高校法治教育的重要课程载体，大学生对《思想道德修养与法律基础》课程的认同与印象直接影响着高校法治教育的实际效果。以此为基础，在“高校法治教育实效性调查问卷（学生卷·预测版）”的编制中，以大学生对《思想道德修养与法律基础》课程的认同为维度设计了8个题项，分别是第7、14、15、31、38、39、40、41题。

（3）大学生关于法治内涵的认识

法治意识的培养，法治价值的体认，法治思维的形成，法治行为方式的养成都需要大学生从内心深处对法治内涵的悦纳，因此大学生法治内涵的拓展与丰富，是高校法治教育的重要前提。为此，“高校法治教育实效性调查问卷（学生卷·预测版）”的编制以法治内涵为维度设计了8个题项，分别是第8、9、10、11、13、32、33、34题，这些题项分别从法治内涵、法治意识、法治信仰等角度进行设计。

（4）大学生学习法律基础知识的方法与途径

根据主体教育理论和有效教学理论可知，大学生作为学习法律知识的主体，其学习的观念、学习的态度、学习的方法对增强法治教育学习效果发挥着至关重要的内因作用。基于此，“高校法治教育实效性调查问卷（学生卷·预测版）”的编制以大学生学习法律基础知识方法为维度设计了4个题项，分别为第12、16、42、43题。

（5）大学生对法律基础知识的运用

大学生对所学法律基础知识的运用是检验法治教育效果的重要参

数，法治教育的实际效果最终将转化成大学生在实际生活中能否遇事找法、解决问题用法、化解矛盾靠法，因此“高校法治教育实效性调查问卷（学生卷·预测版）”的编制以大学生法律基础知识的运用为维度，设计了3个题项，分别是第28、29、30题。

（6）关于高校法治教育实效性的建议

大学生对高校法治教育的建议和意见是完善高校法治教育目标的重要参考要素之一，也是了解大学生对高校法治教育需求的重要途径，为此“高校法治教育实效性调查问卷（学生卷·预测版）”的编制以大学生对提高高校法治教育实效性的建议为维度，设计了4个题项，分别是第44、45、46、47题。其中，第44题为单项选择题，其他为开放性题项。

（7）对高校法治教育的评价

根据有效教学理论和泰勒课程原理，对学习经验的评价既是对学习效果的检验，也是对教育目标进行改进的重要环节，因此，就高校法治教育中《思想道德修养与法律基础》课程法律基础部分的评价方式设计了3个题项，分别为第35、36、37题。问卷第1、2、3、4、5、6题为人口学意义上的题项。

至此，经过以上步骤，形成“高校法治教育实效性调查问卷（学生卷·预测版）”。

（三）“高校法治教育实效性调查问卷（学生卷·预测版）”结构分析

在形成“高校法治教育实效性调查问卷（学生卷·预测版）”后，同样为了保证问卷（预测版）测试的准确性、真实性与测得结果的稳定性、一致性，在预测试之前对“高校法治教育实效性调查问卷（学生卷·预测版）”进行了初步的效度分析和信度分析。

1. 效度分析

“高校法治教育实效性调查问卷（学生卷·预测版）”形成以后，对其进行了结构效度分析，第1—6题为人口统计学信息，不做效度分析；开放性题项也不做效度分析，由于问卷预测版将多项选择条目穿插于单项选择条目之中，因此，对“高校法治教育实效性调查问卷（学生卷·预测版）》中 Q7—Q22、Q28—Q44（单项选择题），对 Q23—Q27（多项选择题）分别进行了三次结构效度分析，“高校法治教育实效性调查问卷（学生卷·预测版）”结构效度分析采用 KMO 值和巴特利特球形度检验。Q7—Q22 检测到的 KMO 值为 0.617（见表 3 - 18），巴特利特球形度检验的近似卡方分布值为 272.245，自由度为 120，达到 0.05 显著水平。

表 3 - 18　　Q7—Q22（单项选择）KMO 与巴特利特检验

Q7—Q22（单项选择）KMO 和巴特利特检验		
KMO 取样适切性量数		0.617
巴特利特球形度检验	近似卡方	272.245
	自由度	120
	显著性	0.000

Q28—Q44 检测到的 KMO 值为 0.729（见表 3 - 19），巴特利特球形度检验的近似卡方分布值为 413.331，自由度为 120，达到 0.05 显著水平。

表 3 - 19　　Q28—Q44（单项选择）KMO 与巴特利特检验

Q28—Q44（单项选择）KMO 和巴特利特检验		
KMO 取样适切性量数		0.729
巴特利特球形度检验	近似卡方	413.331
	自由度	120
	显著性	0.000

Q23—Q27（多项选择题）检测到的 KMO 值为 0.655（见表 3 - 20），巴特利特球形度检验的近似卡方分布值为 734.040，自由度为

231，达到0.05显著水平。

表3-20　Q23—Q27（多项选择）KMO与巴特利特检验

Q23—Q27（多项选择）KMO和巴特利特检验		
KMO取样适切性量数		0.655
巴特利特球形度检验	近似卡方	734.040
	自由度	231
	显著性	0.000

虽然Q7—Q22、Q28—Q44（单项选择题）、Q23—Q27（多项选择题）的KMO值都大于0.6，进行因素分析的普通（mediocre）准则要求至少在0.6以上。但问卷在设计过程中没有考虑到后期数据统计的便利性，致使效度和信度检验重复多次，同时，从整体的结构效度检验来看，“高校法治教育实效性调查问卷（学生卷·预测版）”的结构效度虽然达到了最低标准，但还有优化的空间。

2. 信度分析

信度是效度的基础，一般来说，问卷的信度低，则问卷的效度也低，但问卷的信度高，问卷的效度却不一定高。信度和效度是测量问卷不同维度的指标，信度侧重于量表或者问卷的稳定性、一致性和可靠性，本问卷在检验信度时采用的是克隆巴赫alpha系数检验法，不需要对其进行外在信度的检验。

“高校法治教育实效性调查问卷（学生卷·预测版）”形成以后，对其进行了信度分析，第1—6题为人口统计学信息，不做信度分析；开放性题项同样不做信度分析，预测问卷对Q7—Q22、Q28—Q44（单项选择题），对Q23—Q27（多项选择题）分别进行了三次信度分析，Q7—Q22信度检验如表3-21所示，为执行SPSS 26.0信度检验结果，克隆巴赫alpha栏的数值为原始信度，原始内部一致性α系数为0.652，项目个数为16。学界一般认为0.60≤α系数<0.70（内部一致性信度系数值），层面或构念佳（信度尚佳），整个量表可以勉

强接受，这说明 Q7—Q22（单项选择题）信度比较好，题项可以接受，但需要增列题项或修改语句。

表 3 – 21　　Q7—Q22（单项选择）信度统计

Q7—Q22（单项选择）可靠性统计	
克隆巴赫 Alpha	项数
0.652	16

Q28—Q44 信度检验如表 3 – 22 所示，为执行 SPSS 26.0 信度检验结果，克隆巴赫 alpha 栏的数值为原始信度，原始内部一致性 α 系数为 0.603，项目个数为 16。学界一般认为 0.60≤α 系数 < 0.70（内部一致性信度系数值），同样 Q28—Q44 层面或构念佳（信度尚佳），整个量表可以勉强接受，这说明 Q28—Q44（单项选择题）信度一般，题项可以勉强接受，但需要增列题项或修改语句。

表 3 – 22　　Q28—Q44（单项选择）信度统计

Q28—Q44（单项选择）可靠性统计	
克隆巴赫 Alpha	项数
0.603	16

Q23—Q27（多项选择）信度检验如表 3 – 23 所示，为执行 SPSS 26.0 信度检验结果，克隆巴赫 alpha 栏的数值为原始信度，原始内部一致性 α 系数为 0.810，项目个数为 22。学界一般认为 0.80≤α 系数 <0.90（内部一致性信度系数值），层面或构念理想（信度甚佳，信度很高），整个量表信度非常好，题项内容可以保留，不用修改。

表3-23 Q23—Q27（多项选择）信度统计

Q23—Q27（多项选择）可靠性统计	
克隆巴赫 Alpha	项数
0.810	22

（四）“高校法治教育实效性调查问卷（学生卷·正式版）”效度和信度

1. 修改和调整问卷

“高校法治教育实效性调查问卷（学生卷·预测版）”符合 Windle 等人（2011）所界定的量表内容效度的三个标准，即调查者和专家的参与，目标人群的被试取样，测量目的地清晰、描述准确。在经过问卷预测版信效度校验后，发现问卷预测版效度和信度都达到了可以接受的最低标准，但不是非常的理想，因此在问卷预测版信效度检验之后，根据问题的语言是否简练清晰、语言是否为目标受众所熟悉、问题是否避免了双重或多重含义、问题是否中立、问题是否抽象难懂、每个条目是否只谈一个问题等标准，对预测版问卷中信度和效度比较低的条目再次进行了语义分析和对标凝练。同时发现预测问卷中开放性条目太多，所获得的调查结果不是很理想，因此对开放性条目也进行了缩减，在以上步骤的基础上，将问卷预测版中的条目进行了重新调整，调整后的“高校法治教育实效性调查问卷（学生卷·正式版）”最终有42道题项，其中6道为人口学题项，31道为单项选择题，5道为多项选择题。至此，“高校法治教育实效性调查问卷（学生卷·正式版）”形成。

2. “高校法治教育实效性调查问卷（学生卷·正式版）”的发放与检验

（1）测试样本基本情况

“高校法治教育实效性调查问卷（学生卷·正式版）”向全国本科学校大学生进行一定数量的样本采样，采样结束后对采样数据再次进行了效度和信度检验，以保证问卷数据的可靠性、真实性、一致性。问卷正式版取样共计 1328 份，回收问卷 1328 份，回收率为 100%，填写省份分布在全国 31 个省、市、自治区（见图 3－10），具体情况为陕西 539 份，占 40.59%；贵州 212 份，占 15.96%；云南 196 份，占 14.76%；河南 101 份，占 7.61%；甘肃 40 份，占 3.01%；山西 27 份，占 2.03%；重庆 22 份，占 1.66%；河北 22 份，1.66%；四川 18 份，占 1.36%；新疆 16 份，占 1.20%；广东 13 份，占 0.98%；湖南 13 份，占 0.98%；江苏 12 份，占 0.90%；安徽 10 份，占 0.75%；北京、福建、广西、辽宁、浙江各 7 份，各占 0.75%；江西、山东、黑龙江、湖北各 6 份，各占 0.45%；海南 5 份，占 0.38%；内蒙古、宁夏、青海、上海各 4 份，占 0.30%；天津、西藏、吉林各 1 份，各占 0.08%；国外有 4 份，占 0.30%。之后对问卷进行被试人口学统计分析，采用 SPSS 26.0 进行信度和效度统计分析。

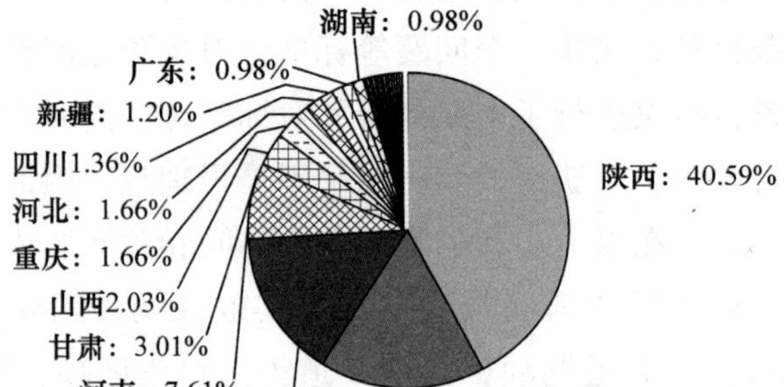

图 3－10 样本地理位置分布（%）

学生问卷被试的人口学特征如下：

被试共计 1328 人，其中男性 317 名，占 23.87%；女性 1011 名，占 76.13%（见图 3－11）。

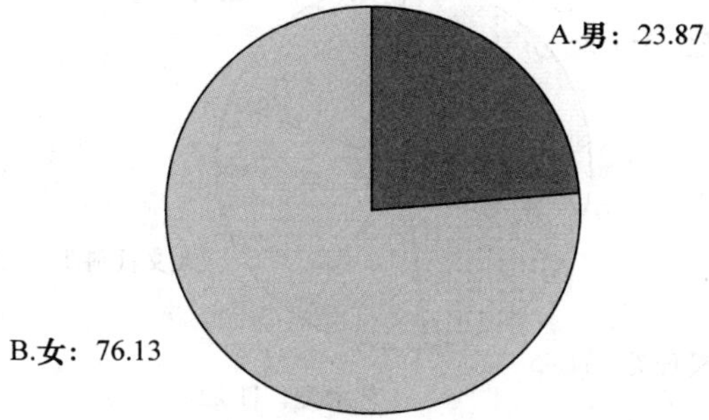

图 3－11　样本被试性别比例（%）

被试年级具体分布情况是，大一，676 人，占 50.90%；大二，408 人，占 30.72%；大三，233 人，占 17.55%；大四 11 人，占 0.83%（见图 3－12）。

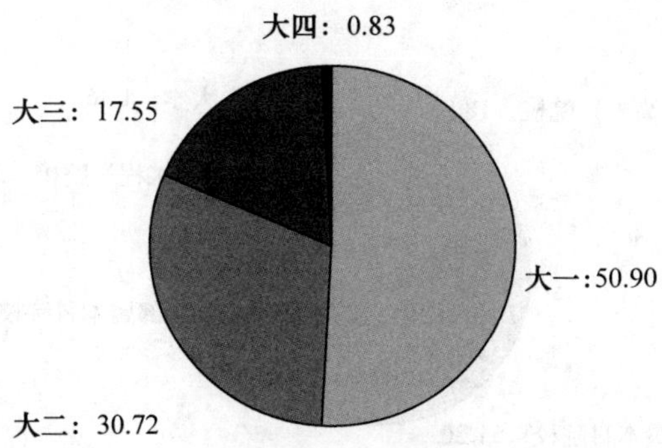

图 3－12　样本被试年级分布（%）

被试所学专业背景具体分布情况是，人文社科类 296 人，占 22.29%；理工科类 266 人，占 20.03%；艺术类 149 人，占 11.22%；管理类 152 人，占 11.45%；其他 465 人，占 35.02%（见图 3－13）。

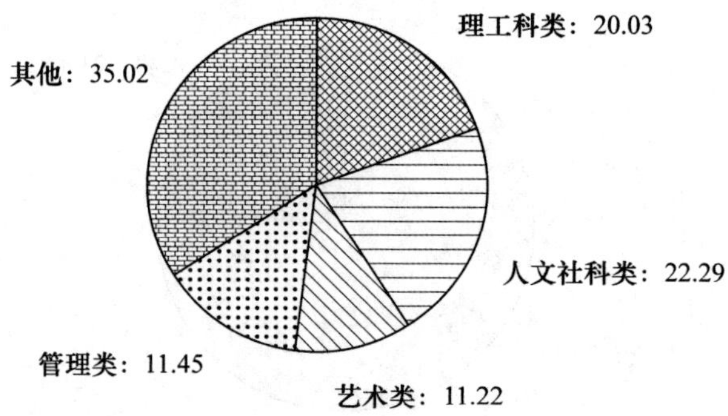

图 3－13　样本被试所学专业背景分布（%）

被试所在高校属性具体分布情况，“985 工程”大学 18 人，占 1.36%；“211 工程”大学 342 人，占 25.75%；中央部属本科院校 38 人，占 2.86%；省属本科院校 680 人，占 51.20%；高职（高专）院校 250 人，占 18.83%（见图 3－14）。

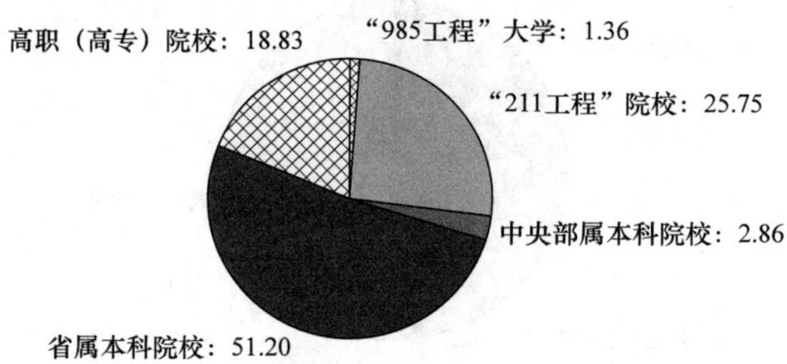

图 3－14　样本被试所在高校属性比例（%）

被试所在高校地理位置具体分布情况是，西北地区 636 人，占 47.89%；西南地区 531 人，占 39.98%；华中地区 139 人，占 10.74%；华东地区 1 人，占 0.08%；华北地区 16 人，占 1.2%；华南地区 4 人，占 0.3%；东北地区 1 人，占 0.08%（图 3－15）。

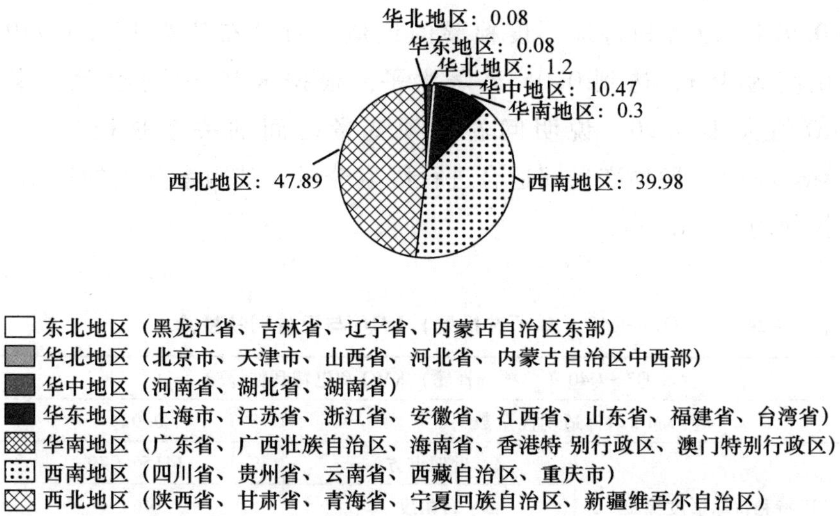

图3－15　样本被试所在高校地理位置分布比例（%）

除此之外，样本被试民族中，彝族27人，土家族21人，布依族18人，侗族13人，回族11人，苗族11人，白族8人，哈尼族8人，仡佬族7人，壮族6人，穿青族、傣族、满族各4人，藏族3人，傈僳族、土家族、蒙古族、维吾尔族各2人，拉祜族、水族、黎族各1人，其他均为汉族。

从样本人口学特征统计来看，此次抽样的被试性别比例、年级分布、所学专业背景、所在高校属性、所在高校地理位置、民族分布都比较合理，没有出现极端数值，符合非概率抽样要求。

（2）效度检验

“高校法治教育实效性调查问卷（学生卷·正式版）”发放回收后，同样对其进行了效度和信度检验，正式版问卷中第1—6题为人口学特征条目，不做效度和信度分析，对Q7—Q40共计31个单项选择题项，Q41—Q45（多项选择题项）共计5个题项分两次进行了结构效度分析，正式版问卷的信效度检验采用SPSS 26.0效度、信度检验方法。Q7—Q40单项选择题项的KMO和巴特利特球形度检验结果如表3－24所示，检验得到的效度分析结果为，其KMO值为0.924，巴特利特球形度检验的近似卡方分布值为14156.979，自由度为465，达到0.05显著水平。根据KMO值的检验意义，KMO值大于0.90，说明问卷题项变量之间的关系是极适合的（marvelous），题项变量间适合进行因素分析，其因素分析的适切性是极佳的（perfect）。

表3－24　Q7—Q40（单项选择题）KMO与巴特利特检验

Q7—Q40（单项选择题）KMO和巴特利特检验		
KMO取样适切性量数		0.924
巴特利特球形度检验	近似卡方	14156.979
	自由度	465
	显著性	0.000

Q41—Q45多项选择题经过KMO和巴特利特球形度检验，检验得到的效度分析结果如表3－25所示，其KMO值为0.914，巴特利特球形度检验的近似卡方分布值为7072.328，自由度为231，达到0.05显著水平。根据KMO值的检验意义，KMO值大于0.90，说明问卷题项变量之间的关系是极适合的，题项变量间适合进行因素分析，其因素分析的适切性是极佳的。

表3－25　Q41—Q45（单项选择题）KMO与巴特利特检验

Q41—Q45（多项选择题）KMO和巴特利特检验		
KMO取样适切性量数		0.914
巴特利特球形度检验	近似卡方	7072.328
	自由度	231
	显著性	0.000

通过对“高校法治教育实效性调查问卷（学生卷·正式版）”发

放回收后进行的效度检验的结果来看，整个问卷的效度是极佳的，说明学生问卷正式版的题项整体构念紧紧围绕研究主题，对其进行因素分析是适切的。

（3）信度检验

对“高校法治教育实效性调查问卷（学生卷·正式版）”效度检验完成以后，对其进行了信度检验，如前所述，信度和效度的检验不可相互替代，但可以相互佐证，信度低的问卷，其效度一定低，但信度高的问卷，其效度并不一定高。学生问卷正式版共计42道题项，Q1—Q6为人口学特征统计，信度检验主要针对Q7—Q40共计31个单项选择题和Q41—Q45共计5个多项选择题分两次进行，正式版修改和调整了多项选择题型，将其整体置于问卷尾部，这样既克服了多项选择题穿插于单项选择题中的弊端，也符合信度、效度检验数据统计分析规律，信度检验仍采用克隆巴赫alpha系数检验法，克隆巴赫alpha系数属于内部一致性信度的一种，它以α系数来代表问卷的内部一致性信度，α系数愈高，代表问卷的内部一致性愈佳。

对“高校法治教育实效性调查问卷（学生卷·正式版）”中Q7—Q40共计31个单项选择题项进行信度检验，表3-26为Q7—Q40执行SPSS 26.0的信度检验结果，克隆巴赫alpha栏的数值为原始信度，原始内部一致性α系数为0.796，项目个数为31。按照克隆巴赫alpha系数检验意义，学界一般认为0.70≤α系数<0.80（内部一致性信度系数值），其层面或构念佳（信度可接受），整个量表的稳定性及一致性都很好，这说明整个问卷的信度高。

表3-26　Q7—Q40信度分析检验

Q7—Q40（单项选择）可靠性统计	
克隆巴赫 Alpha	项数
0.796	31

Q41—Q45 多项选择题项信度检验结果如表 3 – 27 所示，表 3 – 27 为 Q41—Q45 执行 SPSS 26.0 信度检验的结果，其克隆巴赫 alpha 栏的数值为原始信度，原始内部一致性 α 系数为 0.847，项目个数为 22。按照克隆巴赫 alpha 系数检验意义，学界一般认为 0.80 ≤ α 系数 < 0.90（内部一致性信度系数值），其层面或构念理想，信度效果甚佳（信度很高），整个量表的稳定性及一致性都很好，这说明整个问卷的信度高。

表 3 – 27　**Q41—Q45 信度分析检验**

Q41—Q45（多项选择）可靠性统计	
克隆巴赫 Alpha	项数
0.847	22

“高校法治教育实效性调查问卷（学生卷·正式版）”的编制经过与学生和专家讨论、访谈，以及问卷预测版的发放、信度效度检验，再经过修改、调整、减缩以及条目语义对标分析提炼，从最开始的原始题项创建 102 个，到预测版时调整为 47 个，再到正式版修改调整为 42 个，题项从单项选择、多项选择、开放性问题调整为人口学统计信息 6 个，单项选择 31 个和多项选择 5 个。为保留法律基础知识维度题项的完整性，“高校法治教育实效性调查问卷（学生卷·正式版）”保留了 5 个多项选择题项。最终通过学生问卷正式版的发放、回收，信度效度检验，形成具有理想信度和效度的学生问卷正式版。在“高校法治教育实效性调查问卷（学生卷·正式版）”中，其单项选择 Q7—Q40 题项的效度检验，其 KMO 值为 0.924，巴特利特球形检验的近似卡方分布值为 14156.979，自由度为 465，达到 0.05 显著水平，多项选择 Q41—Q45 题项的效度检验，其 KMO 值为 0.914，巴特利特球形度检验的近似卡方分布值为 7072.328，自由度为 231，达到 0.05 显著水平；其单项选择Q7—Q40题项的信度检验克隆巴赫 alpha 栏的数值为原始信度，原始内部一致性 α 系数为 0.796，

项目个数为31，Q41—Q45多项选择题项的信度检验，其克隆巴赫alpha栏的数值为原始信度，原始内部一致性α系数为0.847，项目个数为22，按照KMO值的检验意义和克隆巴赫alpha系数检验意义可以得出，“高校法治教育实效性调查问卷（学生卷·正式版）”的结构信度和效度是稳定的，具有一定的可靠性。

第四章　高校法治教育实效性现状调查与分析

高校法治教育历经“85方案”“98方案”及“05方案”的调整，形成以《思想道德修养与法律基础》课程为主渠道开展法治教育的现有模式。一直以来，在教学实践中高校法治教育的效果受到多重因素的制约和影响，其中法治教育目标、教学目标是否明确，教师对学生法治教育学情是否了解，教材知识体系是否紧密联系学生生活实际，法律基础知识供给与学生对法律基础知识需要是否契合，法治教学方法是否多样、有效，法治教育实践教学是否开展，法律基础课程课堂氛围是否活跃，学生学习法律知识内在动力是否被激发，法治教育效果评价是否科学等问题都是影响法治教育效果的一般因素。针对高校法治教育所存在的这些客观问题，本章通过对高校法治教育有效性调查问卷的结果进行分析，“考察受教育者的主观认识（思想、观念等）是否与客观实际相符合，以及符合的程度如何”①，以此来检验高校法治教育的效果。本书以教师和学生为主体，针对《思想道德修养与法律基础》课程教师法治教育课程认同、法治教育方式、教师对法治内涵的认知程度、法治思维方式的训练与强化、法治教育评价方式开展了“高校法治教育实效性调查问卷（教师卷）”的结果分析。针对学生对法律基础的掌握程度、大学生对法律基础教育的课程载体《思想道德修养与法律基础》课程的认同、法治价值观念的认同与坚定、大学生对法治内涵的认识与深化、法治概念的形成与获

① 骆郁廷：《高校思想政治理论课程论》，武汉大学出版社2006年版，第293页。

得、权利义务意识的推进与增强、大学生对法律基础知识的应用开展了“高校法治教育实效性（学生卷）”调查分析。以下将从高校法治教育所取得的实效、高校法治教育实效性的不足、高校法治教育实效性提高的制约因素三个方面对高校法治教育实效性现状的调查与分析进行梳理与探讨。

一 高校法治教育取得的实效

从对法治的认识路径来看，人们对法的认识、接受、悦纳与坚守，离不开法治知识的启蒙与教育。随着改革开放的深化，高校法治教育自“一五”普法教育展开以来，从法律基础教育、法制意识教育、法治观念教育直到法治信仰教育一直进行着，从未离场。《思想道德修养与法律基础》课程中的法治教育因为课程设置的特殊性与重要性，它不仅承载着对法律基础知识的传授，而且承载着中国法治意识形态教育、法治价值观教育、法治生活方式引导教育等多维度教育内涵。高校法治教育在教育过程中取得了一定的成效，主要体现在教师对法治教育目标的认知比较明确，教师对法治教育的价值理性感知不断提升，教师对权利概念的认知不断深化方面；学生对高校法治教育途径和法律基础课程的认同感、对社会主义法治性质的认同度、对法律基础知识的兴趣度、对法治素质教育的认可度以及在法治意识的普遍提高方面都取得了一定的实效。

（一）大学生对社会主义法治性质认同度高

如果说党和法治的关系是法治建设的核心问题，那么高校法治教育的原则性和方向性问题就是对大学生进行建设中国特色社会主义法治理论体系的教育，是引导大学生坚持走中国特色社会主义法治道路的教育。中国特色社会主义法治道路既是中国特色社会主义道路在法治领域的具体体现，也是社会主义法治建设成就和经验的集中体现。对高校大学生进行中国特色社会主义法治道路和法治体系建设教育，既是引导高校大学生树立中国特色社会主义法治道路、法治理论、法治制度、法治文化自信的需要，也是高校法治教育方向性和原则性的体现。坚持走中国特色社会主义法治道路必须坚持中国共产党的领导、坚持人民主体地位、坚持法律面前人人平等、坚持依法治国和以德治国相结合、坚持从中国实际出发，通过调查大学生对走中国特色社会主义法治道路必须坚持的理念来了解大学生对走中国特色社会主义法治道路的认同度。

表 4－1　**大学生对中国特色社会主义法治道路坚持中国共产党领导认同的统计**

您认为坚持中国特色社会主义法治道路是否必须坚持中国共产党的领导					
		频率	百分比（%）	有效百分比（%）	累计百分比（%）
有效	无	97	7.3	7.3	7.3
	是	1231	92.7	92.7	100.0
	总计	1328	100.0	100.0	

表 4－1 调查结果表明，在抽样调查的 1328 人中有 1231 人，即占总人数的 92.7% 的人认为坚持中国特色社会主义法治道路必须坚持中国共产党的领导，大学生整体对坚持走中国特色社会主义道路必须坚持中国共产党领导的认同度非常高。党的领导是中国特色社会主义最本质的特征，是社会主义法治最根本的保证，党的领导是“我们的法治同西方资本主义国家法治的最大区别”①。大学生对坚持中国共产党领导的认同度高，说明大学生对党的领导和中国法治建设内在根本一致性的认知比较清楚和深刻，也从侧面反映了在思想政治理论课上进行社会主义法治意识形态教育的可行性。

① 中共中央文献研究室编：《习近平关于全面依法治国论述摘编》，中央文献出版社 2015 年版，第 35 页。

表 4－2　　大学生对中国特色社会主义法治道路必须坚持人民主体地位认同的统计

您认为坚持中国特色社会主义法治道路是否必须坚持人民主体地位					
		频率	百分比（%）	有效百分比（%）	累计百分比（%）
有效	无	175	13.2	13.2	13.2
	是	1153	86.8	86.8	100.0
	总计	1328	100.0	100.0	

坚持人民主体地位在坚持走中国特色社会主义法治道路中就是必须把人民当家作主贯穿依法治国的全过程，保证人民广泛参与社会各项事务。坚持走中国特色社会主义道路必须坚持人民主体地位，这是中国特色社会主义法治理论、法治道路政治性和人民性的集中体现。而中国特色社会主义法治理论和中国特色社会主义法治道路的政治性和人民性，是通过《思想道德修养与法律基础》课程中法学理论和政治理论融合后的科学表达而展现出来的。表 4－2 的调查结果表明，有 86.8% 的大学生对坚持走中国特色社会主义道路必须坚持人民主体地位表示认同，说明大学生对于中国特色社会主义法治的理论特性、理论指向，中国特色社会主义法治道路的制度特性、道路遵循有着明确的认识。

表 4－3　　大学生对中国特色社会主义法治道路必须坚持法律面前人人平等认同的统计

您认为坚持中国特色社会主义法治道路是否必须坚持法律面前人人平等					
		频率	百分比（%）	有效百分比（%）	累计百分比（%）
有效	无	117	8.8	8.8	8.8
	是	1211	91.2	91.2	100.0
	总计	1328	100.0	100.0	

平等不仅是社会主义法律的基本属性，是社会主义法治的基本要求，而且是现代法治价值的重要内容之一，社会主义法治道路语境下的法律面前人人平等集中体现在两个方面；一是违法必究；二是要求非歧视。坚持法律面前人人平等是中国特色社会主义优越性在坚持中国特色社会主义法治道路上的外在体现。[①] 表4－3的调查结果表明，有91.2%的大学生认为坚持中国特色社会主义道路必须坚持法律面前人人平等，对坚持法律面前人人平等的认同度很高，一方面说明了高校大学生对法治价值的高度认同，另一方面也体现了大学生对社会主义法治基本价值内涵的高度认同。

表4－4　**大学生对于中国特色社会主义法治道路坚持依法治国和以德治国相结合认同的统计**

您认为坚持中国特色社会主义法治道路是否必须坚持依法治国和以德治国相结合					
		频率	百分比（%）	有效百分比（%）	累计百分比（%）
有效	无	276	20.8	20.8	20.8
	是	1052	79.2	79.2	100.0
	总计	1328	100.0	100.0	

法治和德治是中国特色社会主义治国理政不可或缺的两种方式，法治是治国理政的基本方式，德治是治国理政的重要方式，法治和德治在治国理政中既有联系又有区别，共同作用于人与人之间关系的调整。表4－4的调查结果表明，有79.2%的大学生对坚持依法治国和以德治国相结合的认同度较高，占比达到79.2%，这不仅体现了大学生对中国特色社会主义治理方式优越性的认同，说明他们在学习法治的过程中对中国厚重的道德文化的认同和继承，也说明了大学生对我国依法治国的法治实施特点和法治文化环境具有较高的认可度。

---

① 张会峰：《坚持走中国特色社会主义法治道路》，《教学与研究》2020年第6期。

坚持走中国特色社会主义法治道路、坚持从中国实际出发，在汲取中国传统法律文化精华的基础上，围绕中国社会主义法治建设重大理论和实践问题，构建中国特色社会主义法治体系、话语体系。表4-5调查结果表明，有81.3%的大学生认同坚持从实际出发走中国特色社会主义道路，认同度较高。这表明当代大学生对中国特色社会主义道路的选择和坚定能够本着实事求是的态度和精神，理性地看待中国法治理论和实践问题。对发展符合中国实际、具有中国特色、体现中国发展规律的法治道路的选择表现出较高的理性认同。

表4-5 **大学生对中国特色社会主义法治道路必须坚持从实际出发认同的统计**

您认为坚持走中国特色社会主义法治道路是否必须坚持从实际出发					
		频率	百分比（%）	有效百分比（%）	累计百分比（%）
有效	无	249	18.8	18.8	18.8
	是	1079	81.3	81.3	100.1
	总计	1328	100.1	100.1	

说明：由于四舍五入，总计百分比大于100%。

根据《思想道德修养与法律基础》课程的法律基础部分教材内容设置，“教材从讲马克思主义法学基本原理开始，帮助学生正确认识社会主义法律的本质特征和运行规则，整体把握中国特色社会主义法律体系、法治体系和法治道路，自觉培养法治思维，最后落实到行动上就是依法行使权利和履行义务，从而提升自己的法治素养，积极参与和推动社会主义法治国家建设”①。可以看出，教材内容的安排符合从宏观法治理论认同到微观法治行为养成的逻辑思路和特点。因此，问卷调查除了从整体上对学生关于中国特色社会主义法治体系和

① 陈大文、程娟：《论高校思想政治理论课专题教学的难点问题》，《思想理论教育导刊》2019年第12期。

法治道路的认同进行题项设计之外，还对大学生对社会主义法律运行的过程内容、大学生对法治思维具体内容的认知进行了调查（见表4－6）。

表4－6　大学生对社会主义法律运行具体内容认知情况的统计

选项	小计（人）	比例（%）
法律制定	1117	84.1
法律执行	1205	90.7
法律适用	1014	76.4
法律遵守	1084	81.6
本题有效填写人次	1328	

表4－6的调查结果表明，大学生对社会主义法律运行的具体内容的认同度较高。社会主义法律运行是法律从创制到实施再到实现的过程，有76.4%以上的大学生对社会主义法律从法律制定、法律执行，到法律适用、法律遵守这一法律运行过程是比较明晰的，大学生对社会主义法律运行过程的理解和认同，在法治实践中对推进社会主义法治文明在不同领域、不同行业、不同环节的监督、完善和建设将具有一定的促进意义。

表4－7　大学生对法治思维具体内容认知情况的统计

选项	小计（人）	比例（%）
法律至上	1059	79.7
公平正义	1111	83.7
权力制约	931	70.1
正当程序	995	74.9
人权保障	1068	80.4
本题有效填写人次	1328	

法治思维的具体内容体现在法治价值取向和规则意识两个方面。

法律至上、公平正义、权力制约、正当程序是法治思维的重要内容和主要原则。人权保障是从法治价值取向方面对法治思维进行界定的，法治思维的规则意识就是指按照法律的指引实施自己的行为，表4－7的调查结果表明，大学生从法治价值层面对法治思维的具体认同度较高，占比达70.1%以上，大学生对现代法治价值中所遵循的公平正义的认可度较高，占比为83.7%，这从某种意义上，说明当代大学生对现代法治的核心要义掌握得较好。法治不仅表现为依法依规而治，同样也表现为一种思维方式，对法治思维方式的认同，就是对法治实质价值认同的体现，而对法治价值的认同必然指导其在实践中按法治的内在要求行为。

综上可以看出，首先，在高校法治教育实践过程中，大学生从宏观层面对中国特色社会主义法治体系、法治道路、法治制度的认同度较高，这与依法治国背景下高校对法治教育重视程度比较高有着直接的关系（见表4－8）。通过对教师问卷中“您认为您所在学校对大学生法治教育重视程度如何”条目的调查，有56.7%的教师认为学校对高校法治教育是较为重视的，认为所在学校对大学生法治教育不重视的仅占2.4%。

表4－8　**高校对法治教育重视程度统计**

您认为您所在学校对大学生法治教育重视程度如何					
		频率	百分比（%）	有效百分比（%）	累计百分比（%）
有效	非常重视	19	9.1	9.1	9.1
	比较重视	99	47.6	47.6	56.7
	一般	85	40.9	40.9	97.6
	不重视	5	2.4	2.4	100.0
	总计	208	100.0	100.0	

其次，大学生对坚持走中国特色社会主义道路具体内容所表现出的较高的认同度现状，与课程的设置理念、课程本身思想政治教育的

学科属性及其立德树人的课程优势有着很大的关系。思想政治理论课程教学内容的主导性主要是以这个占主导地位的社会意识形态为依据的，意识形态教育内容往往是思想政治理论课程结构中最高的层次和要求，在教育过程中一般以整体性思维方式体现出来。大学生对走中国特色社会主义法治道路具体内容、社会主义法律运行内容、法治思维具体内容的主观认同度高，说明了高校法治教育在中国特色社会主义法治意识形态方面的教育效果是比较理想的。

最后，坚持正确的方向是思想政治课教育者有效性发挥的前提。高校法治教育通过思想政治课主渠道反映的是占统治地位的中国特色社会主义法治意识形态。它具有鲜明的政治性，“这种政治属性从根本上决定了思想政治课的教学应是一种立场鲜明、毫不掩饰、理直气壮的社会主义核心价值体系的教学”“这种教学形态下的教育者，要发挥其教学的有效性就必须坚持正确的方向，以确保教学计划的顺利进行和教学目标的最终实现”[①]。在这方面所取得的成效，说明法治教育教师在教育过程中对法治意识形态教育和思想政治教育的目标与方向把握得较为准确和到位，值得肯定。

（二）法律基础课教师对法治教育目标认知比较到位

法律基础课教师对大学生法治教育现状的体认度较高，一方面体现了教育者对高校法治教育的信心、教师关注学生学习法治的需要、在教学过程中对学生有信心、信任学生的学习能力等都是教师必备的素质和开展有效教学的基础；另一方面也反映了法律基础课教师对学生法律基础知识学情的用心观察和客观掌握，教师对学生学情的了解和把握是教学取得良好效果的必要前提和基础。为此本书通过“高校法治教育实效性（教师卷）”对教师掌握的大学生法治学习情况进行了调查。

---

① 施丽红、苏洁：《高校思想政治课有效教学》，光明日报出版社 2012 年版，第 128 页。

1. 法律基础课教师对学生法治认知情况比较满意

大学生在《思想道德修养与法律基础》课程中对法律基础知识学习的主观愿望是大学生提高法治教育效果的内在主观因素。教师的教最终要转化为学生的学，而学习的前提和基础就是学生对法律基础知识的渴望程度。表4-9调查结果表明，教师认为，有4.3%的学生在学习法律基础知识时"非常积极主动"，有49.5%的学生在学习法律基础知识时"比较积极"。也就是说，有53.8%的学生学习法律基础知识的愿望是比较积极的，相反，处于"一般"状态的学生占40.9%，而"不积极"的学生占4.8%。"完全不主动、不积极"的学生仅占0.5%，从整体上看，学生学习法律基础知识的愿望还是较高的。

表4-9　**教师对大学生学习法律基础知识愿望认知情况统计**

您认为大学生在基础课程中学习法律基础知识的愿望程度如何					
		频率	百分比（%）	有效百分比（%）	累计百分比（%）
有效	非常积极主动	9	4.3	4.3	4.3
	比较积极	103	49.5	49.5	53.8
	一般	85	40.9	40.9	94.7
	不积极	10	4.8	4.8	99.5
	完全不主动、不积极	1	0.5	0.5	100.0
	总计	208	100.0	100.0	

美国教育心理学家奥苏泊尔（D. P. Ausubel，1918—2008）认为，有意义学习的前提就是学习者必须具有"有意义学习的心向"，只有学习者具有"有意义学习的心向"，才会积极主动地把已有的知识和新接受的知识进行勾连，才能活化新学的知识，新知识才会获得实际意义。

从法律基础知识的专业属性上说，权利意识的启发是法治教育的重要任务和核心内容，是法律思想的灵魂，权利意识是指人们对于法律规定的权利的认知、理解和态度，维权意识则是建立在权利觉醒意识前提下对自身权利的捍卫，从以教师为视角对大学生维权意识认知情况的调查来看，法律基础课教师认为大学生维权意识“非常强”的占8.2%，认为他们维权意识“比较强”的占52.4%，维权意识强的累计百分比为60.6%；认为学生维权意识“一般”的占34.6%，认为“不强”的仅占4.8%（见表4－10）。这表明随着近年来高校对法治教育的不断加强和重视，大学生维权意识普遍提高。

表4－10　　**教师对大学生维权意识认知情况统计**

您认为当代大学生维权意识程度如何					
		频率	百分比（%）	有效百分比（%）	累计百分比（%）
有效	非常强	17	8.2	8.2	8.2
	比较强	109	52.4	52.4	60.6
	一般	72	34.6	34.6	95.2
	不强	10	4.8	4.8	100.0
	总计	208	100.0	100.0	

守法和守法意识的培养是法治教育的低阶要求，但也是大学生法治教育中的必要内容之一，从对教师“您认为当代大学生守法意识程度如何”的问卷调查中，教师认为，大学生守法意识“非常强”的占4.8%，认为其守法意识“比较强”的占56.3%，认为其守法意识强的累计百分比为61.1%，认为大学生守法意识“一般”的占37.0%，认为其“不强”的仅占1.9%（见表4－11）。大学生守法意识比较强这一点是高校法治教育效果的直接体现，与依法治国背景下我国法治宣传、法治文化和法治社会建设、法治政府推行也有一定的关系。

表4－11 教师对大学生守法意识认知情况统计

您认为当代大学生守法意识程度如何					
		频率	百分比（%）	有效百分比（%）	累计百分比（%）
有效	非常强	10	4.8	4.8	4.8
	比较强	117	56.3	56.3	61.1
	一般	77	37.0	37.0	98.1
	不强	4	1.9	1.9	100.0
	总计	208	100.0	100.0	

法治思维的养成，是高校法治教育的高阶目标，法治思维是以法治为基准的思维方式，“法治思维作为意识形态，是‘知、情、意、信、行’的有机结合与统一，起于‘思’，忠于‘行’，最终目的是依法实践、依法行事，是思维与实践辩证统一的过程”①。关于通过法律基础课培养大学生法治思维问题，我们对教师进行了“您认为通过法律基础课程中法律基础知识的学习，大学生能否养成法治思维”条目的调查，教师认为“非常能”的占3.4%，认为“能”的占47.6%，这两项的累计百分比为51.0%。认为“不确定”的占41.3%，认为“不能”的占5.8%，认为“完全不能”的占1.9%（见表4－12）。从教师对学生法治思维养成的认知统计中可以看出，法律基础课教师一半以上对“通过基础课程中法律知识的学习，从而培养学生养成法治思维”这一说法持肯定态度。

以上调查显示，法律基础课教师对学生通过基础课程学习法律基础知识的愿望程度、大学生的维权意识、大学生的守法意识以及大学生法治思维的养成四个方面在总体上是持肯定态度的，对法治教育的结果也是充满自信的。同样可以说，大学生法治意识的增强是高校法治教育的有效体现。

① 李红玲：《当代大学生法治思维培育研究》，博士学位论文，哈尔滨师范大学，2019年。

表 4－12　　教师对大学生法治思维养成认知情况统计

您认为通过基础课程中法律知识的学习，大学生能否养成法治思维					
		频率	百分比（%）	有效百分比（%）	累计百分比（%）
有效	非常能	7	3.4	3.4	3.4
	能	99	47.6	47.6	51.0
	不确定	86	41.3	41.3	92.3
	不能	12	5.8	5.8	98.1
	完全不能	4	1.9	1.9	100.0
	总计	208	100.0	100.0	

2. 法律基础课教师对法治教育目标实现的教学环节认识比较明确

教育目标往往在教学中起着提纲挈领的作用，教育目标一旦选定，这些目标就会成为选择教学材料、勾勒教学内容、形成教学步骤以及准备测验、考试和评价教育结果的标准。在任何教学中，要提高教育和教学的效果，教师对所要实现的教育目标是否明确起着非常关键的作用，对于《思想道德修养与法律基础》课程的教育目标来说，教育目标的明确尤为重要，因为从“国家指定的教育目的，教育行政部门确定的培养目标，到课程工作者所要明确的课程目标，以及教学工作者要考虑的教学目标，经历了一系列的转化”①之后，在课程目标、教学目标实践的基础上对法治教育目标的明确和实现需要法律基础课程教师对教育目的进行多重把握。为此，我们对教师进行了“您认为您对高校法治教育目的熟悉程度如何”的调查，教师认为，对高校法治教育目的“非常熟悉”的占 6.3%，认为“熟悉”的占 56.7%，认为“一般”的占 35.1%，认为“不熟悉”的占 1.9%，认为对法治教育目的熟悉的累计百分比为

① 施良方：《课程理论——课程的基础、原理与问题》，教育科学出版社 1996 年版，第 96 页。

63.0%（见表4－13），说明一半以上的教师对高校法治教育的目的是明确的。

表4－13 **教师对高校法治教育目的熟悉程度统计**

您认为您对高校法治教育目的熟悉程度如何					
		频率	百分比（%）	有效百分比（%）	累计百分比（%）
有效	非常熟悉	13	6.3	6.3	6.3
	熟悉	118	56.7	56.7	63.0
	一般	73	35.1	35.1	98.1
	不熟悉	4	1.9	1.9	100.0
	总计	208	100.0	100.0	

教师在明晰教育目标之后，达到教育目标的关键手段就是提供有针对性的学习经验，所谓学习经验就是学生对教师所讲内容具有一定的体会、经历、感受、体验，或者是由实践得来的经验、实践、阅历、经历等，教师学习经验的有效选择可以提高学生学习的效果，泰勒课程与教学基本原理认为，教师选择学习经验应坚持提供机会让学生去实践该目标所隐含的行为，学习经验必须使学生在从事目标所隐含的相关行为时获得满足感，教育经验想要引起的反应是在学生力所能及的范围之内。为了调查法律基础课程教师对学习经验的选择，教师问卷设计了“您是否会根据大学生对法律时事热点的关注更新自己法律基础课程教案”题项，教师表示“经常会”的占36.5%，表示“会”的占52.9%，其累计百分比为89.4%，表示“偶尔会”的占9.1%，表示“不会”的占1.4%（见表4－14），说明教师在学习法律基础知识经验的选择上是比较科学的。

表4－14　　教师更新法治教育教案情况统计

<table>
<tr><td colspan="6">您是否会根据大学生对法律时事热点的关注更新自己法律基础课程教案</td></tr>
<tr><td colspan="2"></td><td>频率</td><td>百分比（%）</td><td>有效百分比（%）</td><td>累计百分比（%）</td></tr>
<tr><td rowspan="5">有效</td><td>经常会</td><td>76</td><td>36.5</td><td>36.5</td><td>36.5</td></tr>
<tr><td>会</td><td>110</td><td>52.9</td><td>52.9</td><td>89.4</td></tr>
<tr><td>偶尔会</td><td>19</td><td>9.1</td><td>9.1</td><td>98.6</td></tr>
<tr><td>不会</td><td>3</td><td>1.4</td><td>1.4</td><td>99.9</td></tr>
<tr><td>总计</td><td>208</td><td>99.9</td><td>99.9</td><td></td></tr>
</table>

说明：由于四舍五入，总计百分比不足100%。

学生学习法律基础知识内在积极性、主动性，使法治教师的主导作用与学生的主体性作用有效地结合在一起，帮助学生充分地发挥自身法律基础知识学习中“我思”和“我想”的主体学习灵感、直觉能力、表象能力、联想能力以及调动自身学习情感、动机、需要、意志、兴趣、信念等主观学习因素，激发学生自觉主动学习，是尊重培养学生主体性的具体体现。学生学习法律基础知识主体作用的发挥对高校法治教育实效性的提升意义深刻，根据教师问卷“您在讲授基础知识时，是否经常激发大学生学习法律基础知识的内在动机”条目，教师在讲授法律基础知识时，“总是”激发大学生学习法律知识内在动机的占30.3%，“有时”激发的占61.5%，表示“不确定”的占7.2%，表示“没有”激发大学生内在学习动机的占1.0%（见表4－15）。该项调查结果显示，教师对学生学习法律基础知识内在动机的激发比较重视，这与课程传统的教学模式和教师的教育习惯、教育经验有着一定的关系。

表 4－15 教师激发大学生学习法律知识内在动机情况统计

您在讲授基础知识时，是否经常激发大学生学习法律知识的内在动机					
		频率	百分比（%）	有效百分比（%）	累计百分比（%）
有效	总是	63	30.3	30.3	30.3
	有时	128	61.5	61.5	91.8
	不确定	15	7.2	7.2	99.0
	没有	2	1.0	1.0	100.0
	总计	208	100.0	100.0	

引入实践教学环节是提高高校法治教育实效性的重要举措，也是培养大学生法治能力和法治素养的重要手段，对创新和拓展高校法治教育方式具有重要的促进意义。在高校法治教育中具体教学内容是否体现出鲜明的实践性取向？法治素养培养是否重视法律实践活动？法治思维和行为习惯的养成是否注重在实践中开展？这些问题对高校法治教育来说是一种新的创新和挑战。通过对教师“您认为高校法治教育是否有必要设置实践教学环节”题项调查，教师认为“非常有必要”设置实践教学环节的占 26.4%，认为“有必要”的占 66.3%，其累计百分比为 92.8%，认为“没必要”的占 0.5%，认为“完全没必要”的占 0.5%（见表 4－16），可以看出，法律基础课程教师对设置实践教学环节的认识是一致的，其愿望也是比较强烈的。教师对法律基础课程中法治实践教学的期望也从侧面反映了法律基础课教师对法治教育目标的理解和深化。法治实践教学环节的设置有助于学生将法律课程书本知识转化为实践体验，进而将法治实践体验转化为法治行为。

表 4-16　　教师对高校法治教育设置实践教学建议统计

您认为高校法治教育是否有必要设置实践教学环节					
		频率	百分比（%）	有效百分比（%）	累计百分比（%）
有效	非常有必要	55	26.4	26.4	26.4
	有必要	138	66.3	66.3	92.8
	不确定	13	6.3	6.3	99.0
	没必要	1	0.5	0.5	99.5
	完全没必要	1	0.5	0.5	100.0
	总计	208	100.0	100.0	

3. 法律基础课教师对法治教育内涵的认知不断深化

教师作为教学活动的组织者、设计者、发起者和领导者，从其在教学中担当的角色和在教学目标的实现指向上看，"教师通过系统的有计划的知识传授、理论阐释、言传身教等多种方式对学生价值观等产生重大影响"①。因此，法律基础课教师对法治教育内涵的认知对高校法治教育实效性的实现起着至关重要的主导作用。根据对法律基础课教师"您是否同意'讲授基础课程中法律基础知识的目的就是让大学生守法'这一说法"题项的调查统计，表示"非常同意"这一说法的占 6.7%，表示"同意"这一说法的占 26.4%，表示"一般"的占 32.2%，表示"不同意"的占 31.7%，表示"非常不同意"的占 2.9%（见表 4-17），调查结果证明，法律基础课教师对法治教育的目标在守法基础上有了进一步的延展性认识，对法治教育目标的认识没有仅停留在守法教育上。

① 余玉华：《思想道德修养与法律基础教学论》，复旦大学出版社 2009 年版，第 23 页。

表 4－17　　教师对高校法治教育目的认知情况统计

您是否同意“讲授基础课程中法律基础知识的目的就是让大学生守法”这一说法					
		频率	百分比（%）	有效百分比（%）	累计百分比（%）
有效	非常同意	14	6.7	6.7	6.7
	同意	55	26.4	26.4	33.2
	一般	67	32.2	32.2	65.4
	不同意	66	31.7	31.7	97.1
	非常不同意	6	2.9	2.9	99.9
	总计	208	99.9	99.9	

说明：由于四舍五入，总计百分比不足 100%。

权利概念是法学权利意识作为法治教育和宪法精神教育的核心基础，权利意识教育既是高校法制教育的重要内容，也是大学生法治素养和法律意识的重要内容，“大学生权利意识，是指大学生对权利的主观理解和态度。具体而言，主要包括大学生对权利的认知、权利的主张意识、权利的救济意识及权利的约束意识”①。由于受传统文化中守法文化导向的影响，以及权力思想、人治思想的浸润，大学生权利意识方面存在义务意识淡薄、维权行为消极、维权知识缺乏等问题。② 基于权利意识在法治教育中的重要性，我们对教师进行了“您是否同意‘在基础课程中讲授法律知识时，应着力加强大学生权利意识培养’这一说法”题项调查，教师对高校法治教育中应着力加强大学生权利意识教育表示“非常同意”的占 13.0%，表示“同意”的占 48.6%，表示“一般”的占 26.4%，表示“不同意”的占 12.0%（见表 4－18），大学生法治教育权利意识的培养，不仅需要着力强化大学生法治意识培养方式，而且教师自身对权利意识的认知和觉醒也是高校法治教育的重要内容。

① 魏丽婷：《大学生权利意识的正确彰显》，《晋中学院学报》2013 年第 5 期。

② 张杰丽：《大学生权利意识教育研究》，南京师范大学，硕士学位论文，2012 年。

表 4-18 教师对大学生权利意识培养认知情况统计

您是否同意"在基础课程中讲授法律知识时，应着力加强大学生权利意识培养"这一说法					
		频率	百分比（%）	有效百分比（%）	累计百分比（%）
有效	非常同意	27	13.0	13.0	13.0
	同意	101	48.6	48.6	61.5
	一般	55	26.4	26.4	88.0
	不同意	25	12.0	12.0	100.0
	总计	208	100.0	100.0	

在一般情况下，人们认为遵守禁令、履行义务就是守法的表现，认为享受权利不是守法的表现，事实上，"享用法律权利不仅是遵守法律的一个组成部分，而且还是其中的主要内容，这是因为仅仅强调履行义务，至多只能维持社会的简单运转，而社会的进步依赖于人们运用各种手段和才能去改造自然、创造财富，这正是行使法律权利的表现，因此享用法律权利具有重要的意义"①。为了调查教师自身对权利内涵和外延的认识，以及教师对权利意识认识的深度，我们在教师问卷中设计了"您是否同意'享受权利也是遵守法律的一种形式'这一观点"题项，教师表示"非常同意"的占 15.4%，表示"同意"的占 64.9%，表示"一般"的占 14.9%，表示"不同意"的占 3.8%，表示"非常不同意"的占 1.0%（见表 4-19），从调查结果来看，教师自身对权利概念的认知是比较高的。教师对权利概念的较高认知，有利于在教学实践中教导学生对权利义务关系作出正确定位，有利于根据权利义务关系的内涵选择提升教育的教导方式和教学方法，这些对提高学生的法治教育效果都是有利的。

① 夏华：《守法与权利的享用》，《法学》1990 年第 9 期。

表4－19　　教师自身对权利概念认知情况统计

您是否同意“享受权利也是遵守法律的一种形式”这一观点					
		频率	百分比（%）	有效百分比（%）	累计百分比（%）
有效	非常同意	32	15.4	15.4	15.4
	同意	135	64.9	64.9	80.3
	一般	31	14.9	14.9	95.2
	不同意	8	3.8	3.8	99.0
	非常不同意	2	1.0	1.0	100.0
	总计	208	100.0	100.0	

“法治素养是人类法治文明的基础，是法治社会的土壤，是现代法治社会广大公民整体素质的一个重要组成部分。”① 学者张晓敏认为，大学生法治素养就是“指大学生通过中小学阶段的积累和大学阶段系统的学习与实践，掌握基础的法律知识，秉持正确的法治观念，养成坚定的尚法精神，具备基本的用法能力”②。对大学生法治素养培养是高校法治教育从法律知识教育到法治意识教育再到法治素养教育不断深化认识的结果，也是新时代高校法治教育的新目标。对这一新的教育目标的认同体现了法律基础课教师对高校法治教育新的发展要求的认同和教育理念的转变。对教师“您是否同意‘高校法治教育应该侧重于大学生法治素质培养’这一观点”题项的调查显示，教师对高校法治教育应该侧重于大学生法治素养培养这一说法表示“非常同意”的占24.5%，表示“同意”的占64.4%，其累计百分为88.9%，表示“不同意”的占1.4%，表示“非常不同意”的占0.5%（见表4－20），从教师对学生法治素养培养的认知态度中可以看出，高校法治教育目标本身已经出现向纵深发展的趋向。

① 陈大文、孔鹏皓：《关于高校法制教育定位问题的思考》，《思想理论教育导刊》2013年第7期。

② 张晓敏：《大学生法治素养研究》，东北师范大学，博士学位论文，2018年。

表 4－20　　　教师对大学生法治素养培养认知情况统计

您是否同意"高校法治教育应该侧重于大学生法治素养培养"这一观点					
		频率	百分比（%）	有效百分比（%）	累计百分比（%）
有效	非常同意	51	24.5	24.5	24.5
	同意	134	64.4	64.4	88.9
	不确定	19	9.1	9.1	98.0
	不同意	3	1.4	1.4	99.4
	非常不同意	1	0.5	0.5	99.9
	总计	208	99.9	99.9	

说明：由于四舍五入，总计百分比不足100%。

高校法治教育通过培养学生权利意识、法治意识、法治思维、法治素养进行，同时"要深入开展法制宣传教育，弘扬社会主义法治精神，引导群众遇事找法、解决问题靠法，逐步改变社会上那种遇事不是找法而是找人的现象"①。高校法治教育引导大学生将法律知识、法治素养转化为遇事找法、解决问题用法、化解矛盾靠法的实际行动，就需要高校在法治教育过程中重视实践性教学。《思想道德修养与法律基础》课程不同于其他几门思想政治理论课的最大特点就在于通过课程的教育"帮助学生增强社会主义法制观念，提高思想道德素质，解决成长成才过程中遇到的实际问题"②。换句话说，就是要让学生在生活中展现解决实际问题的素养和能力。对《思想道德修养与法律基础》课程所具有的理论联系实际的特点，通过对教师"您是否同意'高校法治教育应该侧重于大学生法治实践能力培养'这一说法"的题项调查，教师对此表示"非常同意"的占16.8%，表示

① 中共中央文献研究室编：《习近平关于全面依法治国论述摘编》，中央文献出版社2015年版，第89页。

② 杨军：《〈思想道德修养与法律基础〉课实践性教学研究》，武汉理工大学，硕士学位论文，2008年。

"同意"的占64.4%，其累计百分比占81.3%，表示"不确定"的占12.5%，表示"不同意"的占6.3%（见表4-21），法律基础课教师对高校法治教育应该侧重于大学生法治实践能力培养这一说法的认知，不仅是《思想道德修养与法律基础》课程的要求，而且暗合了马克思人学思想的实践性基石，马克思人学思想强调人的生存的实践性，因为"全部社会生活在本质上是实践的，凡是把理论引向神秘主义的神秘东西，都能在人的实践中以及对这个实践的理解中得到合理的解决"①。

表4-21　教师对大学生法治实践能力培养认知情况统计

您是否同意"高校法治教育应该侧重于大学生法治实践能力培养"这一说法					
		频率	百分比（%）	有效百分比（%）	累计百分比（%）
有效	非常同意	35	16.8	16.8	16.8
	同意	134	64.4	64.4	81.3
	不确定	26	12.5	12.5	93.8
	不同意	13	6.3	6.3	100.0
	总计	208	100.0	100.0	

学者施丽红、苏洁在其《高校思想政治课有效教学》一书中指出，教育者是思想政治课有效教学的首要要素，"深入探析思想政治课教育者有效性的发挥，首要问题是认知和了解思想政治课教育者，这种认知和了解集中体现为对思想政治课教育者角色特征的认识和把握。"②通过问卷调查，法律基础课程教师作为社会主义核心价值观的宣传者、中国特色社会主义法治理论的学习者、课堂教学的组织者、教育对象发展的模仿者，他们对课程方向的正确把握和坚持、对教学内容进行恰当的主体深化、对大学生法治学习的内在需要进行激发、对学生学情的了

① 《马克思恩格斯选集》（第一卷），人民出版社1995年版，第56页。

② 施丽红、苏洁：《高校思想政治课有效教学》，光明日报出版社2012年版，第125—128页。

解、对法治教育目标的熟悉程度以及法律基础教师自身多元、完整的素质结构都会对高校法治教育的有效开展提供有力的保障。

（三）大学生注重法治意识的习得与养成

1. 大学生对高校法治教育途径和法律基础课程的认同度较高

《思想道德修养与法律基础》课程作为高校法治教育的主渠道，其主旨在于运用辩证唯物主义和历史唯物主义世界观和方法论，引导大学生树立正确的世界观、人生观、价值观、道德观和法治观，解决大学生成长成才过程中所遇到的实际问题，使大学生更好地适应大学生活，促进其德智体美劳全面发展。[①] 大学生对《思想道德修养与法律基础》课程的认知和态度对高校法治教育效果的提升至关重要。通过对大学生进行“你认为你所在学校《思想道德修养与法律基础》课程的氛围怎么样”题项的调查，大学生认为课堂上“学生积极性高，认真、活跃”的占 74.8%，认为课程“气氛压抑”的占 13.8%，认为“逃课、旷课严重”的占 1.0%，认为“隐性逃课严重”的占 9.0%，认为“学生老师互不理会”的占 1.4%（见表 4－22）。也有学者调查认为：“根据同学的反映，这门课程在上课过程中大部分同学都在进行睡觉、玩手机、玩游戏、看杂志等与学习无关的活动，也会有个别认真听讲的同学，但他们仅仅是为了考试拿奖学金而已。”[②] 之所以出现这种调查结果不一致的现象，一方面是因为调查的时间不一样，上述调查时间为 2016 年之前，而本书调查的时间为 2020 年 4 月；另一方面是因为大学生对课程氛围的感受与国家和教育部对思政课的重视分不开，与 2016 年习近平总书记在全国高校思想政治工作会议上强调“要用好课堂教学这个主渠道，思想政治理论课要坚持在改进中加强，提升思想政治教育亲和力和针对性”的讲话有关。自 2017 年以来，“教育部提出要‘打一场提高思想政治理

① 参见教育部高等学校思想政治理论课教学指导委员会编《〈思想道德修养与法律基础〉专题教学指南（2018 年版·试行）》。

② 姚建龙、马岩：《大学生法治教育论》，中国政法大学出版社 2016 年版，第 129 页。

论课质量和水平的攻坚战’，实现在‘思路、师资、教材、教法、机制五个方面的攻坚’”①，因此从发展的角度来看，学生对法律基础课程的态度随着国家和教育部的不断重视和改革也发生着变化。学生对法律基础课程氛围感知朝好的方向转化，对提高法治教育质量具有一定的促进作用。

表4－22　　大学生对法律基础课程上课氛围认同统计

你认为你所在学校《思想道德修养与法律基础》课程的氛围怎么样					
		频率	百分比（%）	有效百分比（%）	累计百分比（%）
有效	学生积极性高，认真、活跃	994	74.8	74.8	74.8
	气氛压抑	183	13.8	13.8	88.6
	逃课、旷课严重	13	1.0	1.0	89.6
	隐性逃课严重	120	9.0	9.0	98.6
	学生老师互不理会	18	1.4	1.4	100.0
	总计	1328	100.0	100.0	

法律基础课程在教学中要提升其实效性，其课程教育内容既要满足社会发展和社会治理的需要，也要满足个体生存和发展的需要；既要符合时代和社会对人的发展素养的需要，又要立足于教育对象思想的实际和发展的需要。当然，这里的“需要”指的是“代表某种理想常模的概念，即某种哲学价值标准，与实际情况之间的差距。这个意义上的‘需要’指‘实然’和‘应然’间的差距”②。从对学生进行的“你所在学校《思想道德修养与法律基础》课给你留下的印象是”题项的调查中得知，学生认为“课程没什么用”的占1.4%，认为“为了修学分而上课”的占8.7%，认为“考前突击学习”的占

① 徐蓉、王梦云：《提升高校思想政治理论课教学质量的多维思考》，《思想理论教育》2017年第9期。

② ［美］拉尔夫·泰勒：《课程与教学的基本原理》，罗康、张阅译，中国轻工业出版社2014年版，第7页。

16.0%，认为“课程内容空泛，讲大道理”的占6.2%，认为课程内容“紧密联系学生思想实际”的占67.7%（见表4－23）。一些学生认为“课程内容空泛，讲大道理”是因为高校思想政治课程对大学生接受内容来说受到四对矛盾的制约，即高校思想政治理论发展的与时俱进性和学生主体对理论领悟的迟滞性之间的矛盾、高校思想政治课教育方法的单一性与融媒体时代理论传播渠道的多样性之间的矛盾、高校思想政治理论课的政治性与学生专业知识认知的片面性及生活阅历的单纯性之间的矛盾，以及高校思想政治课教育内容内涵的高度浓缩性与课时的有限性之间的矛盾。这些矛盾的解决离不开教师在法治教育过程中对学生主体性的启发和健全，离不开学生在学习过程中本己主体性的觉醒和完善，这是因为学生主体性的觉醒和完善能“充分释放和发挥人的巨大能动作用。倡导主体性是人的全面发展的核心，发展人的主体性是现代教育的根本价值追求”①。这些矛盾如何化解不仅对提升学生对课程本身的兴趣至关重要，而且为提高高校法治教育实际效果从多角度观察和创新提供了新的思路。

表4－23 **大学生对法律基础课程印象统计**

你所在学校《思想道德修养与法律基础》课给你留下的印象是					
		频率	百分比（%）	有效百分比（%）	累计百分比（%）
有效	课程没什么用	18	1.4	1.4	1.4
	为了修学分而上课	116	8.7	8.7	10.1
	考前突击学习	213	16.0	16.0	26.1
	课程内容空泛，讲大道理	82	6.2	6.2	32.3
	紧密联系学生思想实际	899	67.7	67.7	100.0
	总计	1328	100.0	100.0	

从法治教育的教学流程来看，课堂教学是法治教育的主战场，也

① 汪晓明：《主体教育的研究脉络与存在的问题》，《东岳论丛》2006年第3期。

是法治教育的中心环节，高校法治教育实效性的提高离不开学生在课堂上积极主动学习，从知识、技能、情感态度与价值观三维教学目标的实现要素来看，情感态度与价值观是实现其余目标的动力中介。有效教学理论认为："学生在学习知识的过程中，特别是在学习'知识形成'的过程中体验知识发现者和创造者身上所体现的动机、情感、态度、意志、价值观等人格特质，身处其中得以熏陶感染；或是在理解和掌握知识的过程中，需要其自身付出脑力和体力的努力，需要其具有坚定的意志和持之以恒的毅力方能取得成功。"① 在此理论基础上，对学生问卷设置了"在《思想道德修养与法律基础》课上你通常的表现是"这一题项。在法律基础课上"认真听课"的学生占85.8%，"学习其他课程"的占5.6%，"看课外书"的占1.2%，"玩手机、聊天、睡觉"的占2.6%，"干别的事"的占4.7%（见表4－24）。从问卷调查结果可以看出，在法律基础课课堂教学环节中，大多数学生在学习态度上认真积极，能够保证课堂学习的有效性。

表4－24 **大学生法律基础课上表现统计**

在《思想道德修养与法律基础》课上你通常的表现是					
		频率	百分比（%）	有效百分比（%）	累计百分比（%）
有效	认真听课	1140	85.8	85.8	85.8
	学习其他课程	75	5.6	5.6	91.4
	看课外书	16	1.2	1.2	92.6
	玩手机、聊天、睡觉	35	2.6	2.6	95.2
	干别的事	62	4.7	4.7	99.9
	总计	1328	99.9	99.9	

说明：由于四舍五入，总计百分比不足100%。

随着教育理念从传统的"教师为本""讲授中心"向"学生发展为

① 陈晓端、张立昌：《有效教学》，高等教育出版社2015年版，第113页。

本”和“学习中心的”转变，高校法治教育同样也关心和关注学生对法律知识的实际需要。随着知识大爆炸时代的到来，知识体系的发展突飞猛进，法律基础课程要完成所有法律知识的讲授实在困难，站在不同的立场和角度上，人们对知识的理解和看法是不同的，学科专家一般倾向于“要素主义”，认为知识点是永恒的。教师倾向于建构主义，认为学生应该学会学习，体验学习，自主学习，期望学生在学习中掌握学习方法。而家长则倾向于“实用主义”，认为学生习得生存技能与为人处世哲学是最为有用的。实践中学生对法律知识的学习倾向于维护和保护自己的各项权利不受侵犯。为此，我们对法律基础课程老师讲授的法律基础知识和学生需要的法律基础知识之间的契合度进行调查。学生认为“非常契合”的占21.4%，认为“契合”的占53.8%。其累计百分比为75.2%，认为“一般”的占23.3%，认为“不契合”的占1.0%，认为“完全不契合”的占0.5%（见表4－25），法律基础课教师讲授的法律基础知识和学生需要的法律知识之间的契合度，一方面决定了法治教育所传授的法律基础知识被学生接受的程度，另一方面影响着学生能否将学到的法律基础知识运用于实践，转化为法治实践能力。从调查结果来看，学生对法律基础课老师所讲授的法律基础知识具有较高的认可度，认为能够满足自己对法律知识的需要。

表4－25　**高校法治教育教师教授内容与学生需要契合度统计**

你认为你的法律基础课老师所讲授的法律基础知识是否契合当代大学生对法律知识的需求					
		频率	百分比（%）	有效百分比（%）	累计百分比（%）
有效	非常契合	284	21.4	21.4	21.4
	契合	715	53.8	53.8	75.2
	一般	310	23.3	23.3	98.6
	不契合	13	1.0	1.0	99.5
	完全不契合	6	.5	.5	100.0
	总计	1328	100.0	100.0	

2. 大学生对高校法治教育内容的认可度较高

目前关于法治素养的研究中，学者对于法治素养所包含的基本内容达成了一致，大学生法治素养即包括法治知识、法治意识、法治情感和法治能力，换句话说，高校法治教育对大学生法治素养的培养离不开法治知识的认知和积累，离不开法治意识的启蒙和引导，离不开法治情感的体验和认同，离不开法治能力的转化与习得，法治素养是高校法治教育对学生法治教育综合素质的培养目标。但就目前大学生法治素养培养现状来说，有学者认为，大学生法治素养还存在不同层面的问题，例如就法治知识而言，大学生虽然具有一定的知识但内容不系统，知识重点不突出，对知识理解不深入；法治意识层面能够掌握法治观念的基本原则但与实际联系不紧密，理解法治的重要意义但理解法治思想的格局不开阔，认同法治的价值追求但个人的定位还不准确；就法治情感而言，对法治还没有形成信仰，对法律还没有发自内心的敬畏，维护法律规定还不够积极主动；就法治能力而言，对法律后果的预测不准，对法律行为的预判不符合法治逻辑，对合法诉求表达不及时等。[①] 针对存在的以上问题，我们对学生问卷进行了“你认为你所在学校在《思想道德修养与法律基础》课程教学中是否注重大学生法治素养培养”题项的调查。大学生认为高校在法治教育中“非常注重”法治素养培养的占27.0%，认为“注重”的占50.8%，其累计百分比为77.9%，认为“一般”的占20.2%，认为“不注重”的占1.7%，认为“完全不注重”的占0.2%（见表4－26），从调查结果可以看出高校对大学生法治素养培养目标比较重视。

有学者认为《思想道德修养与法律基础》课程建设的关键是将教学重点明确为帮助大学生树立现代法治观念。相较于传授给学生一些实用性法律知识，满足市场经济条件下大学生学习法律知识的需要而言，帮助大学生领会法治的精义，建立起现代法治观念，则是高校进行法治教

① 张晓敏：《大学生法治素养研究》，东北师范大学，博士学位论文，2018年。

育和提高大学生法律素质的关键。① 为此，我们在学生问卷中进行了“你认为你所在学校在《思想道德修养与法律基础》课程教学中是否注重大学生法治观念培养”的题项调查。大学生认为学校法治教育“非常注重”法治观念培养的占28.0%，认为“注重”的占51.1%，其累计百分比为79.1%，认为“一般”的占19.4%，认为“不注重”的占1.1%，认为“完全不注重”的占0.4%（见表4－27）。从调查结果可以看出，高校对大学生法治观念培养的重视度是比较高的。

表4－26　　大学生对高校法治素养培养认可统计

你认为你所在学校在《思想道德修养与法律基础》课程教学中是否注重大学生法治素养培养					
		频率	百分比（%）	有效百分比（%）	累计百分比（%）
有效	非常注重	359	27.0	27.0	27.0
	注重	675	50.8	50.8	77.8
	一般	268	20.2	20.2	98.0
	不注重	23	1.7	1.7	99.7
	完全不注重	3	0.2	0.2	99.9
	总计	1328	99.9	99.9	

说明：由于四舍五入，总计百分比不足100%。

党的十八大以来，为了依法治国战略的顺利实施，习近平总书记多次强调领导干部要通过应用法治思维和法治方式来提高深化改革、推动发展、化解矛盾和维护稳定的能力。习近平总书记就此指出：“党的十八大提出，领导干部要提高运用法治思维和法治方式的能力，这就要求领导干部把对法治的尊崇、对法律的敬畏转化成思维方式和

① 陈大文、黄乐妹、石红：《“法律基础”课程建设与大学生法律素质教育》，《思想理论教育导刊》2004年第12期。

表 4-27 大学生对高校法治观念培养认可统计表

你认为你所在学校在《思想道德修养与法律基础》课程教学中是否注重大学生法治观念培养					
		频率	百分比（%）	有效百分比（%）	累计百分比（%）
有效	非常注重	372	28.0	28.0	28.0
	注重	678	51.1	51.1	79.1
	一般	258	19.4	19.4	98.5
	不注重	15	1.1	1.1	99.6
	完全不注重	5	0.4	0.4	100.0
	总计	1328	100.0	100.0	

行为方式，做到在法治之下、而不是法治之外、更不是法治之上想问题、作决策、办事情。”①《思想道德修养与法律基础》课程为了贯彻党的十八大精神和习近平讲话精神，在课程第六章尊法学法守法用法中专门设置了一节培养法治思维的内容，该课程就法治思维内涵和如何培养大学生法治思维进行了阐释和论述。有学者认为，高校法治教育“培养大学生社会主义法治思维是当前和今后一个时期法制教育的重要任务。当务之急是要在准确把握社会主义法治思维的基本内涵，深刻理解培养大学生法治思维的重要意义的基础上，积极探索培养大学生法治思维的主要途径”②。为此，在学生问卷中我们对高校法治教育是否注重法治思维培养进行了“你所在学校《思想道德修养与法律基础》课程教学中是否注重大学生法治思维培养”题项调查。大学生认为高校“非常注重”大学生法治思维培养的占 26.6%，认为“注重”的占 52.1%，其累计百分比为 78.7%，认为“一般”的占 19.7%，认为“不注重”的占 1.4%，认为“完全不注重”的占

① 中共中央文献研究室编：《习近平关于全面依法治国论述摘编》，中央文献出版社 2015 年版，第 124 页。

② 陈大文、孔鹏皓：《论大学生社会主义法治思维的培养》，《思想理论教育导刊》2015 年第 1 期。

0.2%（见表4－28），从调查结果来看，高校法治教育一方面对大学生法治思维的培养比较注重，另一方面对贯彻习近平总书记关于领导干部提高和运用法治思维的讲话精神做到进课堂、进教材、进头脑教育的效果也比较明显。

表4－28　**大学生对高校法治思维培养认可统计**

你认为你所在学校《思想道德修养与法律基础》课程教学中是否注重大学生法治思维培养					
		频率	百分比（%）	有效百分比（%）	累计百分比（%）
有效	非常注重	353	26.6	26.6	26.6
	注重	692	52.1	52.1	78.7
	一般	262	19.7	19.7	98.4
	不注重	18	1.4	1.4	99.8
	完全不注重	3	0.2	0.2	100.0
	总计	1328	100.0	100.0	

除了对大学生高校法治教育所注重内容的调查之外，本次调查还设置了高校开展法治教育途径的题项。随着融合媒介的发展，大学生可以通过报刊、广播、电视、手机报、微博、微信等媒介学习法治知识，大学生接受法治文化、法治信息、法治理论的渠道变得越来越丰富，也越来越方便。那么大学生对传统的课堂教学在高校法治教育多种学习途径中的认可程度如何？针对这一新时代法治教育媒介问题，我们在学生问卷中进行了“你认为开展高校法治教育最有效的途径是”的题项调查，对于高校法治教育开展途径，大学生认为“学校教育”最有效的占62.7%，认为“家庭教育”最有效的占6.7%，认为“社会教育”最有效的占25.7%，认为“网络教育”最有效的占2.9%，认为“其他”途径最有效的占2.1%（见表4－29），从调查结果可以看出，相较于其他的法治教育途径，大学生对通过学校教育进行法治教育的认可度最高。

通过以上调查可以看出，大学生总体上对高校通过《思想道德修养与法律基础》课程进行法治素养、法治观念、法治思维培养的注重程度是比较认可和满意的。当然对大学生法治素养、法治观念、法治思维的培养是一个复杂的系统工程，“仅就学校教育而言，也不仅仅是一个课程教学的问题，需要在环境营造、观念转变和程序保障方面形成合力”①。不得不承认课堂教学是最为直接、最为系统的育人手段，也是覆盖面广，受众人数多的一种教学途径。同时，高校法治教育随着时代和社会的发展根据大学生法治素养的培养要求而不断调整教材内容、创新教学方法，为提高高校法治教育实效性进行不断探索，为中国提高大学生法治素养作出了应有的贡献。

表4－29　**大学生对高校开展法治教育途径认可统计**

你认为开展高校法治教育最有效的途径是					
		频率	百分比（%）	有效百分比（%）	累计百分比（%）
有效	学校教育	832	62.7	62.7	62.7
	家庭教育	89	6.7	6.7	69.4
	社会教育	341	25.7	25.7	95.1
	网络教育	38	2.9	2.9	98.0
	其他	28	2.1	2.1	100.1
	总计	1328	100.1	100.1	

说明：由于四舍五入，总计百分比大于100%。

3. 大学生法治意识普遍比较高

大学生既是法治教育的对象，又是法律基础课的学习主体，高校

① 陈大文、孔鹏皓：《论大学生社会主义法治思维的培养》，《思想理论教育导刊》2015年第1期。

法治教育实效性体现在所构建的内容要有利于大学生法治观念、法治情感以及法治素养的提高上，要在其身上引起预期的变化，使其形成预期的法治信仰和法治行为习惯。针对教育教学实效的有效教学理论和主体教育理论，都强调学生作为学习主体对所学知识的“自我”认知，学生学习主体作用的发挥体现在学生学习灵感、直觉能力、联想能力的展现方面。当然，学生学习主体性的发挥首先需要对所学知识具有认知意识。为了调查大学生学习法律知识时的主体认知意识，在学生问卷中设计了“你认为法律规定的内容和你有关吗”的题项。大学生认为法律与自己“非常有关”的占38.8%，认为“有关”的占53.0%，其累计百分比为91.8%，认为“不确定”的占7.7%，认为“没有关系”的占0.4%，认为“完全无关”的占0.2%（见表4-30）。通过调查可以看出，大学生对法律具有一定的“自我”认知，这种“自我”认知对高校法治教育以学生为主体发挥其学习的积极性、自为性、自觉性，并且为以学生为主体创新高校法治教育学习方法奠定了良好的基础。

表4-30　**大学生对法律与自身关系认知统计**

你认为法律规定的内容和你有关吗					
		频率	百分比（%）	有效百分比（%）	累计百分比（%）
有效	非常有关	515	38.8	38.8	38.8
	有关	704	53.0	53.0	91.8
	不确定	102	7.7	7.7	99.5
	没有关系	5	0.4	0.4	99.9
	完全无关	2	0.2	0.2	100.1
	总计	1328	100.1	100.1	

说明：由于四舍五入，总计百分比大于100%。

基于意识形态和思维方式的不同，人们对法律的本质问题进行了长期的争论，学者赵雪纲在其《关于法律本质的认识论探讨》（下）

一文中认为："法律的本质由于人们认识的时代性和人类认识的无限性，因而是不能穷尽的。"① 虽然法律的本质会随着时代的发展和人类认知的增进而不断发展，但通过大学生对法律本质的认识可以看出当代大学生对法治的认知程度。大学生通过高校法治教育对法律的本质已经有了初步的判断和认识，在学生问卷中设置了"你认为法律的主要作用是"这一题项。有 83.7% 的大学生认为法律的主要作用是"保护公民权利"，有 5.3% 的学生认为法律是用来"处罚教育违法犯罪分子"的，有 6.5% 的学生认为法律是"规定公民义务"的，有 2.1% 的学生认为法律是"巩固阶级统治"的，有 2.3% 的学生对法律的本质表示"说不清"（见表 4－31）。从调查结果可以看出，高校法治教育对大学生进行权利意识教育的效果是显而易见的。在《思想道德修养与法律基础》课程中，为了避免在法治教育中面面俱到，在对大学生进行法律知识教育的过程中该课程以权利义务为核心，法治思维的形成与教育也以权利义务研判为主线。因此，在潜移默化中，大学生认为法律的本质作用就是保护公民的权利。这也是高校法治教育有效性的具体体现。有学者认为高校法治教育重在权利本位教育，

表 4－31 **大学生对法律本质认知的统计**

你认为法律的主要作用是					
		频率	百分比（%）	有效百分比（%）	累计百分比（%）
有效	保护公民权利	1112	83.7	83.7	83.7
	处罚教育违法犯罪分子	71	5.3	5.3	89.0
	规定公民义务	86	6.5	6.5	95.5
	巩固阶级统治	28	2.1	2.1	97.6
	说不清	31	2.3	2.3	99.9
	总计	1328	99.9	99.9	

说明：由于四舍五入，总计百分比小于 100%。

① 赵雪纲：《关于法律本质的认识论探讨》（下），《山东大学学报》（哲学社会科学版）2000 年第 5 期。

将法律“提升到公民的权利‘主义’，注重对公民权利意识的启迪，将专业而复杂的法律关系还原成世俗而平实的权利观念”① 是高校法治教育通过思想政治理论课主渠道所发挥的优势。

大学生对学习法律知识意义的认知体现了大学生对法律知识是否愿意活化的态度取向。学生问卷设计了“你认为学习法律基础知识对你有意义吗”题项调查。大学生认为学习法律基础知识“非常有意义，法律是现代人们必要的生活方式”的占57.8%，认为“有意义，法律常常帮助我解决生活中的实际问题”的占26.7%，认为“有意义，但我基本不需求法律途径解决问题”的占12.3%，认为“意义不大，可以用法律维护自身权利的地方太少了”的占2.9%，认为学习法律基础知识“没有意义，法律离我很远，我们还没有进入社会，以后了解不迟”的占0.4%（见表4－32）。从调查结果可以看出，大学生对学习法律知识意义的认知度比较高，这也反映了大学生在某种程度上具备了将法律基础知识转化为实践行为的内在驱动意识。

表4－32　　大学生对学习法律知识意义认知统计表

你认为学习法律基础知识对你有意义吗					
		频率	百分比（%）	有效百分比（%）	累计百分比（%）
有效	非常有意义，法律是现代人们必要的生活方式	767	57.8	57.8	57.8
	有意义，法律常常帮助我解决生活中的实际问题	355	26.7	26.7	84.5
	有意义，但是我基本不需求法律途径解决问题	163	12.3	12.3	96.8
	意义不大，可以用法律维护自身权利的地方太少了	38	2.9	2.9	99.7
	没有意义，法律离我很远，我们还没有进入社会，以后了解不迟	5	0.4	0.4	100.1
	总计	1328	100.1	100.1	

说明：由于四舍五入，总计百分比大于100%。

① 祖嘉合、宇文利：《思想道德修养与法律基础前沿问题研究》，安徽人民出版社2012年版，第162页。

关于大学生法治意识的现状，很多学者对其进行了调查，例如，学者宋婷在《建国以来高校法制教育研究》中认为，中华人民共和国成立以来大学生法律意识普遍提高，具体体现在大学生民主意识、维权意识和用法意识都有明显提升上；学者陈洁在《我国大学生法治教育研究》一文中认为，大学生法治意识初步形成，仍需大力提升，具体体现在大学生具有规则意识，但并不完全遵守规则，维权意识与权益受侵害程度相关，通过创设规则保护自身权利的意识尚未完全建立。为了进一步了解大学生法治意识实践现状，在学生问卷中进行了“假如你不幸遭遇抢劫或盗窃，你会报案吗”题项调查。大学生如果遭遇抢劫或盗窃，持“一定会，要用法律维护自己的合法权益”态度的占 78.6%；认为“会，但对挽回损失不抱太大希望”的占 19.4%；认为“不会报案”的占 0.8%；认为“不会报案，司法机关不能提供有效保护”的占 0.9%；认为“不会，报案太丢人”的占 0.2%（见表 4－33）。从调查结果可以看出，大学生法治意识的现状与其他学者的调查与研究基本是吻合的。

表 4－33　**大学生法治意识统计**

假如你不幸遭遇抢劫或盗窃，你会报案吗					
		频率	百分比（%）	有效百分比（%）	累计百分比（%）
有效	一定会，要用法律维护自己的合法权益	1044	78.6	78.6	78.6
	会，但对挽回损失不抱太大希望	258	19.4	19.4	98.0
	不会报案	11	0.8	0.8	98.8
	不会报案，司法机关不能提供有效保护	12	0.9	0.9	99.7
	不会，报案太丢人	3	0.2	0.2	99.9
	总计	1328	99.9	99.9	

说明：由于四舍五入，总计百分比小于 100%。

综上所述，从《思想道德修养与法律基础》课程思想政治理论课的学科属性来说，“思想政治理论课教育教学是一种思想观念的传播活动，教师通过对马克思主义理论和中国特色社会主义实践问题的阐释，使学生理解、认同和接受主流意识形态"[①]。以此课程教育目标来看，经过上述实证分析，高校教师自身及大学生对中国特色社会主义法治理论、中国特色社会主义法治道路等主流意识形态，以及课程在传播主流意识形态过程中所发挥作用的认同度都是比较高的。这也说明高校法治教育通过《思想道德修养与法律基础》课程进行法治意识形态教育的效果较好。

二　高校法治教育实效性的不足

《思想道德修养与法律基础（2018 年版）》教材在党的十八大提出全面依法治国战略之后，根据党的十九大报告"要全面贯彻党的教育方针，落实立德树人根本任务，发展素质教育，推进教育公平，培养德智体美全面发展的社会主义建设者和接班人""要以培养担当民族复兴大任的时代新人为着眼点，强化教育引导、实践养成、制度保障，发挥社会主义核心价值观对国民教育、精神文明创建、精神文化产品创作生产传播的引领作用，把社会主义核心价值观融入社会发展各方面，转化为人们的情感认同和行为习惯"的要求进行了重新修订。新修订的教材"充分反映习近平新时代中国特色社会主义思想和党的十九大精神，充分反映党的十八大以来中国特色社会主义建设的新实践"，该教材同时体现出"立足新时代、贯穿新思想、着眼新要求、运用新话语"的时代特点，该教材在法律基础部分聚焦大学生法治素养的培养，其第六章的主题为法治观念及法治素养培养，共设置了六节内容。第一节为"社会主义法律的特征和运行"，着重讲述我国社会主义法律的本质特征及我国社会主义法律的运行；第二节为"以宪法为核心的中国特色社会主义法律体系"，着重讲述宪法、我

① 陈大文、程娟：《论高校思想政治理论课专题教学的难点问题》，《思想理论教育导刊》2019 年第 12 期。

国的实体法律部门和程序法律部门；第三节为“建设中国特色社会主义法治体系”，着重讲述建设中国特色社会主义法治体系的重大意义和主要内容；第四节为“坚持走中国特色社会主义法治道路”，着重讲述坚持走中国特色社会主义法治道路应该坚持的内容；第五节为“培养法治思维”，着重讲述法治思维的内涵、要求和如何培养法治思维；第六节为“依法行使权利和履行义务”，着重讲述权利、义务以及依法行使法律权利。法律基础部分内容受课程目标的指导，其教育目标的最终落脚点在于“引导大学生增进尊法学法守法用法的自觉性，养成良好的法治思维和行为方式，将对法治的尊崇内化于心，将模范遵守法律外化于行，提高法治素养，成为法治中国建设的中间力量”①。可以看出该课程从内容的选择到教育目标的设定都是要求学生通过学习法律基础知识形成法治思维，养成法治习惯，提高法治素养。教育学中“赫尔巴赫的‘统觉团’理论、奥苏贝尔的有意义学习理论、当代建构主义理论明确地告知我们：学习的实质就是学生头脑中新旧经验的同化、顺应和平衡化的过程，只有在学生新旧经验的积极构建过程中，新的学习才能发生”②。那么，学生在学习过程中头脑中新旧经验的同化、顺应和平衡化具体指的是什么呢？其实就是对已经习得的知识和新学知识之间的联结和重新构建。也就是说任何学习首先是从具体的知识开始的，同理，法律基础课程的最终目的和最高目标的实现都离不开学生对法律具体知识的学习和掌握。根据以上理论和认识，学生问卷根据《思想道德修养与法律基础》课程中法律基础知识设置的具体内容、学生知识转化能力、学生法治思维训练方式、法治教育教学方式设计了多个调查题项。

（一）大学生具体法律基础知识掌握比较疏浅

《思想道德修养与法律基础》课程在第二节“以宪法为核心的中

① 本教材修订组：《〈思想道德修养与法律基础（2018 年版）〉修订说明》，《思想理论教育导刊》2018 年第 5 期。

② 陈晓端、张立昌：《有效教学》，高等教育出版社 2015 年版，第 111 页。

国特色社会主义法律体系”中对我国的程序法律部门进行了论述，之所以要对大学生讲授法律程序，是因为这是由法律所具有的特征决定的，法律之所以受到人们的推崇就是因为法律强调规则之制，重视法律程序的保障，离开了法律程序的形式性、普遍性、中立性、客观性和技术性，法治也就失去了其内在的意义。从某种意义上讲，法律程序是法治公信力的集中体现。现实生活中人们对法以及法治的认识往往是由对法律所强调的法律程序开始的，因为“最重要、最根本、最体现特征的法治方式就是程序正义或者正当法律程序”[①]。可见，让大学生了解法律的程序对学生认识和理解法治具有重要的知识意义和方法论意义。在学生问卷中针对学生对立法程序的认识设计了“你认为立法程序制度化、法律化的重要意义在于”的题项，学生持立法程序制度化和法律化的重要意义在于“防止公民的非法行为”的占28.0%，认为“避免执行机关的违法行为”的占8.0%，认为“防止党派、团体的非法行为”的占4.1%，认为“意味着有立法权的国家机关必须严格遵循法定程序立法，以保证立法质量”的占55.9%，表示“不清楚”法律程序制度化、法律化重要意义的占4.0%（见表4－34）。从调查结果来看，虽然有一半的学生对立法程序制度化、法律化重要意义的认识是明了的，但仍有将近一半的学生对立法程序制度化、法律化重要意义的认识是模糊的，从中可以看出学生对形式法治的意义理解得不够。

学生对社会主义法治实践基础的准确把握，有利于理解和认识中国特色社会主义法律体系、建设社会主义法治体系的意义、坚定走中国特色社会主义法治道路的信心。针对学生对社会主义法治理论实践基础的认识，学生问卷设置了“下列关于社会主义法治理论实践基础的说法，你认为哪一项是错误的”题项。我国社会主义法治理论建立于对社会主义初级阶段基本国情的深刻把握上，建立在对我国社会主义发展阶段特征的准确判断上，建立于我国所处国际地位和国际环境

① 刘平：《法治与法治思维》，上海人民出版社2013年版，第318页。

表4-34 **大学生关于立法程序认知情况统计**

你认为立法程序制度化、法律化的重要意义在于					
		频率	百分比（%）	有效百分比（%）	累计积百分比（%）
有效	防止公民的非法行为	372	28.0	28.0	28.0
	避免执行机关的违法行为	106	8.0	8.0	36.0
	防止党派、团体的非法行为	54	4.1	4.1	40.1
	意味着有立法权的国家机关必须严格遵循法定程序立法，以保证立法质量	743	55.9	55.9	96.0
	不清楚	53	4.0	4.0	100.0
	总计	1328	100.0	100.0	

的准确认知上，建立于对我国法治建设经验教训的系统总结上，从调查结果来看，仅有41.7%的学生所选择的选项是正确的，反过来说，有58.3%的学生对我国社会主义法治建立的理论基础认识不清（见表4-35）。我国社会主义法治理论是以中国的实际情况和法治经验为实践基础的，当然不是建立在对西方法治思想的借鉴基础上的，而

表4-35 **大学生关于社会主义法治理论实践基础认知情况统计**

下列关于社会主义法治理论实践基础的说法，你认为哪一项是错误的					
		频率	百分比（%）	有效百分比（%）	累计百分比（%）
有效	建立在社会主义初级阶段基本国情的基础上	306	23.0	23.0	23.0
	建立在对我国所处的国际地位及国际环境的认知上	213	16.0	16.0	39.0
	建立在对西方法治思想的借鉴基础上	554	41.7	41.7	80.7
	建立在对我国法治建设经验教训的系统总结上	64	4.8	4.8	85.5
	不清楚	191	14.4	14.4	99.9
	总计	1328	99.9	99.9	

说明：由于四舍五入，总计百分比不足100%。

是从中国实际出发的。但社会主义法治理论并不否认借鉴世界上一切文明的法治思想和法治理论，但法治思想和法治理论与法治实践基础是不同的两个概念。

中国特色社会主义法治思想包括邓小平理论、“三个代表”重要思想和科学发展观中的法治思想，以及习近平新时代中国特色社会主义思想中的法治思想。人民民主专政的理论、健全法制和依法办事的思想属于毛泽东思想中的法治思想，党的领导与法律权威的思想属于列宁的法治思想。从调查结果来看，大学生对什么是中国特色社会主义理论体系，中国特色社会主义法治思想包括哪些具体的内容不是很清楚（见表4－36）。

表4－36　**大学生关于中国特色社会主义法治思想认知情况统计**

你认为下列理论或者观点属于中国特色社会主义法治思想的是哪一项					
		频率	百分比（%）	有效百分比（%）	累计百分比（%）
有效	人民民主专政理论	606	45.6	45.6	45.6
	市场经济是法制经济理论	116	8.7	8.7	54.3
	健全法制和依法办事的思想	278	20.9	20.9	75.2
	党的领导与法律权威的思想	212	16.0	16.0	91.2
	不清楚	116	8.7	8.7	99.9
	总计	1328	99.9	99.9	

说明：四舍五入，总计百分比不足100%。

对大学生进行社会主义法治理念教育一直以来都是高校法治教育的核心内容。之所以说它是核心内容，是因为“社会主义法治理念不只是高校学生必须学习的一部分法律知识，而且是把高校法制教育中众多法律知识整合起来的思想旗帜”①。因此，对社会主义法治理念的科学把握，对学生正确理解社会主义法治理念的基本内

① 黄文艺：《论高校社会主义法治理念教育》，《思想理论教育导刊》2010年第5期。

涵，增强社会主义法治信仰，坚定社会主义法治理论自信具有十分重要的意义。在学生问卷中针对大学生对社会主义法治理念本质属性的认知设计了"关于社会主义法治理念本质属性的相关内容，你认为说法不正确的是"的题项调研。从调查结果来看，学生对社会主义法治理念本质属性的认知情况不容乐观，坚持党的领导、人民当家作主和依法治国的统一，是社会主义法治理念的本质属性，是区别于西方资本主义法治理念的根本和灵魂，既是我国民主法治建设的经验教训总结，又是历史和现实的必然要求，这些选项的内容都是正确的，同时可以看出大学生把坚持党的领导、人民当家作主和依法治国的统一与坚持党的事业至上、人民利益至上、宪法法律至上的关系完全颠倒了（见表4－37）。

表4－37　大学生关于社会主义法治理念本质属性认知情况统计

关于社会主义法治理念本质属性的相关内容，你认为说法不正确的是					
		频率	百分比（%）	有效百分比（%）	累计百分比（%）
有效	坚持党的领导、人民当家作主和依法治国的统一，是社会主义法治理念的本质属性	272	20.5	20.5	20.5
	坚持党的领导、人民当家作主和依法治国的统一，是区别于西方资本主义法治理念的根本和灵魂	320	24.1	24.1	44.6
	坚持党的领导、人民当家作主和依法治国的统一，是坚持党的事业至上、人民利益至上、宪法法律至上的必然要求	185	13.9	13.9	58.5
	"三者统一"既是我国民主法治建设的经验教训总结，也是历史和现实的必然要求	210	15.8	15.8	74.3
	不清楚	341	25.7	25.7	100.0
	总计	1328	100.0	100.0	

高校法治教育对法律意识的启蒙，法治观念的树立，法治信仰的坚定最终都通过权利义务关系的讲述来呈现，为了避免在法律基础课程中对法律知识讲授的面面俱到，又要兼顾法治教育应有的目标，高

校法治教育“就需要寻求法治教育的基本核心目标，法律以权利义务为核心内容，法治思维以权利义务为主线”，以此为逻辑，高校法治教育中以权利义务为重点的内容在教材体系中占有重要的位置。针对学生对权利义务具体知识的认知，在学生问卷中设计了“你认为下列哪些选项的内容是宪法规定的我国公民的政治权利和自由”题项。选择“人身自由”的占88.7%，选择“言论、出版、集会、结社、游行、示威自由”的占79.6%，选择“宗教信仰自由”的占82.6%，选择“选举权和被选举权”的占85.4%（见表4-38）。从调查的结果来看，大部分学生对宪法规定的公民的基本权利还不是很清楚，对于具体的公民政治权利和自由更是分辨不清，将公民的政治权利自由、宗教信仰自由和人身自由权利混为一谈。

表4-38　**大学生关于宪法规定的我国公民政治权利和自由认知情况统计**

你认为下列哪些选项的内容是宪法规定的我国公民的政治权利和自由	小计（人）	比例（%）
人身自由	1178	88.7
言论、出版、集会、结社、游行、示威自由	1057	79.6
宗教信仰自由	1097	82.6
选举权和被选举权	1134	85.4
本题有效填写人次	1328	

除了以上对大学教材中设计的比较抽象的法律基础知识进行调查之外，本次调查还设置了与大学生社会生活联系比较紧密、学生比较关心的具体法律《中华人民共和国劳动法》中关于用工试用期最长期限的题项。《中华人民共和国劳动法》第21条规定，劳动合同可以约定试用期，试用期最长不超过6个月。调查结果显示，选择“三个月”的占44.1%，选择“六个月”的占28.0%，选择“十二个月”的占10.0%，选择“十八个月”的占1.9%，表示“不清楚”的占16.0%（见表4-39）。从中可以看出大部分学生对与自己息息相关

的劳动法关于试用期最长期限的规定知道得也不是很清楚。

表4－39　大学生关于劳动法规定的最长试用期的认知情况统计

你认为劳动法规定的试用期最长期限是					
		频率	百分比（%）	有效百分比（%）	累计百分比（%）
有效	三个月	586	44.1	44.1	44.1
	六个月	372	28.0	28.0	72.1
	十二个月	133	10.0	10.0	82.2
	十八个月	25	1.9	1.9	84.0
	不清楚	212	16.0	16.0	100.0
	总计	1328	100.0	100.0	

法治意识的觉醒、法治观念的树立、法治思维的培养、法治信仰的坚定，这些高校法治教育目标的实现虽然不是由具体掌握的法律知识所决定的，但离不开法律知识的积累。学者李艺、冯友梅在其《支持素养教育的“全人发展”教育目标描述模型设计——基于皮亚杰发生认识论哲学内核的演绎》中提出学科知识、问题解决、学科思维等教育目标如何转化和实现的“三层结构”模型——“客观知识”走向内在素养的理论和实践探索，认为“客观知识和客体是相同的，都需要学习者以既有的知识结构为基础，通过关联、结合的不断循环过程（思维过程），将客观知识转化为自身的知识结构”①。也就是说学习者必须在一定学科知识的基础上，对知识进行不断的勾连、结合、构建来训练和稳固其特定思维方法，从而将其在思维训练过程中内化为自身的素养。同样的道理，法治思维、法治素养的养成也离不开对客观具体法律知识的掌握，通过以上分析可以看出，高校大学生对法律具体知识掌握得比较疏浅，必然会在一定程度上影响高校法治教育

① 李艺、冯友梅：《支持素养教育的“全人发展”教育目标描述模型设计——基于皮亚杰发生认识论哲学内核的演绎》，《电化教育研究》2018年第12期。

实效性的发挥。

（二）大学生运用法律基础知识解决问题的能力欠佳

法治意识、法治信仰最终都将转化为学生的法治行为习惯和法治行为。在调研中，当被问到“你认为你在《思想道德修养与法律基础》课上所学的法律知识在现实生活中用到了多少”时，有31.4%的学生认为用到了0—25%，有45.7%的学生认为用到了25%—50%，有19.7%的学生认为用到了50%—75%，有3.2%的学生认为用到了75%—100%（见表4－40）。针对同样的问题，东北师范大学博士张晓敏在其《大学生法治素养研究》论文中针对大学生用法能力情况得出的调查结论，一是大学生事前对法律后果预测不准确，二是事中对法律行为判断不合理，三是对救济渠道选择不恰当，合法诉求表达不及时。究其原因，一是大学生对自身的具体权益不了解，二是主动维护自身合法权益的积极性不够。① 张晓敏的调查结果说明了大学生在现实生活中用法不足的一些具体原因。

表4－40　　大学生所学法律知识实际运用情况统计

你认为你在《思想道德修养与法律基础》课上所学的法律知识在现实生活中用到了多少					
		频率	百分比（%）	有效百分比（%）	累计百分比（%）
有效	0—25%	417	31.4	31.4	31.4
	25%—50%	607	45.7	45.7	77.1
	50%—75%	261	19.7	19.7	96.8
	75%—100%	43	3.2	3.2	100.0
	总计	1328	100.0	100.0	

在调研中，当问到“你认为你所学的法律基础知识实际应用程度如何”时，有37.0%的学生认为“能运用所学的法律基础知识解决

① 张晓敏：《大学生法治素养研究》，东北师范大学，博士学位论文，2018年。

实际问题”，有28.8%的学生认为“懂得法律基础知识但不会用”，有28.1%的学生认为“法律知识浅薄，但有实际运用的想法”，有5.4%的学生认为“缺乏法律知识，谈不上运用法律”，有0.6%的学生认为“完全想不到用法律解决问题”（见表4-41）。针对同样的问题，复旦大学博士陈洁在其《我国大学生法治教育研究》论文中的调查结果显示，即使在大学生力所能及的范围内，大学生行使自己的权利也不积极，有69.2%的学生没有参加过校级或者院级的学生代表大会，虽然有77.2%的学生表示自己班级的班干部是公开选举产生的，但在选出班委会后，即使班委不称职，有33.2%的学生也不予理会，有5.9%的学生则不配合班委会的工作，在评定奖学金时，只有33.3%的学生所在的班级有奖学金评审小组，有27.2%的学生不知道奖学金是怎么评出来的，有14.1%的学生不关心奖学金评定等是否做到了公平公开公正。① 从以上数据可以看出，大学生法律知

表4-41 **大学生运用法律基础知识程度情况统计**

你认为你所学的法律基础知识实际应用程度如何					
		频率	百分比（%）	有效百分比（%）	累计百分比（%）
有效	能运用所学的法律基础知识解决实际问题	492	37.0	37.0	37.0
	懂得法律基础知识但不会用	383	28.8	28.8	65.8
	法律知识浅薄，但有实际运用的想法	373	28.1	28.1	93.9
	缺乏法律知识，谈不上运用法律	72	5.4	5.4	99.3
	完全想不到用法律解决问题	8	0.6	0.6	99.9
	总计	1328	99.9	99.9	

说明：由于四舍五入，总计百分比小于100%。

① 陈洁：《我国大学生法治教育研究》，复旦大学，博士学位论文，2012年。

识的实际运用情况不尽如人意，这一方面是因为大学生掌握的法律知识和用法技能不足，另一方面是因为大学生用法的意识不强。

针对大学生运用法律知识及运用法律解决问题的程度，当问到教师“您认为大学生通过法律基础知识学习，在生活实践中能否将理论知识转化为法治实践能力”时，教师认为学生“非常能”将法律理论知识转化为法治实践能力的占3.4%，认为学生能将法律理论转化为能力的占30.3%，认为将法治理论转化为法治能力“一般”的占51.4%，认为“不能”的占13.5%，认为“完全不能”的占1.4%（见表4-42）。从调查结果来看，教师对学生能否将法律知识转化为实践能力的调查结果与学生的调查结果基本是吻合的，说明在高校法治教育中教师与学生对法治教育理论能否转化为学生的法治实践能力的认识基本上是客观的，认为学生通过学习法律知识这一基础就具备将其转化为实践能力的可能性比较小。

表4-42　**大学生法律知识转化为法治实践能力可能性统计**

您认为大学生通过法律基础知识学习，在生活实践中能否将理论知识转化为法治实践能力

		频率	百分比（%）	有效百分比（%）	累计百分比（%）
有效	非常能	7	3.4	3.4	3.4
	能	63	30.3	30.3	33.7
	一般	107	51.4	51.4	85.1
	不能	28	13.5	13.5	98.6
	完全不能	3	1.4	1.4	100.0
	总计	208	100.0	100.0	

大学生在日常生活中能否做到化解矛盾靠法是大学生法治信仰在

实践中的反映。法国思想家罗曼·罗兰认为：“信仰不是一种学问，而是一种行为，它只有被实践的时候，才有意义。”① 当问到教师“您认为通过《思想道德修养与法律基础》课程中法律基础知识的学习，大学生在日常生活中能否做到化解矛盾靠法”时，他们认为大学生在日常生活中“非常能”做到化解矛盾靠法的占2.9%，认为“能”靠法化解日常生活中矛盾的占40.4%，认为“不确定”的占50.5%，认为“不能”靠法化解矛盾的占5.8%，认为“完全不能”的占0.5%（见表4－43）。当然，大学生能否将法治理论知识转化为法治实践能力不仅仅是大学生法治素养培养的问题，还涉及国家社会法治环境建设的问题。

表4－43　**大学生运用法律基础知识化解矛盾的可能性统计**

您认为通过《思想道德修养与法律基础》课程中法律基础知识的学习，大学生在日常生活中能否做到化解矛盾靠法					
		频率	百分比（%）	有效百分比（%）	累计百分比（%）
有效	非常能	6	2.9	2.9	2.9
	能	84	40.4	40.4	43.3
	不确定	105	50.5	50.5	93.8
	不能	12	5.8	5.8	99.6
	完全不能	1	0.5	0.5	100.1
	总计	208	100.1	100.1	

说明：由于四舍五入，总计百分比大于100%。

大学生法治教育从1986年“一五”普法到“七五”普法的30多年来取得了一定的效果和成绩，但历届“普法规划”都是以社会成员的守法要求为核心的。直到2016年教育部、司法部、全国普法办联合颁发的《青少年法治教育大纲》出台以后，青少年法治教育

① ［法］罗曼·罗兰：《名人传》，陈筱卿译，北京师范大学出版社2014年版，第234页。

要求出现从传授法律知识到培养法治观念、法律意识的转变，强调对大学生进行法治观念、法治意识、法治信仰的教育。但这并不意味着否定对高校大学生进行守法教育。在问到教师“您认为通过《思想道德修养与法律基础》课程中法律基础知识的学习，大学生在日常生活中能否做到懂法及守法”时，他们认为大学生通过法律基础知识的学习“非常能”做到懂法和守法的占2.4%，认为“能”做到懂法和守法的占47.1%，认为“不确定”能否做到的占44.2%，认为“不能”做到的占5.3%，认为“完全不能”做到的占1.0%（见表4-44）。从调查结果来看，教师对大学生能否在日常生活中做到懂法和守法的认同度并不是很高。

表4-44　　教师对大学生懂法守法认知情况统计

您认为通过《思想道德修养与法律基础》课程中法律基础知识的学习，大学生在日常生活中能否做到懂法及守法					
		频率	百分比（%）	有效百分比（%）	累计百分比（%）
有效	非常能	5	2.4	2.4	2.4
	能	98	47.1	47.1	49.5
	不确定	92	44.2	44.2	93.8
	不能	11	5.3	5.3	99.0
	完全不能	2	1.0	1.0	100.0
	总计	208	100.0	100.0	

大学生法治能力不仅仅体现在大学生运用法律维护自身权益的能力和实践法治救济的能力上，在依法治国战略实施的背景下，在高校法治教育观念转变的实践要求下，大学生法治能力培养中对其守法能力的培养同样也是不可忽视的。守法能力是法治国家建设对公民的基本要求，“大学生作为素质较高的群体，守法能力更多指的是遵纪守

法、依法办事的一种思维和行为习惯。高校法治教育应当把大学生守法能力的培养作为一项基本要求来贯彻”①。因此，不能因为强调对大学生法治素养教育的重要性而忽视对其基本的守法教育。

（三）形塑大学生法治思维方式专业训练不强

美国课程专家拉尔夫·泰勒认为：“任何单一的学习经验都不能对学习者产生极其深远的影响。比如在思维方式、基本习惯、起主导作用的观念、态度、长久的兴趣或喜好等方面的改变，都是缓慢的。”② 提高高校法治教育实效性离不开教师的有效教学和学生的有效学习。如前所述，在有效教学中，有效的教和有效的学是有效教学的两个重要方面。所谓有效学习是指“学生在学习活动中，能够积极有效地运用各种学习资源和学习策略主动地学习，以最少的时间投入取得最佳效果的学习”③。在有效学习中，学生作为学习的主体，“有效”的核心应该是学生自身各项素质的综合发展，包括学习方法的掌握、学习能力的提升、以掌握知识为基础的问题解决能力与创新思维的发展。根据以上理论，教师问卷和学生问卷对在高校法治教育过程中大学生形成法治思维的教育经验的组织和学生的学习方法进行了多个题项的调查。

当问到学生“你学习《思想道德修养与法律基础》课程所采取的学习方法是”这一问题时，有29.2%的学生认为对该门课程的学习采取“预习，做笔记，认真复习”的学习方法，有52.3%的学生采取“认真听课，按时完成作业”的方式进行学习，有11.6%的学生认为学习该门课程“没有什么学习方法”，有1.5%的学生对该门课程的学习则采取“不预习，不复习”的学习方法，有5.3%的学生采取“突击学习，应付考试”的学习方式（见表4-45）。从调查结

---

① 孟鹏涛：《中国高校法治教育问题研究》，吉林大学，博士学位论文，2017年。

② ［美］拉尔夫·泰勒：《课程与教学的基本原理》，施良方译，中国轻工业出版社2019年版，第87页。

③ 陈晓端、张立昌：《有效教学》，高等教育出版社2015年版，第293页。

果可以看出，学生在学习该门课程内容时极少发挥主体能动性，比较好的学习方法也仅是“认真听课”“按时完成作业”等。

表4－45 大学生学习法律基础课程方法统计

你学习《思想道德修养与法律基础》课程所采取的学习方法是					
		频率	百分比（%）	有效百分比（%）	累计百分比（%）
有效	预习，做笔记，认真复习	388	29.2	29.2	29.2
	认真听课，按时完成作业	695	52.3	52.3	81.5
	没有什么学习方法	154	11.6	11.6	93.1
	不预习，不复习	20	1.5	1.5	94.6
	突击学习，应付考试	71	5.3	5.3	99.9
	总计	1328	99.9	99.9	

说明：由于四舍五入，总计百分比不足100%。

为了进一步调查学生在《思想道德修养与法律基础》课程中对法律基础知识的学习方式，学生问卷设置了“在《思想道德修养与法律基础》课程中，你一般通过下列哪种方式学习法律知识”题项。有23.6%的学生表示学习法律知识采取“死记硬背教材中法律知识”的方式，有17.8%的学生采取“阅读相关法律经典著作”的方式，有12.3%的学生采取“参加相关法治实践活动”的方式，有29.1%的学生采取“与老师同学相互探讨”的方式，有17.1%的学生只是“听老师上课讲一下就好了”（见表4－46）。采取“死记硬背教材中法律知识“听老师上课讲一下就好了”的学习方式既不利于学生法治意识的培养，也不可能达到对大学生进行法治思维训练和构建的教育目标，更难以完成在对不同法律思想、法治理念加以鉴别后，坚定中国特色社会主义法治信仰的最高教育目标。

表 4 - 46　大学生学习法律基础知识方式统计

在《思想道德修养与法律基础》课程中，你一般通过下列哪种方式学习法律知识					
		频率	百分比（%）	有效百分比（%）	累计百分比（%）
有效	死记硬背教材中法律知识	313	23.6	23.6	23.6
	阅读相关法律经典著作	237	17.8	17.8	41.4
	参加相关法治实践活动	164	12.3	12.3	53.7
	与老师同学相互探讨	387	29.1	29.1	82.8
	听老师上课讲一下就好了	227	17.1	17.1	99.9
	总计	1328	99.9	99.9	

说明：由于四舍五入，总计百分比小于100%。

当问到“你是否会在《思想道德修养与法律基础》课上课之前主动预习法律基础知识部分的内容”时，有18.2%的学生认为在课前“经常会”主动预习法律基础课的内容，有34.5%的学生认为课前“一般会”预习，有32.3%的学生“不确定”课前会不会预习，有13.3%的学生认为课前“不会”预习法律基础课内容，课前“完全不会”预习法律课内容的占1.7%（见表4 - 47）。学生在学习中表现得不积极、不主动会直接影响高校法治教育的效果。同时这种课前不预习、课后不复习，学习法律基础知识的方法性不强等都是学习中机械学习、接受学习和低效学习的具体反映。所谓机械学习就是指未经对知识的理解消化而纯粹靠死记硬背知识的一种方法。所谓接受学习就是指仅仅借助教师讲授或者学习材料的内容，了解与理解现成知识的学习方法，不会对已学知识和现学知识进行勾连、联结和建构。这些学习方法当然无法练就法治所特有的推理思维、论证思维、平衡思维和正当程序思维等。

表 4－47　　大学生主动预习法律基础知识情况统计

你是否会在《思想道德修养与法律基础》课上课之前主动预习法律基础知识部分的内容					
		频率	百分比（%）	有效百分比（%）	累计百分比（%）
有效	经常会	242	18.2	18.2	18.2
	一般会	458	34.5	34.5	52.7
	不确定	429	32.3	32.3	85.0
	不会	176	13.3	13.3	98.3
	完全不会	23	1.7	1.7	100.0
	总计	1328	100.0	100.0	

当问到“当你与法律基础课老师就某一法律问题有不同观点时，你会如何”这一问题时，有 43.8% 的学生认为会“主动与老师交流，阐述自己的看法”，有 22.5% 的学生认为会“期待与老师交流，但不会主动”，有 31.5% 的学生认为“接受老师的观点，会在私底下与同学交流自己的看法”，有 2.1% 的学生认为会“将自己的看法藏在心里，和谁都不交流”，有 0.2% 的学生认为“根本不在乎老师的观点”（见表 4－48）。从调查结果可以看出，学生在学习中的主体性发挥不强。由于学生主体性发挥不强，因此学生很难在学习中进行自主学习和探究性学习，在学习中很难自主发现问题、探究问题进而进行合作学习。法治学习和其他课程的学习一样，真正属于内化的学习和能促进学生身心发展的学习必然是由学生自主完成的学习。通常“学习自主性强的学生能够系统运用一系列学习和自我调节策略，其学习成绩一般好于学习自主性差的学生；那些在智力、社会环境和接受教育的质量等方面明显占优势的学生，学习失败的重要原因是缺乏自主性”①。但也不否定有 43.8% 的学生会“主动与老师交流，阐述自己的看法”，在高校法治教育教学中呈现出好的学习现象。因为这类自

① 庞维国：《自主学习：学与教的原理与策略》，华东师范大学出版社 2003 年版，第 16 页。转引自陈佑清《有效教学》，高等教育出版社 2016 年版，第 86 页。

由交谈既可以使学生内在的法律知识得以组合和联结，又可以在与老师的交流过程中获得机会去改变这种联想，丰富知识并使知识多样化，防止知识在实际应用中的生搬硬套。这种主动与老师交流的学习方式在高校法治教育过程中是值得肯定的，对提高高校法治教育实效性也是有利的。

表 4－48　　**大学生学习法律基础知识主动性统计**

当你与法律基础课老师就某一法律问题有不同观点时，你会如何					
		频率	百分比（%）	有效百分比（%）	累计百分比（%）
有效	主动与老师交流，阐述自己的看法	581	43.8	43.8	43.8
	期待与老师交流，但不会主动	299	22.5	22.5	66.3
	接受老师的观点，会在私底下与同学交流自己的看法	418	31.5	31.5	97.8
	将自己的看法藏在心里，和谁都不交流	28	2.1	2.1	99.9
	根本不在乎老师的观点	2	0.2	0.2	100.1
	总计	1328	100.1	100.1	

说明：由于四舍五入，总计百分比大于100%。

针对大学生是否重视学习法律基础知识这一问题，教师问卷对大学生学习法律基础知识的重视程度进行了调查。教师认为大学生“非常重视”学习法律基础知识的占1.0%，认为大学生“重视”学习法律基础知识的占34.6%，认为对学习法律基础知识重视程度“一般”的占59.1%，认为“不重视”的占5.3%（见表4－49）。这说明学生对学习法律基础知识的内在动力不足，而内在学习动力是最能促使学习者保持学习的积极性以及产生克服学习困难的坚定意志的因素，大学生对学习法律基础知识的重视程度一方面反映了一些学生缺乏学习法律知识的兴趣，另一方面也从一个侧面反映了他们缺乏运用法律知识解决问题的实践经验和感受，法律知识对于他们来说更像是一套理论，其需要运用和实践的想法并不强烈。

表 4－49　　大学生对学习法律基础知识重视程度统计

您认为在基础课程中大学生对学习法律基础知识的重视程度如何					
		频率	百分比（%）	有效百分比（%）	累计百分比（%）
有效	非常重视	2	1.0	1.0	1.0
	重视	72	34.6	34.6	35.6
	一般	123	59.1	59.1	94.7
	不重视	11	5.3	5.3	100.0
	总计	208	100.0	100.0	

从学校层面上说，学校法治教育的顶层设计和教育理念对法治教育的效果也会产生相当大的影响。因为教育理念往往影响教材内容的编写和设计，教学材料的选择和运用，学生培养的方向和目标。当问到教师“您所在学校是否经常开展与法治教育相关的实践活动”时，有 14.9% 的教师认为所在学校“经常开展”与法治教育相关的实践活动，有 64.9% 的教师认为所在学校“偶尔开展”与法治教育相关的实践活动，有 16.8% 的教师“不确定”所在学校是否开展与法治教育相关的实践活动，有 2.4% 的教师认为所在学校“不开展”与法治教育相关的实践活动，有 1.0% 的教师认为所在学校“从来不开展”与法治教育相关的实践活动（见表 4－50）。从此项调查结果可以看出，高校法治教育仍然停留在学生法律知识和法律理论教育的层面，对于学生法治能力的提升、法治素养的培养还有待加强。

表4-50　　高校开展相关法治教育实践活动情况统计

您所在学校是否经常开展与法治教育相关的实践活动					
		频率	百分比（%）	有效百分比（%）	累计百分比（%）
有效	经常开展	31	14.9	14.9	14.9
	偶尔开展	135	64.9	64.9	79.8
	不确定	35	16.8	16.8	96.6
	不开展	5	2.4	2.4	99.0
	从来不开展	2	1.0	1.0	100.0
	总计	208	100.0	100.0	

除了调查学校层面与法治教育实践开展情况外，还在教师调查问卷中就开展法治社会调查情况设置了“您在进行法治教育时是否经常开展与法治相关的社会调查实践活动”题项。教师在进行法治教育时“经常开展”与法治相关的社会调查实践活动的占11.5%，“偶尔开展”与法治相关的社会调查实践活动的占65.4%，教师“不确定”在教学中是否开展与法治相关的社会调查实践活动的占9.1%，表示“不开展”的占13.0%，表示“从来不开展”的占1.0%（见表4-51）。这说明高校法治教育在开展实践性教学方面呈现出不足。根据泰勒课程原理，合适的特定的学习经验的选择对学生提高学习兴趣和学习效率都是非常有利的。因为合适的学习经验可以使学生在进行目标所隐含的实践活动中践履与知识相对应的相关行为，并感到对所学知识的满足，从而提升学习的兴趣和效果。

大学生法治思维的养成既是一个理论问题，也是一个非常重要的实践问题，是高校法治教育提高实效性的重要一环。目前学界从多个维度对法治思维进行界定，有从政治功能上界定法治思维的，有从法

表 4－51　　　　教师开展法治社会调查情况统计

您在进行法治教育时是否经常开展与法治相关的社会调查实践活动					
		频率	百分比（%）	有效百分比（%）	累计百分比（%）
有效	经常开展	24	11.5	11.5	11.5
	偶尔开展	136	65.4	65.4	76.9
	不确定	19	9.1	9.1	86.1
	不开展	27	13.0	13.0	99.0
	从来不开展	2	1.0	1.0	100.0
	总计	208	100.0	100.0	

学意义上界定法治思维的，也有从教义学上界定法治思维的，那么，法治思维是什么？如何有效训练大学生的法治思维？通俗地说，法治思维就是“根据法律进行思考”。法治思维是法治能力得以实现的前提，对法治思维培养的重要意义在于大学生将法律知识转变为法治能力。当然，法治思维的养成也需要专业的训练，所谓专业的训练就是指借助概念性或体系性知识的模式对法律的复杂性进行必要的独断性简化，并以此实现法律的稳定化。如果缺乏教义学知识和专业的训练，不根据前提性法律概念和法律制度进行思考，法治思维就很难实现。针对法治思维的形成及其本身的特点，高校法治教育一方面应该加强法治思维的专业训练，另一方面应该加强高校法治实践性教学。开展高校法治教育实践性教学活动不仅对丰富高校法治教育教学方法具有一定的创新促进作用，而且对于培养大学生法治思维及思想政治教育效果兼具一定的促进作用。在 21 世纪之初，胡锦涛总书记就曾对思想政治教育加强实践性教学指出：“要坚持政治理论教育与社会实践相结合，既搞好课堂教育，又注重引导大学生深入社会、了解社会、服务社会。要坚持解决思想问题与解决实际问题相结合，既以理

服人又以情感人，增强思想政治教育的实际效果。”① 对于这一观点，高校法治教育应该重视。

（四）高校法治教育教学方式不够多样

无论是主张发挥、挖掘、注重学生主体性培养的主体教育理论，还是注重教育和学习效果的有效教育理论、泰勒课程原理都不否认教师教育教学方式、教导行为、教育经验的组织在教学中提升教育效果的重要作用。基于此，当问到学生“你认为影响高校法治教育教学效果的突出问题是”这一问题时，有 20.1% 的学生认为是“教学方法老套”，有 34.1% 的学生认为是“教学内容枯燥”，有 15.3% 的学生认为是“该课程不受领导、老师、学生，甚至社会的重视”，有 23.1% 的学生认为是“学生学习态度不够认真”，有 7.4% 的学生认为是“课程考核方式单一”（见表 4－52）。可以看出教学方法老套、教学内容枯燥是影响高校法治教育效果的重要因素。

表 4－52　**大学生认为影响高校法治教育效果的因素统计**

你认为影响高校法治教育教学效果的突出问题是					
		频率	百分比（%）	有效百分比（%）	累计百分比（%）
有效	教学方法老套	267	20.1	20.1	20.1
	教学内容枯燥	453	34.1	34.1	54.2
	该课程不受领导、老师、学生，甚至社会的重视	203	15.3	15.3	69.5
	学生学习态度不够认真	307	23.1	23.1	92.6
	课程考核方式单一	98	7.4	7.4	100.0
	总计	1328	100.0	100.0	

① 胡锦涛：《进一步加强和改进大学生思想政治教育工作　大力培养造就社会主义建设者和接班人——在全国加强和改进大学生思想政治教育工作会议上的讲话》，《光明日报》2005 年 1 月 19 日。

教学方式可谓是一个历久弥新的话题，无论是中小学教育，还是大学教育，无论是专业教育还是素质教育，教学方式都不容忽视。当问到教师“您认为教学方式对高校法治教育的效果影响大吗”时，有14.4%的教师认为教学方式对高校法治教育的效果影响“非常大”，有70.2%的教师认为“比较大”，有13.5%的教师认为“一般”，有1.9%的教师认为“不大”（见表4－53）。可以看出，法律基础课教师总体上认可教学方式对高校法治教育所产生的影响较大。这与刘晓亮、沈壮海（2019）在《关键课程发挥关键作用——基于2014—2018年高校思想政治理论课建设调查数据的分析》一文中——“2018年的调查显示，大学生认为影响思想政治教育成效的因素中，教育内容（22.3%）和教育方式（21.8%）排在前两位。”① ——的基本情况是一致的，说明教学方式无论对于整个思想政治课的实效性，还是对于法治教育实效性的提高，都是需要在实践中改革创新的。因为加强高校法治教育的实效性，不仅需要法治理论研究的支撑，也需要在实践层面上落实方式的细化，更需要由理论转向实践的中间环节——教学方式的创新为其提供方法保障。

表4－53　教师对教学方式对高校法治教育效果影响的认知情况统计

您认为教学方式对高校法治教育的效果影响大吗					
		频率	百分比（%）	有效百分比（%）	累计百分比（%）
有效	非常大	30	14.4	14.4	14.4
	比较大	146	70.2	70.2	84.6
	一般	28	13.5	13.5	98.1
	不大	4	1.9	1.9	100.0
	总计	208	100.0	100.0	

① 刘晓亮、沈壮海：《关键课程发挥关键作用——基于2014—2018年高校思想政治理论课建设调查数据的分析》，《中国高等教育》2019年第9期。

当问到教师“您在讲授法律知识时是否经常采用理论灌输的教学方法”时，有8.7%的教师认为“经常会”采用灌输式教学方法，有51.4%的教师认为“一般会”采用灌输式教学方法，有29.8%的教师认为“偶尔会”采用灌输式教学方法，有7.2%的教师认为“不会”采用灌输式教学方法，表示“完全不会”采用灌输式教学方法的占2.9%（见表4-54）。通过调查可以看出，作为思想政治教育教学中一种常用的教学方法，有60.1%的教师在高校法治教育教学中仍然会采用灌输式教学法。石云霞教授认为：“坚持马克思主义灌输论的意义在于坚持以马克思主义为指导思想，使马克思主义能深入人心、代代相传。这也是思想政治理论课进行马克思主义理论灌输的重要意义。”① 但在实践教学中灌输式教学方法与“注入式”“填鸭式”教学方法界限往往难以划清，造成灌输式成为单向度“硬灌输”的代名词。这种“硬灌输”的教学方法不仅不能激发学生的学习兴趣，长此以往反而会对教学效果产生反向作用。沈壮海、肖洋在其《2016年度大学生思想政治状况调查分析》一文中通过调查表明：“作为思想政治教育的‘主渠道’和‘主阵地’，思想政治理论课和日常思想政治教育已经发挥了积极作用。同时，我们也应该看到，50.4%的大学生认为当前思想政治理论课的教学效果‘一般’，10.0%左右的大学生对思想政治理论课课程设置、教学内容和教学方法不大满意，一些受访学生提出希望增加实践教学比例、改进‘灌输’的教学模式。”② 这与本书的调查结果是吻合的。

当问到教师“您认为高校法治教育与思想政治教育方式有区别”时，有8.7%的教师认为法治教育与思想政治教育方式“区别很大”，有76.9%的教师认为法治教育与思想政治教育方式“有区别”，其累

① 石云霞：《高校思想政治理论课程建设史研究》，武汉大学出版社2006年版，第335页。

② 沈壮海、肖洋：《2016年度大学生思想政治状况调查分析》，《思想理论教育导刊》2017年第1期。

计百分比为85.6%，认为“不确定”的占8.7%，有5.8%的教师认为两者“没有区别”（见表4－55）。对于这一问题，复旦大学徐蓉教授认为，法治教育与思想政治教育的逻辑起点是不同的，因此“高校的法治教育究竟以怎样的方式为大学生法治信仰的形成做好供给，是值得深入探究的”①。

表4－54　　**灌输教学法在高校法治教育中运用情况统计**

您在讲授法律知识时是否经常采用理论灌输的教学方法					
		频率	百分比（%）	有效百分比（%）	累计百分比（%）
有效	经常会	18	8.7	8.7	8.7
	一般会	107	51.4	51.4	60.1
	偶尔会	62	29.8	29.8	89.9
	不会	15	7.2	7.2	97.1
	完全不会	6	2.9	2.9	100.0
	总计	208	100.0	100.0	

表4－55　　**教师对高校法治教育与思想政治教育方式认知情况统计**

您认为高校法治教育与思想政治教育方式有区别吗					
		频率	百分比（%）	有效百分比（%）	累计百分比（%）
有效	区别很大	18	8.7	8.7	8.7
	有区别	160	76.9	76.9	85.6
	不确定	18	8.7	8.7	94.2
	没有区别	12	5.8	5.8	100.1
	总计	208	100.1	100.1	

说明：由于四舍五入，总计百分比大于100%。

① 徐蓉：《法治教育的价值导向与大学生法治信仰的培育》，《思想理论教育》2015年第2期。

当问到教师“您在《思想道德修养与法律基础》课中讲授法律知识时是否会采用学生参与式教学方式”时，有32.2%的教师认为“经常会”采用学生参与式教学方式，有61.5%的教师认为“偶尔会”采用学生参与式教学方式，有2.9%教师认为“不确定”会不会采用学生参与式教学方式，有3.4%的教师认为“不会”采用学生参与式教学方式（见表4－56）。学生参与式教学方式是课程理论研究从课程开发向理解课程范式转换的重要标志。参与式教学主张“教师和学生可以自主地对学校课程进行理解与解释，通过对话与讨论，可以达成共识、生成课程意义。就是说，经过教师的课程运作和学生经验的建构，课程内容得以转化为学生知识结构的有机构成部分”①。因此，参与式教学方式注重学生主体的发挥，注重学生作为主体对知识建构的预生成，学生主体意识的觉醒程度决定参与式课程效果的程度。当然，参与式教学方式在法治教育中的开展离不开教师主导作用的发挥，从某种意义上说，这种教学方式对学生主体意识的培养具有一定的训练意义，而主体意识的生成对法治教育权利意识的觉醒具有一定的促进作用。

表4－56　　参与式教学方式在高校法治教育中采用情况统计

您在《思想道德修养与法律基础》课中讲授法律知识时是否会采用学生参与式教学方式

		频率	百分比（%）	有效百分比（%）	累计百分比（%）
有效	经常会	67	32.2	32.2	32.2
	偶尔会	128	61.5	61.5	93.8
	不确定	6	2.9	2.9	96.6
	不会	7	3.4	3.4	100.0
	总计	208	100.0	100.0	

① 杨明全：《参与式课程实践：课堂情境中的课程变革》，《比较教育研究》2004年第9期。

当问到教师“您在进行法治教育时是否经常开展法律基础知识竞赛活动”时，有7.2%的教师认为“经常开展”法律基础知识竞赛活动，有52.4%的教师认为“偶尔开展”法律基础知识竞赛活动，有17.8%的教师表示“不确定”是否会开展法律基础知识竞赛活动，有20.7%的教师表示“不开展”法律基础知识竞赛活动，有1.9%的教师表示“从来不开展”法律基础知识竞赛活动（见表4-57）。

表4-57　**法律基础知识竞赛在高校法治教育中开展情况统计**

您在进行法治教育时是否经常开展法律基础知识竞赛活动					
		频率	百分比（%）	有效百分比（%）	累计百分比（%）
有效	经常开展	15	7.2	7.2	7.2
	偶尔开展	109	52.4	52.4	59.6
	不确定	37	17.8	17.8	77.4
	不开展	43	20.7	20.7	98.1
	从来不开展	4	1.9	1.9	100.0
	总计	208	100.0	100.0	

当问到教师“您在进行法治教育时是否经常开展与法律相关的参观访问活动”时，有8.7%的教师表示“经常开展”，有51.9%的教师表示“偶尔开展”，表示“不确定”的占17.8%，表示“不开展”的占20.7%，表示“从来不开展”的占1.0%（见表4-58）。从以上调查结果可以看出，大学生法治教育实践活动及实践课程还有待开发和丰富。

表4－58 法律参观访问活动在高校法治教育中开展情况统计

您在进行法治教育时是否经常开展与法律相关的参观访问活动					
		频率	百分比（%）	有效百分比（%）	累计百分比（%）
有效	经常开展	18	8.7	8.7	8.7
	偶尔开展	108	51.9	51.9	60.6
	不确定	37	17.8	17.8	78.4
	不开展	43	20.7	20.7	99.0
	从来不开展	2	1.0	1.0	100.1
	总计	208	100.1	100.1	

说明：由于四舍五入，总计百分比大于100%。

当问到大学生“你认为加强大学生法治意识的最好方法是”这一问题时，有33.1%的学生认为“通过大学生法律基础课程学习”是最好的方法，有29.5%的学生认为通过”各种丰富的法治宣传活动和讲座”是最好的方法，有7.8%的学生认为通过“各种媒体的法治宣传”是最好的方法，有10.1%的学生认为通过“参加学校法律社团活动”是最好的方法，有19.5%的学生认为通过“周围与法治教育有关的实际事例”是最好的方法（见表4－59）。沈壮海、王迎迎在其《2015年度大学生思想政治及其教育状况调查分析》一文中通过调查得出思想政治理论课教学方法的改进措施，首先认为应该以加强实践教学和教学的趣味性为要，其中大学生对这两项建议的支持率分别为47.9%和50.5%；其次认为应该在教学中注重师生互动交流和案例教学，这两项的支持率分别为为29.8%和23.6%；对于网络和多媒体教学手段运用的支持率为17.5%。①针对思想政治理论课教学方法问题，刘小亮、沈壮海根据2018年调查数据得出：“大学生认为改进教学方法的重点在于‘增强教学的趣味性’（55.2%）、‘重视开展实践教学’（49.7%）、‘加强师生互动交流’（40.4%），此外

① 沈壮海、王迎迎：《2015年度大学生思想政治及其教育状况调查分析》，《中国高等教育》2016年第8期。

还有‘强化案例教学’（21.3%）和‘重视网络、多媒体等教学手段的运用’（18.5%）等。”① 综观大学生对思想政治理论课教学方法改进的意见，比较集中在“增强教学的趣味性”和“重视开展实践教学”两个方面，在2018年的调查结果中“加强师生互动交流”的比例明显上升，这说明学生在思想政治理论课学习中的主体意识开始觉醒，这也提醒教师要从“灌输式”教学向“主导式”教学转变。

表4－59 **大学生认为加强法治意识的方法统计**

你认为加强大学生法治意识的最好方法是					
		频率	百分比（%）	有效百分比（%）	累计百分比（%）
有效	通过大学生法律基础课程学习	440	33.1	33.1	33.1
	各种丰富的法治宣传活动和讲座	392	29.5	29.5	62.7
	各种媒体的法治宣传	103	7.8	7.8	70.4
	参加学校法律社团活动	134	10.1	10.1	80.5
	周围与法治教育有关的实际事例	259	19.5	19.5	100.0
	总计	1328	100.0	100.0	

在高校法治教育过程中，教师如何激发学生学习法律基础知识的内在动力，充分发挥学生在法治理论和法治知识学习中的主体性、主动性、积极性；如何在法治教育中做好启发与主流意识形态的灌输和引导；如何引导学生处理好高校课堂教育与多媒体、多渠道学习法律知识、树立正确法治观念都是高校法治教育改革和创新，提高高校法治教育实效性需要思考的现实问题。这些问题的解决程度直接体现了习总书记在学校思想政治理论课教师座谈会上提出的“八个统一”在教学方法层面的改革、创新和贯彻落实的效果，同时也是提高高校

① 刘小亮、沈壮海：《关键课程发挥关键作用——基于2014—2018年高校思想政治理论课建设调查数据的分析》，《中国高等教育》2019年第9期。

法治教育效果必须面对的问题。

三　高校法治教育实效性制约因素分析

（一）高校法治教育教师队伍参差不齐

关于教师教育教学对学生是否产生重要影响，美国学者克里克山克在其《教学行为指导》一书中指出："所有的教师都会对他们学生的生活产生一些影响，而某些教师会持续地产生更大和更积极的影响，他们似乎与学生相处得更好，在教授学生真知方面更成功。我们把这种教师称为'有效的'教师。"① 从其著作中我们可以看出，教师对学生不仅是传授知识，而且会对其成长产生深远持久的影响。那么，什么样的教师才是"有效教师"呢？作为对学生学习和发展产生深远影响的有效教师应该具备哪些素质特征呢？陈晓端、张立昌教授认为，有效教师就是具有良好专业品质和明确的教学认识，具备渊博的教学知识和超强的教学能力，并能引发与促进学生有效学习的高素质教师。有效教师的素质特征主要体现在具有明确的专业知识、浓厚的专业情趣、良好的专业精神、渊博的专业知识、扎实的专业理论、超强的专业能力、丰富的专业智慧、远大的专业理想、持续的专业学习九个方面。② 据此，本书对高校法治教育教师队伍现状进行了调查。当问到教师"您所学的专业属于"这一问题时，有 19.2% 的教师选择的是哲学，有 3.4% 的教师选择的是经济学，有 55.3% 的教师选择的是法学，有 10.6% 的教师选择的是教育学，有 3.8% 的教师选择的是文学，有 2.4% 的教师选择的是历史学，有 1.4% 的教师选择的是理学，有 0.5% 的教师选择的是工学，有 1.4% 的教师选择的是医学，有 1.9% 的教师选择的是管理学（见表 4－60）。从此项调查结果可以看出，有 44.7% 的高校法治教育教师不具备法学教育背景，

① ［美］克里克山克：《教学行为指导》，时绮等译，中国轻工业出版社 2003 年版，第 297 页。

② 陈晓端、张立昌：《有效教学》，高等教育出版社 2015 年版，第 293 页。

客观来说，教师专业知识和专业背景对学生在某一领域知识的学习具有很大的影响。

表4－60　高校法治教育教师所学专业统计

您所学的专业属于					
		频率	百分比（%）	有效百分比（%）	累计百分比（%）
有效	哲学	40	19.2	19.2	19.2
	经济学	7	3.4	3.4	22.6
	法学	115	55.3	55.3	77.9
	教育学	22	10.6	10.6	88.5
	文学	8	3.8	3.8	92.3
	历史学	5	2.4	2.4	94.7
	理学	3	1.4	1.4	96.2
	工学	1	0.5	0.5	96.6
	医学	3	1.4	1.4	98.1
	管理学	4	1.9	1.9	99.9
	总计	208	99.9	99.9	

说明：由于四舍五入，总计百分比小于100%。

从调查结果可以看出，高校法治教育任课教师本身所学专业背景比较丰富，法治教育教师丰富的专业背景从不同角度教育引导学生认知该门课程具有一定的促进作用，但具体到法治教育课程中对法律基础知识的教授而言，这些非法学专业背景的教师对提高高校法治教育实效性来说也存在一些不足。抛开这些非法学专业背景教师是否具有明确的法治专业意识、法治专业情趣、法治专业精神不说，高校法治教育教学因为课程设置的高度凝练性、简洁性、政治性而需要法治教育教师具有渊博的专业知识、扎实的专业理论、超强的专业能力、丰富的专业智慧对高校法治教育课程教育目标、教育内容进行深度的开发、理解、融合及提升。不具备法学专业本体性知识，很难对《思想道德修养与法律基础》课程中法律基础知识进行全面的、系统的、深入的把握，很难将法律知识体系、基本思想和方法、基本原理和技能与其他学科进行联系与融合，很难准确把握课程内容的性质和重要性，很难在传授法律知识内容的同时渗透学科基本思想观念和方法。这些都会影响法治教育质量的提高。

表4－61　**高校法治教育教师担任法律基础课程具体身份统计**

您在高校担任基础课程教师的具体身份是					
		频率	百分比（%）	有效百分比（%）	累计百分比（%）
有效	专任教师	152	73.1	73.1	73.1
	行政人员	15	7.2	7.2	80.3
	辅导员	39	18.8	18.8	99.1
	教辅人员	2	1.0	1.0	100.1
	总计	208	100.1	100.1	

说明：由于四舍五入，总计百分比大于100%。

与此同时，本书还对高校担任法治教育教师的具体身份进行了调查。调查结果是，在高校法治教育教师中，有73.1%的教师为专任教师，有7.2%的教师为高校行政人员，有18.8%的教师为辅导员，有1.0%的教师为高校教辅人员（见表4－61）。可以看出，担任高校法治教育任课教师的主力是专任教师，辅导员次之，行政人员再次之，也就是说，辅导员是高校法治教育教师的第二大主体。陈笃彬在其《大学生思想政治教育理论与实证》一书中通过调查与访谈认为，高校辅导员队伍的理论水平与实际工作能力的提高不均衡，主要体现在知识面不够宽、对政策的理解与把握不够、对工作缺乏长远的理性思考；辅导员队伍职称结构偏低，主要体现为辅导员队伍中没有高级职称，中级职称人员比例也偏低，仅占25.8%，低职称人员比例高；辅导员队伍中缺乏高层次人才和专家级学科带头人，思想政治教育的一些经验和规律还有待总结和提升。[①] 这也说明，高校法治教育教师的具体身份和现实条件致使部分教师很难具有远大的专业思想和持续

① 陈笃彬：《大学生思想政治教育理论与实证》，人民出版社2011年版，第224—225页。

的专业学习发展的时空平台，在法治教育过程中辅导员也很难对学生进行法治前沿理论的延伸与引导，从而难以发挥对学生进行法治精神的探究与引导作用。

为了证实以上观点，对高校法治教育教师进行了“您认为《思想道德修养与法律基础》课程教师的专业背景是否会影响法治教育的实际效果”，有18.8%的教师认为教师的专业背景“非常影响”法治教育的实际效果，有56.7%的教师认为教师的专业背景“比较影响”法治教育的实际效果，认为其影响“一般”的占17.8%，认为“影响不大”的占6.3%，认为“没有影响”的仅占0.5%（见表4-62）。可以看出，教师对专业背景会影响法治教育的实际效果这一观点基本上是认同的。吉林大学博士孟鹏涛在其《中国高校法治教育问题研究》（2017）论文中针对上述问题通过调查和访谈得出：“目前多数高校法治教育的教师队伍法律知识不足、缺乏法治实践经验，在深层次培养大学生法治意识、提高大学生法律素质方面略显不足。”[①] 这一结论与本书的调查情况可以互为印证。

表4-62　**高校法治教育教师对教师专业背景影响法治教育效果认知统计**

您认为《思想道德修养与法律基础》课程教师的专业背景是否会影响法治教育的实际效果					
		频率	百分比（%）	有效百分比（%）	累计百分比（%）
有效	非常影响	39	18.8	18.8	18.8
	比较影响	118	56.7	56.7	75.5
	一般	37	17.8	17.8	93.3
	影响不大	13	6.3	6.3	99.6
	没有影响	1	0.5	0.5	100.1
	总计	208	100.1	100.1	

说明：由于四舍五入，总计百分比大于100%。

① 孟鹏涛：《中国高校法治教育问题研究》，吉林大学，博士学位论文，2017年。

针对高校法治教育任课教师的实际情况，2016 年《教育部关于印发〈高等学校思想政治理论课教学指导委员会章程〉的通知》颁布，该通知指出高等学校思想政治理论课教学指导委员会的一个重要作用就是发挥培训作用，组织专家对思想政治理论课教师队伍和骨干教师进行培训，切实增强培训效果。当问到教师“您所在学校是否经常召开《思想道德修养与法律基础》课程法治教育教师教学培训会”时，有 17.3% 的教师表示学校“经常召开”法治教育教师教学培训会，有 51.9% 的教师表示“偶尔召开”法治教育教师教学培训会，有 17.3% 的教师表示“不确定”，有 11.1% 的教师表示“不召开”法治教育教师教学培训会，有 2.4% 的教师表示“从来不召开”法治教育教师教学培训会（见表 4－63）。根据有效教学理论，教学是一个发展性动态概念，要保持持久的教学有效性，教师就需要与知识和教学

表 4－63　　　　高校开展法律基础教师教学培训会情况

您所在学校是否经常召开《思想道德修养与法律基础》课程法治教育教师教学培训会					
		频率	百分比（%）	有效百分比（%）	累计百分比（%）
有效	经常召开	36	17.3	17.3	17.3
	偶尔召开	108	51.9	51.9	69.2
	不确定	36	17.3	17.3	86.5
	不召开	23	11.1	11.1	97.6
	从来不召开	5	2.4	2.4	100.0
	总计	208	100.0	100.0	

法的发展步调一致，这就要求教师要么接受培训，要么坚持终身学习。从调查法治教师教育教学培训情况来看，高校法治教育教师知识和教法培训情况不容乐观。学者张晓敏对 5 所高校的 20 名法治教育教师进行了调查访谈，了解到“共有思想政治理论课专职教师 123 名，其中具有法学学历背景的仅有 9 人，而且集中在一所综合性大学，其他 4 所学校的 84 名专职教师中，没有一名教师有专业的法学学历背景……受访教师纷纷表示法律基础部分‘不好讲’……同时，

由于自身法学功底薄弱，教学能力长期得不到培训和提升，导致教学效果难提高”[①]。由此可以看出，无论是从高校法治教育教师自身的法学功底不厚，还是法治教师培训频次不够，都对高校法治教育效果的提升具有一定的影响。

根据《思想道德修养与法律基础》课程法治基础知识在教材中只占一章（第六章）的实际情况，为了调查高校法治教育除了教材知识外，是否还开展法律相关著作读书分享会以开阔学生法治知识视野，在教师问卷中设置了“您在进行法治教育时是否经常开展法律相关著作读书分享活动”，有11.1%的教师表示“经常开展”法律相关著作读书分享活动，有58.2%的教师表示“偶尔开展”法律相关著作读书分享活动，有12.5%的教师表示“不确定”是否开展，有16.3%的教师表示“不开展”法律相关著作读书分享活动，有1.9%的教师表示“从来不开展”法律相关著作读书分享活动（见表4－64）。可以看出，大学生经过老师推荐阅读和接触法律类著作的概率不大，高校大学生法治教育知识主要来源于《思想道德修养与法律基础》课程教材法律基础部分内容。

表4－64　　高校开展法律相关著作读书分享会情况统计

您在进行法治教育时是否经常开展法律相关著作读书分享活动					
		频率	百分比（%）	有效百分比（%）	累计百分比（%）
有效	经常开展	23	11.1	11.1	11.1
	偶尔开展	121	58.2	58.2	69.2
	不确定	26	12.5	12.5	81.7
	不开展	34	16.3	16.3	98.1
	从来不开展	4	1.9	1.9	100.0
	总计	208	100.0	100.0	

如何安排、组织《思想道德修养与法律基础》课程法律基础部分

① 张晓敏：《大学生法治素养研究》，东北师范大学，博士学位论文，2018年。

教材内容的教学也是提高高校法治教育实效性应考虑的因素之一。陈大文教授认为："组织实施高校思想政治理论课专题教学，是一项重大的教学改革举措""高校思想政治理论课专题教学以知识传授为载体和支撑，以价值引导为核心和目标，换言之，高校思想政治理论课专题教学不是一般的知识教育，而是深层次的价值观教育，主要任务是帮助学生提升马克思主义理论素养"①。为此，在教师问卷中设计了"您在讲授《思想道德修养与法律基础》课程时一般采用哪种方式完成法治教育大纲要求"题项。有24.5%的教师表示采用"章节式"组织教学，有7.7%的教师表示采用"专题式"组织教学，有45.7%的教师表示采用"章节+专题式"组织教学，有7.2%的教师表示采用"专题+实践式"组织教学，有13.5%的教师表示采用"章节+实践式"组织教学，有1.4%的教师表示采用"其他"方式组织教学（见表4-65）。从调查结果来看，采用专题式组织法治教育

表4-65　法律基础课教师完成法治教育大纲要求所采用授课方式统计

您在讲授《思想道德修养与法律基础》课程时一般采用哪种方式完成法治教育大纲要求					
		频率	百分比（%）	有效百分比（%）	累计百分比（%）
有效	章节式	51	24.5	24.5	24.5
	专题式	16	7.7	7.7	32.2
	章节+专题式	95	45.7	45.7	77.9
	专题+实践式	15	7.2	7.2	85.1
	章节+实践式	28	13.5	13.5	98.6
	其他	3	1.4	1.4	100.0
	总计	208	100.0	100.0	

① 陈大文、程娟：《论高校思想政治理论课专题教学的难点问题》，《思想理论教育导刊》2019年第12期。

教学的比例比较低。专题式教学组织方式一方面需改革法治教育教师在高校法治教育中对法律知识面面俱到的教学观念，另一方面重点加强了中国特色社会主义法治价值观渗透教育，专题式教学组织方式同时对教师主导作用的发挥提出了更高的要求。

根据以上对高校法治教育教师自身所学专业背景、任课教师具体身份、教师教学培训、教师法治教学设计、教学组织方式等方面的调查，可以得出高校法治教育教师队伍水平参差不齐的结论。

（二）法律基础课程内容设置缺乏有效融合

恩格斯指出："历史是这样创造的：最终的结果总是从许多单个的意志的相互冲突中产生出来的……各个人的意志……虽然都达不到自己的愿望，而是融合为一个总的平均数，一个总的合力……每个意志都对合力有所贡献，因而是包括在这个合力里面的。"① 与恩格斯所认为的社会是融合所有个人意志促进社会发展一样，高校法治教育也需要将《思想道德修养与法律基础》课程中不同板块之间的内容形成合力。2005 年，《中共中央宣传部、教育部关于进一步加强和改进高等学校思想政治理论课的意见》及其实施方案将"98 方案"中思想品德课程"思想道德修养"与"法律基础"两门课程合二为一，列为四年制本科思想政治理论课必修课。该课程融合改革的目的在于通过"开展马克思主义人生观、价值观、道德观和法治观的教育，引导学生树立高尚的理想情操和养成良好道德品质"。根据课程话语表达、所呈现出的政策话语、知识话语和生活话语三重奏特点，可以将课程内容分为思想教育、道德教育和法律教育"三大板块"，2006—2018 年版《思想道德修养与法律基础》课教材具体章节设置如表 4 - 66 所示。

① 《马克思恩格斯选集》（第 4 卷），人民出版社 1995 年版，第 697 页。

表 4－66　2006—2018 年《思想道德修养与法律基础》教材版章节设置一览

教材版本	教材结构	教材章节设置
2006—2010 年版	1＋8＋1	绪论＋思想板块（第 1、2、3 章）＋道德板块（第 4 章）＋德法融合（第 5、6 章）＋法律板块（第 7、8 章）＋结束语
2013 年版	1＋7＋1	绪论＋思想板块（第 1、2、3 章）＋道德板块（第 4 章）＋法律板块（第 5、6 章）＋德法融合（第 7 章）＋结束语
2015 年版	1＋8＋1	绪论＋思想板块（第 1、2、3 章）＋道德板块（第 4、5 章）＋法律板块（第 6、7、8 章）＋结束语
2018 年版	1＋6	绪论＋思想板块（第 1、2、3 章）＋核心价值观（第 4 章）＋道德板块（第 5 章）＋法律板块（第 6 章）

资料来源：张会芸、冯晓玲《高校“思想道德修养与法律基础”课教材发展研究（2006—2018）》，《思想政治教育研究》2019 年第 6 期。

针对《思想道德修养与法律基础》课程教材发展历程和内容设置的客观实际，为了达到该课程不同版本所预设的法治教育目标，同时提高不同时期该课程中法治教育效果，该课程编写组专家、学科专家冯秀军（2017）①、吴潜涛（2006）②、陈秉公（2016）③、陈大文（2006）④、沈壮海（2018）⑤、高国希（2010）⑥、张耀灿（2019）⑦

① 冯秀军：《论思想政治教育的整体性视野》，《教育研究》2017 年第 8 期。

② 吴潜涛：《“思想道德修养与法律基础”课的性质、逻辑结构与主线》，《教学与研究》2006 年第 8 期。

③ 陈秉公：《论思想政治教育的“一体化二重性”范式——兼论思想政治教育研究从“二元论”思维向“二重性”思维转换》，《教学与研究》2016 年第 8 期。

④ 陈大文：《促进大学生道德教育与法制教育有机结合的重要载体——关于〈思想道德修养与法律基础〉教材解读》，《思想理论教育》2006 年第 9 期。

⑤ 沈壮海：《思想道德修养与法律基础（2018 年版）修订说明》，《思想理论教育导刊》2018 年第 5 期。

⑥ 高国希：《关于〈思想道德修养与法律基础〉教材修订的建议》，《思想理论教育》2010 年第 19 期。

⑦ 张耀灿：《深化对思想政治教育学科特点和研究方法的认识》，《学校党建与思想教育》2019 年第 12 期。

等都对课程的针对性、实效性及课程内容之间的融合理念进行了不同角度的权威解读。根据以上专家对《思想道德修养与法律基础》课程在编写逻辑、教育目标、教育内容以及教育方法宏观与微观要素相互融合思想的认识与理解，本书在学生问卷中设计了“你认为你的《思想道德修养与法律基础》课老师在此课程安排上讲授的课程重点是”的题项调查。有 49.0% 的学生认为教师在《思想道德修养与法律基础》课上以“思想教育”为本门课程讲授的重点内容，有 10.9% 的学生认为《思想道德修养与法律基础》课老师讲授的重点内容是“政治教育”，有 12.4% 的学生认为《思想道德修养与法律基础》课老师讲授的重点内容为“道德教育”，有 19.4% 的学生认为《思想道德修养与法律基础》课老师讲授的重点内容为“价值观教育”，有 8.3% 的学生认为《思想道德修养与法律基础》课老师讲授的重点内容为“法治教育”（见表 4-67）。针对这一情况，复旦大学徐蓉教授认为：

> 虽然这一课程在名称上明显地表现为“思想道德修养”和“法律基础”两大领域的并列，且“基础”课并不主张任何学校、任何教师可以在教学中偏废思想道德教育或者法治教育。但是，从课程的生态来看，在教材内容的结构安排、教学过程中对教材体系所安排内容的重视程度、教师队伍的专业属性与结构状况、课程考试与教师考核等方面，法治教育并未能在整个课程中占据与思想道德教育对等的地位。①

由此可以看出，无论是从课程本身的安排，还是从法治课程教师的实践感受上，都认为法律基础课程内容与思想道德修养内容之间的融合度不高。

① 徐蓉：《当前高校法治教育发展的障碍与突破》，《思想教育研究》2016 年第 11 期。

表4-67　　大学生对法律基础课程讲授重点认同情况统计

你认为你的《思想道德修养与法律基础》课老师在此课程安排上讲授的课程重点是					
		频率	百分比（%）	有效百分比（%）	累计百分比（%）
有效	思想教育	651	49.0	49.0	49.0
	政治教育	145	10.9	10.9	59.9
	道德教育	165	12.4	12.4	72.4
	价值观教育	257	19.4	19.4	91.7
	法治教育	110	8.3	8.3	100.0
	总计	1328	100.0	100.0	

当问到教师“您认为在《思想道德修养与法律基础》课程中，法律基础知识部分在内容占比分配上合理吗”这一问题时，有4.8%的教师认为法律基础部分在课程内容占比上“非常合理”，有45.7%的教师认为法律基础部分在课程内容占比上“合理”，有34.1%的教师认为“不确定”法律基础部分在课程内容占比上是否合理，有11.5%的教师认为法律基础部分在课程内容占比上“不合理”，有3.8%的教师认为法律基础部分在课程内容占比上“非常不合理”（见表4-68）。从调查结果可以看出，实践中有50.5%的一线任课教师对课程的设置理念是认同的，还有49.5%的教师对法律基础部分内容在课程中的占比认为是不合理的，这说明学科专家与一线任课教师对课程的教育目标、教育理念、内容融合、训练方法的认同度之间是存在差异的，当然《思想道德修养与法律基础》课程专家和一线教师对教材内容的认识差异，一般是通过对骨干教师的培训来达成一致的，但根据本书的调查，高校法治教育教师参加培训的覆盖率并不是很高。

表 4－68　教师对法律基础部分在课程中占比分配认同情况统计

您认为在《思想道德修养与法律基础》课程中，法律基础知识部分在内容占比分配上合理吗					
		频率	百分比（%）	有效百分比（%）	累计百分比（%）
有效	非常合理	10	4.8	4.8	4.8
	合理	95	45.7	45.7	50.5
	不确定	71	34.1	34.1	84.6
	不合理	24	11.5	11.5	96.1
	非常不合理	8	3.8	3.8	99.9
	总计	208	99.9	99.9	

说明：由于四舍五入，总计百分比小于 100%。

当问到教师“您认为在《思想道德修养与法律基础》课程中，法律基础知识部分在内容安排上是否合理”时，有 5.8% 的教师认为法律基础部分在内容安排上“非常合理”，有 44.2% 的教师认为法律基础部分在内容安排上“合理”，有 36.5% 的教师认为“不确定”法律基础部分在内容安排上是否合理，有 11.1% 的教师认为法律基础部分在内容安排上“不合理”，有 2.4% 的教师认为法律基础部分在内容安排上“非常不合理”（见表 4－69）。陈大文教授早在 2010 年就指出：

> 完善《基础》教材（法制教育部分），一定要充分认识到社会主义道德教育和法制教育有机结合的必要性，不能简单以教材篇幅的大小衡量这两部分的分量，坚持法制教育的思想政治教育性质，切忌将法制教育和法学教育或者法律教育混同起来，没必要也不可能在教材内容体系中追求法学理论的系统性和法律知识的完整性。①

① 陈大文：《思想道德修养与法律基础》教材建设刍议——关于〈思想道德修养与法律基础〉（法制教育部分）修改完善问题》，《思想理论教育》2010 年第 19 期。

专家对高校法治教育课程的解读，对高校法治教育任课教师在实践中把准授课方向和授课理念具有一定的指导作用。

表 4－69　　教师对法律基础知识在课程内容安排上合理性的认同情况统计

您认为在《思想道德修养与法律基础》课程中，法律基础知识部分在内容安排上是否合理					
		频率	百分比（%）	有效百分比（%）	累计百分比（%）
有效	非常合理	12	5.8	5.8	5.8
	合理	92	44.2	44.2	50.0
	不确定	76	36.5	36.5	86.5
	不合理	23	11.1	11.1	97.6
	非常不合理	5	2.4	2.4	100.0
	总计	208	100.0	100.0	

当问到教师“您认为在《思想道德修养与法律基础》课程中，法律基础知识部分在课时分配上是否充足”时，有 2.4% 的教师认为法律基础部分在课时分配上“非常充足”，有 28.4% 的教师认为法律基础知识部分在课时分配上“比较充足”，有 38.0% 的教师认为法律基础知识部分在课时分配上“一般”，有 23.6% 的教师认为法律基础知识部分在课时分配上“不足”，有 7.7% 的教师认为法律基础知识部分在课时分配上“非常不足”（见表 4－70）。《思想道德修养与法律基础》课程中按照教育部高等学校思想政治理论课教学指导委员会编写的《〈思想道德修养与法律基础〉专题教学指南（2018 年版·试行）》中将法律基础部分内容分为四大板块，其计划课时具体是“我国社会主义法律的本质和作用”（2 学时）、“坚持全面依法治国”（4 学时）、“培养社会主义法治思维”（2 学时）、“依法行使权利和履行义务”（2 学时），法律基础部分内容共计 10 个学时，课程其他内容有 36 个学时，课程总计 46 个学时，总体看来，法律基础部分内容的课时安排确实较少。

表 4－70　教师对法律基础部分在基础课程中课时分配认同情况统计

您认为在《思想道德修养与法律基础》课程中，法律基础知识部分在课时分配上是否充足					
		频率	百分比（%）	有效百分比（%）	累计百分比（%）
有效	非常充足	5	2.4	2.4	2.4
	比较充足	59	28.4	28.4	30.8
	一般	79	38.0	38.0	68.8
	不足	49	23.6	23.6	92.4
	非常不足	16	7.7	7.7	100.1
	总计	208	100.1	100.1	

说明：由于四舍五入，总计百分比大于 100%。

综合上面的调查结果，可以看出，在问卷中出现了几乎一半一线任课教师认为“法律基础部分在内容占比分配上不合理”“法律基础部分内容在内容安排上不合理”“法律基础知识部分在课时分配上不充足”的调查结果。这一方面与一线任课教师对课程的德育定位、教育目标认同、法治教育观念还没有转变有一定的关系，对此，陈大文指出：

> 毋庸讳言，一些学校的法治教育，片面追求法治教育的“纯粹”知识教育价值，去意识形态化，在课堂上搞“满堂灌”，争分夺秒地讲解法律条文，力求最大限度地满足学生对实用性法律知识的需求，忽视马克思主义法治观念和我国宪法精神教育，实际上偏离了法治教育的德育性质。随着中国特色社会主义法律体系的形成和完善，新的法律不断涌现，学校法治教育学时少而内容多的矛盾将更加突出，在很少学时内向学生传授的法律知识十分有限，难免挂一漏万，失之肤浅，甚至可能导致学生因为对法律规定的一知半解而误入歧途。因此，坚持学校法治教育的德育性质，加强社会主义法治观念教育，是落实十八届四中全会精

神，把法治教育纳入国民教育体系的共同政治基础。①

另一方面，出现这种争论和矛盾的重要因素还有课程内部思想教育、政治教育、道德教育、法治教育内容划分比较明显，课程从外显内容到内隐价值观还没有形成有效的融合。课程虽然从逻辑上证成了课程顶层设计的理念，但课程从实践的角度尚缺乏内容之间有效融合的具体路径和方法指导。《思想道德修养与法律基础》课程内容之间的融合程度对高校法治教育实效性的发挥具有一定的影响。对此，也有学者坚持用发展的观点看问题：

> "05方案"以来，"基础"课在原"98方案"的基础上历经6次修订，教材总体内容框架在宏观上步步规整，从起初的二合一教材的简单拼盘、油水分离，到数次修订探索教材内容嫁接耦合，到2018年版教材内容的初步一体化的过程。2018年版教材在微观内容上按照认知、接受、表达和转化的逻辑要求渐趋成熟，初步实现了教材内容的逻辑规整过程。②

不可否认，《思想道德修养与法律基础》课程中涵盖大学生、人生、青年、文化自信、道路自信、理论自信、制度自信、理想信念、文化建设、中国精神、核心价值观、道德建设、法治建设等教育话题；法治建设内容之中包含对大学生进行法律基础知识、法治意识、法治观念、法治思维、法治信仰及法治行为习惯养成等教育内容，内容之丰富可见一斑；在考察指标上，《思想道德修养与法律基础》课又要观照大学生政治态度、道德意愿、价值认知、行为选择等内容，课程效果考察维度的综合程度可想而知。因此，《思想道德修养与法

① 陈大文、周扬洋：《学校法治教育的性质和目标》，《思想政治课教学》2016年第7期。

② 周军虎：《从拼盘、耦合到一体——"思想道德修养与法律基础"课教材6次修订的逻辑性探微》，《高教学刊》2019年第25期。

律基础》课程既需要教材内容之间的有效耦合，又需要教师专业知识广、博、专的融合，对任课教师的专业素养、学科素养、学术素养、人格素养均提出严格的要求；在教学方法上，对任课教师提出的切近学生、切近现实、切近生活的要求，需要教师在教学方法上具有海纳百川的融合气度和与时俱进的创新精神，不断将理论话语、教材话语、知识话语、教学话语相融合。难怪思想政治课程专家沈壮海教授在《思想道德修养与法律基础（2018 年版）修订说明》中指出：

> “思想道德修养与法律基础”课，内容涵盖面广，涉及的理论问题多，要真正讲好这门课程，对任课教师理论素养、学术功底的要求是很高的。如果没有比较宽广的知识储备、比较厚实的理论素养和学术功底，这门课的教学便容易流于泛泛之论，沦为一般的“心灵鸡汤”。①

（三）高校法治教育缺乏相应的评价机制

对高校法治教育教学效果的评价是一个发现已经制定和组织好的法治教育知识体系、教材体系、课程组织方式、教学方式在多大程度上产生期望结果的过程。在评价的过程中，可以根据评价提出课程知识体系安排、教材体系理念、课程组织方式优劣、教学方式是否贴切、在实现法治教育目标时的优点和不足，这有利于检验法治教育实施教学计划的特定要素，比如教师、学生和其他影响教育教学效果因素的效能。对高校法治教育评价的目的就是要指出高校法治教育在哪些方面是有效的，哪些方面还需要改进和加强。基于教育教学评价提出对教育目标实现具有促进和检验作用的认识，教师问卷设置了“您所在学校是否具有对大学生进行法治教育教学效果的评价方法”题项，有 33.7% 的教师表示“有”，有 36.5% 的教师表示“没有”，有

---

① 沈壮海执笔，本教材修订组：《思想道德修养与法律基础（2018 年版）修订说明》，《思想理论教育导刊》2018 年第 5 期。

29.8%的教师表示“不清楚”（见表4－71）。从调查结果可以看出，高校法治教育教学效果评价方法还不完善，建立和健全科学、有效的高校法治教育评价方法是高校法治教育所面临的重要课题。科学有效的教育教学评价方法对完善课程教育目标、促进学科建设、完善课程内容体系等具有一定的理论意义；对于激发教师教的主导性与学生学的主动性、积极性，对于促进教师教育观念的发展，促进学生的全面发展具有一定的实践意义。

表4－71　**高校法治教育教学效果评价方法情况统计**

您所在学校是否具有对大学生进行法治教育教学效果的评价方法					
		频率	百分比（%）	有效百分比（%）	累计百分比（%）
有效	有	70	33.7	33.7	33.7
	没有	76	36.5	36.5	70.2
	不清楚	62	29.8	29.8	100.0
	总计	208	100.0	100.0	

有效教学理论认为：

> 学习评价是有效教学所探讨的重要内容之一。有效教学的宗旨是学生有效的学习。通过教师有效地教，促进学生有效地学，是有效教学的根本追求。所以，评价教师教学的有效性主要是通过评价学生课堂学习的有效性来体现的。有效的学习评价就是对学生课程学习质量做出客观衡量和价值判断的过程。①

当问到教师“您所在学校是否对大学生法治教育学习效果进行专项评价”时，有24.5%的教师表示其所在学校对大学生法治学习效果“有”专项评价，有42.8%的教师表示其所在学校对大学生法治

① 陈晓端、张立昌：《有效教学》，高等教育出版社2015年版，第237页。

教育学习效果“没有”专项评价，有32.7%的教师表示“不清楚”所在学校有没有对大学生法治教育学习效果的评价（见表4－72）。从调查结果可以看出，高校法治教育缺乏专项评价其效果的相应评价体系和评价机制。

表4－72　　　　大学生法治教育学习效果情况统计

您所在学校是否对大学生法治教育学习效果进行专项评价					
		频率	百分比（%）	有效百分比（%）	累计百分比（%）
有效	有	51	24.5	24.5	24.5
	没有	89	42.8	42.8	67.3
	不清楚	68	32.7	32.7	100.0
	总计	208	100.0	100.0	

在教学评价理论的发展中，“课程评价之父”泰勒把课程评价定义为“一个确定课程与教学计划实际达到教育目标的程度的过程”①。学生学习效果评价的一个重要载体或者方法就是测量和测验。评价主体依据一定的教育目标，确定课程的具体标准，通过测验、测量等多种方法对学生的学习情况进行分析和判断，并在系统分析和综合判断的基础上对学生的学习成果作出价值判断。对学生的学习效果的测验和测量主要体现在学生对学科知识的掌握情况、学生学习能力的发展情况（如理解能力、分析能力、应用能力、想象能力、判断能力、解决问题能力等）、学生在学习中的情感态度和价值观的形成情况上。针对学生所在学校法治教育效果的测量和测验情况，在学生问卷中进行了“你所在学校《思想道德修养与法律基础》课程中是否对法律基础部分内容进行单独考核”题项调查。有14.9%的学生表示其所在学校“几乎总是”对法律基础部分内容进行单独考核，有25.1%

① 李雁冰、钟启泉：《课程评价论》，上海教育出版社2002年版，第2页。

的学生表示其所在学校“经常”对法律基础部分内容进行单独考核，有46.8%的学生表示“不确定”其所在学校是否对法律基础部分内容进行单独考核，有10.0%的学生表示其所在学校“很少”对法律基础部分内容进行单独考核，有3.2%的学生表示其所在学校“从来没有”对法律基础部分内容进行单独考核（见表4－73）。从调查结果可以看出，高校法治教育对法律基础部分内容进行单独测验得比较少。

表4－73 **法律基础部分内容在法律基础课程中的考核情况统计**

你所在学校《思想道德修养与法律基础》课程中是否对法律基础部分内容进行单独考核					
		频率	百分比（%）	有效百分比（%）	累计百分比（%）
有效	几乎总是	198	14.9	14.9	14.9
	经常	333	25.1	25.1	40.0
	不确定	622	46.8	46.8	86.8
	很少	133	10.0	10.0	96.8
	从来没有	42	3.2	3.2	100.0
	总计	1328	100.0	100.0	

针对《思想道德修养与法律基础》课程整体测验的实际情况，在学生问卷中进行了“你认为你所在学校《思想道德修养与法律基础》课程考核中法律基础知识所占比分大吗”题项调查。有14.5%的学生认为课程考核中法律基础知识占比“非常大”，有40.2%的学生表示课程考核中法律基础知识占比“大”，有42.0%的学生表示课程考核中法律基础知识占比“一般”，有2.7%的学生认为课程考核中法律基础知识占比“不大”，有0.6%的学生认为课程考核中法律基础知识占比“很少”（见表4－74）。

表 4 - 74　　法律基础知识在课程考核中占比统计

你认为你所在学校《思想道德修养与法律基础》课程考核中法律基础知识所占比分大吗					
		频率	百分比（%）	有效百分比（%）	累计百分比（%）
有效	非常大	192	14.5	14.5	14.5
	大	534	40.2	40.2	54.7
	一般	558	42.0	42.0	96.7
	不大	36	2.7	2.7	99.4
	很少	8	0.6	0.6	100.0
	总计	1328	100.0	100.0	

与高校法治教育教学评价密切相关的高校思想政治课评价状况如何呢？针对高校思想政治课教学评价理念问题，肖映胜、张耀灿早在2011 年就指出，虽然“高校思想政治理论课的地位与作用日趋受到重视和认可，但对高校思想政治理论课测评、监测的理论研究与实证分析却相对滞后。这不仅不利于思想政治教育的更好发展，也不适应高等教育质量评价的发展趋势”①。姚建龙教授在其《大学生法治教育论》一书中通过调查认为：“当前，考核《思修》的主要方式还是依靠考卷，通过分数的高低来判断学生对于这门课程的理解程度。但考核的内容也多以法律的基本知识和我国基本国家制度为主，这样的考核方式并不能体现大学生对于‘法治’的理解，同时也无益于大学生法治观念的确立和增强。”② 同时，姚建龙教授也认为：“对法治理念的考察确实具有难度，很难在短时期内合理、有效地完成。”

① 肖映胜、张耀灿：《高校思政课教学评价理念新思考》，《中国高等教育》2011 年第 6 期。

② 姚建龙：《大学生法治教育论》，中国政法大学出版社 2016 年版，第 103 页。

从总体来看，无论是高校思想政治理论课，还是高校法治教育都缺乏成熟、完善、有效的教育教学评价方法和评价机制。高校法治教育教学评价机制的不完善从某种程度上说造成对高校法治教育效果的判断缺乏科学有力的标准，致使对高校法治教育目标难以在短时间内进一步完善，难以为提高高校法治教育的实效性提供参考。

第五章　提高高校法治教育实效性的对策

一　以社会主义核心价值观为指引形成大学生法治教育价值认同

以社会主义核心价值观为指引形成大学生法治价值认同，一方面是针对高校《思想道德修养与法律基础》课程中法律基础知识课时较少、思想道德教育内容和法律基础知识缺乏内在衔接的现状提出的有效对策之一；另一方面是因为“高校思想政治理论课专题教学不是一般的知识教育，而是深层次的价值观教育，主要任务是帮助学生提升马克思主义理论素养”①。2019 年 3 月，习近平总书记在学校思想政治理论课教师座谈会上，提出了思想政治理论课改革和创新要坚持的“八个相统一”，“八个相统一”为新时代思想政治理论课改革和创新指明了方向和道路，其中“坚持政治性与学理性相统一、坚持价值性与知识性相统一、坚持建设性与批判性相统一都体现了思政课价值论的基本要求”②。如何将法治价值观寓于法律基础知识之中是高校法治教育提高实效性的内在要求。近年来，高校法治教育在国家、社会、学校的大力倡导下有了长足的发展，对高校法治教育的重要性和存在问题的研究成果也俯拾即是。国家、社会、学校之所以不断强调法治教育的重要性，就是因为新时代法治教育的价值基础契合了现代社会转型的需要，契合了新时代中国人精神文化生活的需要，以及

---

① 陈大文、陈娟：《论高校思想政治理论课专题教学的难点问题》，《思想理论教育导刊》2019 年第 12 期。

② 冯刚、陈步云：《深刻把握新时代思政课“八个统一”的建设规律》，《中国高等教育》2019 年第 9 期。

未来人们适应新时代生活方式的需要。总体而言，高校法治教育仍然存在定位不准、重视不够、内容不全、思路狭窄、手段单一等问题。对高校法治教育存在问题的梳理，也从侧面反映了国家、社会以及个人对提高高校法治教育实效性的迫切需要。高校法治教育无论对法律概念、法律知识的讲授，还是对法治理念的渊源梳理、法治原则的坚定、法治思维的尊崇、法治意识的养成，都离不开法治教育价值的探析。高校法治教育在法治意识和法治精神的引领下必须达成法治教育的价值认同，郑永廷指出："所谓价值认同是指个体或组织通过相互交往而在观念上对某一价值的认可和共享，或以某种共同的理想、信念、原则为追求目标，实现自身在社会生活中的价值取向，是社会成员对社会价值规范所采取的自觉接受、自愿遵循的态度。"① 以社会主义核心价值观为指引，形成大学生法治教育价值认同是高校法治教育目标实现的内在要求。

（一）法治教育的本体价值：公平、正义

法治从诞生之日起就经历了漫长的发展，从法治发展的进化路径由重内容、重形式、重程序到程序和内容并重来看，虽然在实施过程中法治的外在形式和被人们注重的内涵不断发生调整，但法治的本体价值——公平、正义并未遭到质疑。因此在纷繁复杂的法治理论背后以及高校法治教育内容之中，法治教育的本体价值必然要求反映法治本身的合理内核，即公平、正义。所谓公平、正义，概括地讲就是指各种利益在全体社会成员之间合理、公平分配和占有。这里的利益包括社会的政治利益、经济利益和其他利益等。当然，翻开法学论著可以发现，无论是西方法学，还是马克思主义经典论断，对公平、正义的论述可谓车载斗量、汗牛充栋、非常丰富。西方的自然法学派、社会法学派、分析法学派都对此话题进行了大量的论述和论战，但马克

① 郑永廷：《大学生思想政治教育质量提升的理论研究》，《思想教育研究》2013 年第 6 期。

思反对“脱离生产力和生产关系的根本变革而空谈公平正义等道德理想”[①]，马克思认为，空谈公平正义而不结合生产力和生产关系就是“陈词滥调的见解”和“凭空想象的关于权利等等的废话”[②]。中国进入新时代，习近平总书记就“公平正义”强调指出，“公平正义是中国特色社会主义的内在要求”[③]，要把促进社会公平正义作为核心价值追求。这一公平、正义价值观念继承和发展了马克思主义的公平、正义观，并与马克思主义的公平、正义观保持一致。在实践中，高校法治教育有限的课程设置难以承载、还原和分析不同法学派别关于公平、正义的核心主题、理论渊源和价值旨趣的异同。但高校法治教育必须承载厘清社会主义法治公平、正义价值与以其他各种形态存在的公平、正义之间的区别和联系。因为每一种公平、正义理论的存在形态都与其自身所坚守的内在社会价值密不可分，而这种内在价值“一定是其所附生的制度的伦理边界，关涉社会的自由展现，人的本质和个体权利的保障以及最终意义上人类美好理想的实现等问题”[④]。因此，从经典马克思主义理论家对公平和正义的论述，以及从社会主义体制和制度安排来看，社会主义之所以成为人们追求和向往的美好理想，就是因为社会主义本身是以公平和正义为理想价值追求的。公平、正义作为高校法治教育的价值基础，不仅体现了中国特色社会主义的本质属性和价值追求，也体现了其作为法治生命线的重要意义。基于此，习近平总书记要求“依法公正地对待人民群众的诉求，努力让人民群众在每一个司法案件中都能感受到公平正义”[⑤]。因此，中国特色社会主义法治无论是作为法治教育的本体价值还是作为社会主

---

① 冯颜利：《国外马克思主义研究中公平正义思想的价值与局限》，《国外社会科学》2017 年第 1 期。

② 《马克思恩格斯文集》（第 3 卷），人民出版社 2009 年版，第 436 页。

③ 习近平：《习近平谈治国理政》，外文出版社 2014 年版，第 13 页。

④ 袁祖社：《“正义”对“制度”的介入与规制——马克思正义观的实践难题》，《北京大学学报》（哲学社会科学版）2014 年第 5 期。

⑤ 中共中央文献研究室编：《十八大以来重要文献选编》（上），中央文献出版社 2014 年版，第 91 页。

义制度的内在要求，公平、正义都是个人权利和人性追求高度与社会价值深度结合的双重体现。那么在高校法治教育中如何体现公正对于法治的重要性，尤其是如何体现公正对于社会主义法治的重要意义，就需要教师对法治教育内容融会贯通，需要教师用宏观的视角对法治教育的本体价值即公平、正义进行精心的处理。之所以这样要求，是因为中国自20世纪80年代以来在法学研究价值取向上“不仅对传统的实体内容正义有新的建树，而且扩充到程序内容的正义；不仅有立法向度的价值研究，而且开创了司法向度的价值研究”①，这就避免了讲法治必讲西方法治的弊端。另外，在我国社会主义现代化法治变革时期，“原有的利益格局被打破，新的利益格局正在形成，对公平正义有更强烈的社会需求”②。凸显公平、正义作为高校法治教育的本体价值，无论是从法治本身的内生逻辑还是从社会发展的现实需要来说都是无可厚非的。

（二）法治教育的目标价值：自由、平等

与法治国家、法治政府、法治社会建设不同，法治教育还处于启智阶段，而非处于制度安排和实践阶段。我们的问题是，高校法治教育应该从思维的转换做起还是从实践的诉求开始？不同的要求所导致的高校法治教育目标的实践差距甚大。中国近几十年来法治教育的价值基础，要么偏向于工具理性，要求公民以守法为目标，要么偏向于道德，以个人利益让渡于社会整体利益为目标，这些变化契合了中国法治理念从国家主义法治理念到自由主义法治理念，再到社会主义法治理念发展的需求。因此，随着中国社会发展和中国建设现代化国家的内在需要对中国法治提出的客观要求，传统的法治价值观教育已然不能满足个体和社会的双重需要。中国传统文化中“群体优先”的价值取向和被动守法的法律思想对于形成自律和自治的公民社会北辕

① 周永坤：《法学研究中的价值处理》，《法制与社会发展》2004年第4期。
② 郭忠：《自由型法治抑或效能型法治？——中国变法时代的法治选择》，《浙江大学学报》（人文社会科学版）2017年第1期。

适楚。“虽然法律制度和法律方法为人们的行为确定了法律规范和思维规则，但由于立场和价值观念以及知识结构的不同，就使得人们对法律规范和法律方法的理解、接受程度很不一样。”①当代中国社会个体对国家实施法治的根本目的认知不清、将信将疑是高校法治教育实效性难以提高的根本原因。也就是说，个体对于法治实现所产生的内心渴望远远低于国家对于法治国家建设和国家现代化与治理方式转变的需要。那么如何使国家倡导与个体法治内在需要产生共鸣是高校法治教育面临的重要任务之一。这就要求基于自由、平等法治价值的阐述必须立足于个体参与现代政治生活、经济生活、文化生活以及参与管理国家社会事务等实践基础之上的实际需要。当然，高校中国特色社会主义法治教育追求的自由、平等价值不是对西方法治思想中自由、平等价值的简单复制和剪贴，而是建立在深刻认识中国法治精神之不足和对西方法治思想进行反思与批判之上。在人类社会的发展中，自由不仅仅限于个人自由，同时也包括社会自由、国家自由。在中国传统文化和近代社会变革中，长期以来在内忧外患、敌强我弱的形势下中国每每把国家自由和社会自由摆在第一位，忽视和弱化了个体自由、平等价值的培育和发展。加之对个体自由、平等的边界和效果认识所产生的分歧，致使中国对自由、平等等法治价值思想的教育往往以整体性思维方式出现，实践中公民缺乏对自由、平等价值的个体体验和真正锻炼。现实中要么对公民个体自由、平等价值教育统得太死、不敢展开，也不会展开并使之融会贯通；要么过分强调个体权利而肆意践踏他人自由，损害他人在法律框架内的机会平等，危害社会自由和国家自由。“如何将社会主义核心价值观同个体权利保障内在地联系在一起，是当代中国法治理论必须认真回答的问题。”② 因此，高校法治教育应该鼓励学生个体充分认识个体自由、平等的法治

① 陈金钊：《法治共识形成的难题——对当代中国“法治思潮”的观察》，《法学论坛》2014 年第 3 期。

② 黄涛：《从社会主义核心价值观看当代中国法治理论的应有品格——对当前法治理论之反思》，《当代世界与社会主义》2017 年第 4 期。

价值的重要意义，鼓励学生在实践中应用自由和平等的法治价值和法治意识去保护自己的合法权益，为日后不断参与规范的法治实践做好智识启蒙和理论积淀。

（三）法治教育的社会价值：秩序、稳定

如果说法治教育的本体价值和目标价值是从法的目的性价值方面进行阐述的话，那么在高校法治教育中除了要让学生明白法治教育的本体价值和目标价值以外，还存在一种法的手段性价值即秩序、稳定。中国特色社会主义进入新时代，在个体权利意识不断觉醒，法治现代化转型迫在眉睫，中国法治价值合理性体认、实现价值共识转型和重塑的特殊阶段，中国社会正面临着“传统的各种价值观相继塌陷，其在道德问题上的利己倾向，在价值取向上的虚无倾向，在文化观念上的相对倾向，在群体认同上的消解倾向，对现代社会的凝聚力和平稳发展都构成破坏性影响”①的复杂现状。因此凸显作为秩序、稳定的法治教育的社会价值不容忽视。秩序、稳定作为法的基本价值之一反映到法治教育上就成为法治教育的社会价值。秩序和稳定是实现人类理想美好社会和生活的要素之一，同时也是人类进行社会各项活动的基本目标。正因为如此，法治通过法律的实施并在法治实施的过程中建立和维护秩序成为秩序的象征。秩序相对于自由和平等“总是意味着在社会中存在着某种程度的关系的稳定性、进程的连续性、行为的规则性以及财产和心理的安全性”②。如何驾驭和处理自由、平等与稳定、秩序价值之间的冲突与整合将是高校法治教育面临的难点。高校法治教育一方面要启发学生建立健全人格的独立性，培养和鼓励其生成内生的自由、平等法治价值和观念，以弥补中国传统法治价值观中个体权利观念之不足的问题；另一方面又要

---

① 孙向晨：《现代个体权利与儒家传统中的“个体”》，《文史哲》2017 年第 3 期。

② 湛中乐：《现代行政过程论——法治理念、原则与制度》，北京大学出版社 2005 年版，第 117 页。

引导学生正确认识社会主义社会秩序是社会主义社会生产方式内在本质的体现和正确打开方式。高校法治教育的社会价值就是为了让高校大学生通过法律基础知识的学习更好地融入当代社会发展中，融入当前中国深化改革的实践中。这就要求法治教育不仅仅简单地为了强化法治教育知识而教育，为了配合国家法治建设需要而教育。虽然法治教育在中国一方面承担着普及法律知识的作用，另一方面，更重要的是承载着社会个体适应未来生活方式和社会治理方式变革的真正使命。如果说中国在21世纪中叶要实现中等发达国家目标的话，那么就要求法治在中国现代化过程中扮演促使经济、政治、文化价值的合理性体认以及融合、提升、形成中国价值共识的重要角色。因此法治教育的社会价值必然成为未来中国实现现代化的客观基础和基本要求，而社会主义核心价值观正是在实现现代化后中国价值倡导的应然样态。为了实现法治教育的社会价值，在法治教育实践中应"对人展开价值引导，首要任务是引导人们以生活为中心，即以个人生活为出发点，以社会生活为基本视域，以宇宙律令、自然法则、生命原理、人性要求为根本准则，及以重建和再造合法的自我生活为目标"①。也就是说，通过高校法治教育使社会个体能够明白无论从法治本身的工具理性出发还是从价值理性出发，法治教育的本体价值、目标价值最终都以法治教育的社会价值，即秩序和稳定而呈现。因此，秩序和稳定作为新时代高校法治教育的社会价值必须放在更加广泛的国际视野和更强大的民族责任中去理解和加强。

二 以权利概念为核心延展高校法治教育多维目标

（一）深化权利概念认知，引领学生树立正确的权利主体意识

德国法学家鲁道夫·冯·耶林（Rudolf von Jhering，1818—

① 唐代兴：《情感·认知·行动：伦理教育方法论》，《西南民族大学学报》（人文社会科学版）2013年第7期。

1892)，认为法与权利的关系在客观的和主观的表现上具有一体两面的特征，他指出："众所周知，法这一概念在客观的和主观的双重意义上被应用。所谓客观意义的法（Recht）是指由国家适用的法原则的总体、生活的法秩序。所谓主观意义上的法即上文所言的对抽象规则加以具体化而形成的个人的具体权利。"① 因此，从某种程度上说，法治教育就是对学生进行权利概念和权利意识的深植和教育。权利概念在法治教育中应该被看成一个重要的核心概念，权利概念无论是作为普及法律基础知识的法学概念内容，还是作为大学生法律意识、法治观念的培养，抑或是对学生现代人格的完善与启蒙都离不开对大学生进行权利概念的教育和引导。当然，权利这一概念的发展和解读本身就是一个深含哲学与法学双重意义的多面向问题，康德（Immanuel Kannt，1724—1804）曾就认识权利这一概念认为："问一位法学家'什么是权利?'就像问一位逻辑学家一个众所周知的问题'什么是真理?'同样使他为难。"② 可以看出，法学意义上对权利的理解也不是一概而论的，从权利概念的概念论谱系来说，权利理论将权利本身的意义分为"利益说""资格说""主张说""意志说""自由说""可能说""规范说"等。中国关于权利概念的论述，始自 20 世纪 80 年代后期。权利概念自出场以来，也经历了从理论到实践，从精神到物质再到精神的发展，权利概念经历了"权利从一个表达个体自由选择的概念，逐步发展为一个依赖于共同体、依赖于他者的有着内在结构的概念"③。就权利理论而言，权利的内涵与外延并不是固定的，它是随着时代的发展而发展的。因此，作为权利理论的每一种权利学说都会根据时代的发展而侧重权利概念的不同侧面，或侧重于个体利益的维护，或侧重于某种特定利益的主张，或侧重于经过法律程序许

---

① ［德］鲁道夫·冯·耶林：《为权利而斗争》，胡宝海译，中国法制出版社 2004 年版，第 4 页。

② ［德］康德：《法的形而上学原理》，沈叔平译，商务印书馆 1991 年版，第 39 页。

③ 黄涛：《主体性时代的权利理论——改革开放以来中国权利理论的逻辑演进》，《法制与社会发展》2019 年第 1 期。

可的个体的行为尺度，或侧重于个体选择做与不做的自由。但无论如何，权利的实施和践行都离不开权利主体对自由及其限度、正义及其平等以及多元利益确认等主体意识的觉醒。张文显认为，权利主体中的“‘主体’既指权利的‘载体’‘承担者’‘享用者’，又指具有某种自主性、自为性、自觉性、自律性、主动性、主导性的个人”①。可见，权利的实施离不开主体各种主体性的发展和完善。基于此，我国学者文正邦、程燎原、王人博、鲁天文等在《法学变革论》中指出：“它（权利）是在一定生活条件下人们行为的可能性，是个体的主动性、独立性的表现，是人们的行为自由。从法律意识上讲，权利是国家创设的客观界限，是国家创制规范时进行分配的客体。法的真谛在于对权利的认可和保护，是解放人、发展社会主义商品经济、发展生产力的重要手段。”② 随着我国学者对权利理论和权利概念的研究与探讨，权利概念也从个体性向共同体协调创新。这种协调性发展既体现了权利个体的主体性，同时也将权利主体发展成为一个关系性主体，为此，“权利不仅基于个体自身的特征而得到证明，而且越来越基于共同生活的原则、基于个体和共同体的关系而得到证明”③。也就是说，“‘人’在现实生活中主体性需要构成了权利观念的实质性内容”④。

因此，在高校法治教育过程中，理论上先行引导学生认识什么是权利，作为个体的权利主体在主张和实施权利时本身应该具备什么样的主体意识和权利概念认知对大学生践行法治非常重要。教育引导学生既要看到权利主体以个体形式存在，又要看到权利以类主体等多种形式存在。同样，作为类存在物的人不仅作为个体存在，同时也处于人与人的社会关系中，让学生明白权利只有在共同体中才有意义，仅

---

① 张文显：《论人权的主体与主体的人权》，《中国法学》1991 年第 5 期。

② 文正邦、程燎原、王人博、鲁天文等：《法学变革论》，重庆大学出版社 1989 年版，第 99 页。

③ 黄涛：《主体性时代的权利理论——改革开放以来中国权利理论的逻辑演进》，《法制与社会发展》2019 年第 1 期。

④ 尹奎杰：《马克思权利观叙事的话语动力与话语逻辑》，《理论学刊》2014 年第 7 期。

以个体为核心的权利主张必然导致与他人的权利冲突或权利滥用。教育引导大学生在主张个体权利时应该明了作为权利主体的个体拥有哪些法定权利？国家保护和捍卫个体的权利边界及限度是什么？在主张个体合法权利的同时如何尊重他人的合法权利都是高校法治教育不可避免的核心话题。

（二）深植权利社会属性认同，引导学生形成马克思主义权利观

马克思通过自由与法律、自由与权利的关系探讨来表达他的权利观，马克思指出："法典就是人民自由的圣经。"① "实体法……本质上公开的、受自由支配而不受私人利益支配"②，"法律是肯定的、明确的、普遍的规范，在这些规范中自由获得了一种与个人无关的、理论的、不取决于个别人的任性的存在"③。马克思之所以在阐述自己的权利观时，经常将自由纳入进来进行探讨，是因为马克思的权利观是建立在对人自由全面发展的终极目标上的。为了确认人的自由本质，马克思通过社会自由、个人自由、物质活动的自由、精神活动的自由等一系列自由形式来确认人的权利内涵，因此，马克思权利观中"实现人的自由是马克思权利观的价值叙述的基本动力。自由不但是权利的核心内容，也是权利的价值目标。权利的实现，意味着人的自由的实现，人的权利的获得也就意味着人的自由的获得。"④ 马克思本人对自由和权利的关系则论述得更加直接，他指出："没有一个人反对自由，如果有的话，最多也只是反对别人的自由。可见，各种自由向来就是存在的，不过有时表现为特殊的特权，有时表现为普遍的权利而已。"⑤ 从根本上说，这种表现为特权的自由和表现为普遍权利的自由是受社会历史条件制约的。可见权利不仅是自由的法律表

---

① 《马克思恩格斯全集》（第1卷），人民出版社1995年版，第176页。
② 《马克思恩格斯全集》（第1卷），第287页。
③ 《马克思恩格斯全集》（第1卷），第176页。
④ 尹奎杰：《马克思权利观叙事的话语动力与话语逻辑》，《理论学刊》2014年第7期。
⑤ 《马克思恩格斯全集》（第1卷），人民出版社1995年版，第167页。

达，同时也受社会历史发展的制约。

在实践教学中，在肯定法律是对自由保障的同时，首先，应该引导学生树立全面的权利观念。所谓“权利观念往往指权利主体对于权利现象和活动的认知、情感、评价、意愿和期望等主观意识。它表明了权利主体在社会当中的自由度，即应有自由度和实际自由度。”[①]所谓全面就是应该看到中国内生的权利概念本义和现代意义上的权利概念不同，一些人认为：“在言必称权利的今天，权利只有其概念的‘外壳’是中国的，其观念‘内核’则是西方化的。”[②] 不可否认，中西方在权利文化、权利习惯、权利需求、权利本位、权利本质表达等各个方面都存在差异。那么，如何引导学生区别、借鉴、形成中国权利话语既是一个实践问题，也是一个重要的教育引导问题。应防止学生在学习和形成权利意识、权利观念的关键时期由于权利话语主体的隐匿、时代和地域的误置而引起思想的混乱。其次，在鼓励学生树立权利观念、权利意识的同时，我们还应该看到权利具有经济属性、政治属性、社会属性和文化属性。当前高校法治教育在学生权利意识培养中尤以深植权利社会属性认同为重任。一方面要通过权利社会属性的认同，让学生明白权利的内涵和外延不是固化的、不变的，但也不是可以随心所欲改变的，更不可能照搬照抄别的国家的权利内容。权利内容是随着人类社会经济、政治、文化、社会、生态实践和认知的发展而不断发展的。例如，关于自由，马克思就曾经指出：“人们每次都不是在他们关于人的理想所决定和所容许的范围之内，而是在现有的生产力所决定和所容许的范围之内取得自由的。”[③] 另一方面，“权利的社会性，决定了权利主体总是在一定的社会经济文化条件下享有权利，同时承担一定的义务。社会的良性运转必然是在社会主体享有一定权利的同时，并履行一定的社会责任才可持续，不存在所谓

---

① 郑雪滢：《当代中国权利的观念培育与制度建设研究》，辽宁大学，博士学位论文，2018 年。

② 王茂庆：《中国法制转型期的“权利观”考察》，山东大学，博士学位论文，2012 年。

③ 《马克思恩格斯全集》（第 3 卷），人民出版社 1960 年版，第 507 页。

只享权利不尽义务或只尽义务不享权利这样的超时空权利主体"[①]。权利的社会性要求"任何人，甚至最优秀的立法者也不应该使他个人凌驾于他的法律之上"[②]。为此，2013 年俞正声在政协第十二届全国委员会第一次会议闭幕会上的讲话中指出："我们要遵守章程、认真履责，坚持真理、勇于直言，拒绝冷漠和懈怠；要善于学习、勤于思考，深入实际、实事求是，力求客观公正，拒绝浮躁和脱离国情的极端主张。"[③] 也就是说，权利的主张必须与一定的社会发展和社会环境相一致。

（三）强化权利能力培养，促进学生通过权利义务关系构建新型社会关系

马克思认为，个人作为权利义务的主体，是现实的、具体的和社会关系系统中的人，因此，权利和义务也是以具体的、现实的"人"为前提的，马克思曾指出："政治国家的建立和市民社会分解为独立的个体——这些个体的关系通过法制表现出来，正像等级制度中和行帮制度中的人的关系通过特权表现出来一样——是通过同一种行为实现的。"[④] 也就是说，现代社会人们之间往往通过权利义务关系的运行来构建人与人之间的关系，可以看出，一方面，马克思认为，政治国家人与人之间的关系实际上就是权利与义务的关系。另一方面，从马克思对主体之间关系的阐述来看，权利与义务关系是主体之间最基本的人与人之间的关系。是不是有了法定的权利就一定有权利行使和权利主张的能力和习惯呢？在马克思看来，"权利并不因为已被确认为法律而不再是习惯，它不再仅仅是习惯……习惯成为合理的是因为权利已变成法律，习惯已成为国家的习惯……因此，习惯权利作为和

① 郑小伟：《马克思权利理论研究》，中共中央党校，博士学位论文，2018 年。

② 《马克思恩格斯全集》（第 1 卷），人民出版社 1995 年版，第 264 页。

③ 俞正声：《在政协第十二届全国委员会第一次会议闭幕会上的讲话（2013 年 3 月 12 日）》，http//www. ppcc. ov. cn/xww/2013/03/12/ARTI1363071765408886. shtml。

④ 《马克思恩格斯文集》（第 1 卷），人民出版社 2009 年版，第 45 页。

法定权利同时存在的一个特殊领域，只有在和法律同时并存、而习惯是法定权利的前身的场合才是合理的。”① 也就是说，权利习惯、权利需求是法定权利实现和运行的逻辑前提，只有在权利习惯和权利需求客观存在的基础上，法定的权利才变成现实的、合理的权利。自改革开放以来，我国不断完善和健全法律体系和法律制度，权利的内容表现形式也得到了不断的丰富和发展。如何将法律规定的法定权利转化为个体的权利行为和习惯就需要高校法治教育强化大学生权利能力的培养。权利能力的培养需要从以下两个方面得到加强。首先，通过法治教育促使学生理性思维能力有所提升。无论是权利观念的生成还是权利的运行以及权利的救济都需要权利主体具备一定的理性思维能力。这种理性思维能力不同于中国传统文化中人的“礼治”思维方式，这种理性思维需要剔除对特权的崇拜，需要把传统社会中的“私情关系”转化为权利义务关系和普遍公共行为，需要把类似“拿人钱财，替人办事”等的伦理认知转变为正当程序意识。就像怀特海所说：“在任何人类社会，都有一个基本观念在或多或少地影响着人类活动的每一个细节。这个基本观念便是：在不考虑其成员的任何优势的前提下，首先考虑该社会个体成员的地位。当该社会进入了文明阶级后，社会成员相互之间都把对方视为独立的个体，各自有其喜怒哀乐，有自己的认识、希望、恐惧及目的。”② 因此，理性思维能力的提升需要学生主体意识的生根和生成，缺乏主体意识的理性思维仍然难以形成现代意义上的权利义务认同。其次，鼓励大学生积极参与到国家经济社会发展的各项建设和实践中去，并以此提升和拓展大学生权利实践能力。马克思认为，人的权利是在劳动实践中产生并发展的，“只有在集体中，个人才能获得全面发展其才能的手段，也就是说，只有在集体中才可能有个人自由”③。在实践中获得和提升权利

---

① 《马克思恩格斯全集》（第 1 卷），人民出版社 1956 年版，第 143—144 页。

② ［英］A. N. 怀特海：《观念的冒险》，邦宪译，贵州人民出版社 2000 年版，第 11 页。

③ 《马克思恩格斯全集》（第 3 卷），人民出版社 1960 年版，第 84 页。

践行能力与马克思一贯主张的人的社会性、人的自由全面发展理论是一致的。因此“人的权利要通过实践才能得到具体的落实，没有实践，权利只能是先验的、抽象的和被天然赋予的，不能在现实生活中得到实现”①。通过实践和劳动过程中确认的权利和义务才是真实的。社会学家、人类学家费孝通先生在其《乡土中国》中指出，在社会结构和思想观念现行改革的基础上，“法治秩序的建立不能单靠制定若干法律条文和设立若干法庭，重要的还得看人民怎样去应用这些设备”②。这里所说的应用这些设备的前提就是人们首先要通过实践建立人与人之间的权利义务关系，人们在建立和确认其权利义务关系之后法律自然成为人们生活中需要应用的设备。

三 以协同和激活高校法治教育各要素凝聚高校法治教育合力

（一）以学生法治需求为切入点培育学生法治意识

如何把课程设置的目标要求从教材内容转向个人现实需要，不仅是人本主义课程理论的核心，也是提高高校法治教育实效性的核心问题。如果学生对法的理解只是为了应付考试，只是为了拿学分，只是为了拿到大学的学位证书，那么要想通过法治知识教育让学生在现实生活中建立法治信仰，将是极其困难的事情！实践教学中应该将形而上的法治教育理论与形而下的法治具体生活结合起来，每一种理论都可以还原为生活实践，都与生活实践密切联系在一起。法治就是人们在生活实践中建立的以权利义务为内容的社会关系。在现实生活中，大学生在进入大学学习和生活后，需要解决的各项事务都可能涉及相关法律知识。例如，家庭经济困难学生的认定问题，一些学生为了申请家庭经济困难补助，在自身家庭不符合经济困难补助标准的情况

① 郑雪滢：《当代中国权利的观念培育与制度建设研究》，辽宁大学，博士学位论文，2018年。

② 费孝通：《乡土中国》，北京大学出版社2012年版，第96页。

下，弄虚作假，违反国家资助政策；一些学生在大学期间为了减轻家庭负担而开展的名为勤工助学的活动，在校园内无证摆摊，非法销售伪劣商品；一些学生社团为了丰富社团生活，在社会上拉赞助时受不良社会组织的利用；一些学生在不知情的情况下陷入校园贷纠纷；一些学生未经学校授权和允许而以学校或二级学院名义创建违法违规的新媒体或自媒体；学生毕业论文抄袭、剽窃行为以及毕业生在签订就业协议过程中与用人单位发生纠纷，等等。大学生在现实生活中所遇到的各种矛盾、纠纷的解决都涉及法律知识的掌握与应用。这些矛盾与纠纷的解决也需要学生具有一定的法律意识和法律素养，引导学生采取法律途径。当学生在学习和生活中发生矛盾和纠纷时，一方面要帮助学生解决矛盾和纠纷，另一方面应该以学生对实际法治知识和法律服务的需求为切入点，积极教育引导学生树立法治信仰。因此，在高校法治教育过程中，一方面以实践需求引导大学生自觉自愿学习法律，另一方面通过大学生入学法治教育、发生在身边的法治故事、大学生法律服务中心等形式主动开展法治教育，使学生切实感受到现实生活与法律知识紧密联系在一起，使其积极主动树立法治意识。

（二）以教师法治教育经验的组织方式为抓手拓宽高校法治教育理念

怎样才能有效地组织有利于课程目标实现的教育经验，这不仅是泰勒在《课程与教学的基本原理》一书中阐释的重要内容之一，也是我们在《思想道德修养与法律基础》课程中提高法治教育实效性亟须解决的问题。目前，高校法治教育经验如何有效组织不仅对高校法治教育来说是一个永恒的话题，也是提高高校法治教育实效性不可避免的重要话题。一般来说，教育经验的组织通常通过法治教育教师对法治教育材料的选择、取舍、安排以及对法治教育内容的有效组织来展现。在法治教育经验组织的过程中，教师一般要将学生的学习兴趣、学习特点、现实需要、课程目标等内容内化于心，同时将所选择的学习材料根据连续性、循序性和整合性原则组织起来，以便学生将法治教育的内容和自身成长的需要、现实生活的需要以及自己法治实践能力的提升有效地结合在一起。这种教育经验的组织方式明显有别于过去将法治教育看成简单的法治知识教育。在高校法治教育从法律基础知识教育向法治意识教育、法治信仰教育转型的现阶段，教师在法治教育中的主导作用是不可忽视的。因为，在教学实践中，“教师是课程实施过程中最直接的参与者。新的课程计划成功与否，教师的素质、态度、适应和提高是一个关键因素。事实表明，一些课程计划没有取得预期效果，并不是课程计划本身的问题，而是由于教师不积极参与或不能适应的缘故”①。目前，影响高校法治教育实效性的一个重要因素就是从事高校法治教育的部分教师为非法律专业背景的教师，虽然不能否认通过交流、技能、方法、策略等法治教育经验的培训可以不断提高高校法治教育教师的能力，但也有一些教师因缺乏转化教学方法的勇气和意识而不积极主动改进其教育方法。一些《思想道德修养与法律基础》课程教师在进行法治教育时习惯和沿用思想政治课程所特有的教育教学方法。不可否认，“思想政治理论课所进行的是系统的马克思主义思想体系的理论灌输，这是思想政治理论课贯彻方向性原则所必需的。”② 这种灌输式教育方法在思想政治教育中有其一定的合理性和客观现实性，但如果照搬这种教育方法，在法治教育中启发和引导学生发挥其主体性、主动性的效果则会不尽如人意。不能一概而论地认为高校法治教育中不能采取“灌输式”教育方法。在法治教育的不同单元，例如对中国特色社会主义法律体系、我国社会主义法律的本质、我国社会主义法律的作用以及我国社会主义法律的运行等章节内容就可以通过“灌输式”的教育方法进行系统讲授，使学生明晰我国法治发展的历史，明了社会主义法治与西方法治在概念和内涵上的区别，理解社会主义法治运行的特点。但对于

---

① 施良方：《课程理论——课程的基础、原理与问题》，教育科学出版社 1996 年版，第 146 页。

② 石云霞：《高校思想政治理论课程建设史研究》，武汉大学出版社 2006 年版，第 335 页。

培养社会主义法治思维、依法行使权利和履行义务等内容则应该采用多种教育经验组织方式。例如，经典案例分析方法、现实问题讨论法、利用多媒体工具学习与交流法、赴法院旁听以及通过模拟法庭等拓展高校法治教育方法。当然，法治教育经验组织方式的创新，“要求教师有扎实的理论功底、深厚的知识底蕴，对现实社会和大学生思想特点有一定程度的了解和研究，有引导学生思维和驾驭课堂讨论的能力，有敏锐的感悟力、洞察力和较强的说服力，能与学生平等交流、坦诚相待”①。这些教学方法的创新无疑对拓宽高校法治教育理念，提高高校法治教育实效性是有利的。

（三）以思想道德修养课程文化育人优势为契机深耕高校法治教育文化

一些学者提出加强高校法治文化建设是高校法治教育的重要任务和内容。例如，姚建龙等在其《大学生法治教育论》中指出，我国法律传统文化的底子薄、法律意识不足是制约高校法治思想传播与发展的重要因素之一，建设带有浓烈法治思想的大学生校园文化氛围，不仅是提高高校法治教育效果的有效方法和途径，也是各大高校培养符合法治中国建设及社会发展合格人才的重要历史使命。② 事实上，高校法治文化建设不足并不是高校对法治文化的重视不足，而是与我国“法治文化”概念提出的时间较短有关。在“依法治国”战略提出和实施的背景下，人们对中国特色社会主义法治文化的认识、理解，在不断深化、比较、辨析不同法律具体文化内在差别的基础上，对中国特色社会主义法治文化展开深入的认知。同时，对法治文化的认知也是建立在对中国传统法制文化和西方法治文化扬弃的基础上的。就人们对中国特色社会主义法治文化的具体理解和实践而言，

---

① 石云霞：《高校思想政治理论课程建设史研究》，武汉大学出版社 2006 年版，第 337 页。

② 姚建龙、马岩：《大学生法治教育论》，中国政法大学出版社 2016 年版，第 139—140 页。

“目前对‘法治文化’的理解和实践，尚未超越‘法治文宣’‘法治文教’‘群众性普法活动’的层面，因此带有单纯的‘形式化’‘基层化’和‘部门化’的特征。‘法治文化’这一概念所可能包含的实质性、顶层性、全局性意义，并未被大家充分注意。在这种情况下，法治文化建设投入的力度时强时弱，建设的内容时实时虚，实际的效果也时隐时显，并未达到一种新型文化建设所应有的高度，因此也很难与‘全面推进依法治国’的战略要求充分适应”①。高校法治教育应该借助《思想道德修养与法律基础》课程设置中的道德教育、社会主义核心价值观教育、中国精神教育、理想信念教育等文化传播和教育优势，将法治教育融入中国法治文化自信教育中。这样不仅有利于将法治教育内容文化化，还可以让高校法治教育凸显中国法治内涵、中国法治风格和中国法治气派，使学生对中国特色社会主义法治文化产生亲近感，而不至于看到法治教育内容就油生佶屈聱牙之感，错误地认为法治是西方文化的专属品。以法治文化浸润学生内心是思想政治课文化育人的特点，在高校法治教育中应该着力发挥思想政治理论课文化育人的优势，加强高校法治教育中法治文化育人的着力点，提升高校法治教育文化育人的效力。

四　以革新法治教育方法转变高校法治教育理念

（一）以教师主导学习与学生自主学习相结合培养大学生法治信仰

在法治教育中，高校法治教育的理念既不提倡单纯的“教师中心”，也不鼓励单纯的“学生中心”。“教师中心”一般被认为是“传统教学”的代名词，它强调教师在教学中具有绝对的权威地位，教师这种“中心”地位往往表现为“学生对教师只能恭敬从命，不能反问更不能质疑。教师是传播文化知识的权威，处于绝对的中心

① 李德顺：《法治文化论——创造理性文明的生活方式》，黑龙江教育出版社 2019 年版，第 1—2 页。

地位，教师完全可以决定教育的标准规则、内容方法以及最后的教学结果评价，而学生只处于被动的位置上，也就是只能按照相关的要求掌握指定的课本知识”[①]。在基础教育中“教师中心”论与“应试主义”相结合，更强化了教师重视“对教材知识点的掌握”“对标准答案的严苛”“对学生进行知识的满堂灌输”“对学生自主学习的压抑”的刻板形象。与“教师中心”论相对应的学生的学习方式大多表现为“接受学习”。所谓“接受学习”就是指“教师以教授、示范、展示等方式将学习内容以定论的形式直接呈现，学生则通过听讲、观察、做笔记等方式直接接受老师呈现的知识”[②]。“学生中心”论是相对于“教师中心”论提出的，建立在人本主义思想基础上的“学生中心”论，强调“教师应该通过鼓励、关怀和提供选择机会，来表现对学生的理解和接受，通过满足学生的各种需求，来创造能促进学生潜能实现的自由心理气氛，因此，教学过程应该‘以学生为中心’，不要窒息学生的积极性，鼓励学生们探索未知领域，培养独立性”[③]。但如果学生在学习中缺乏自我定向学习能力和自我监控学习的主体意志，那么“学生中心”论有可能在教学实践中导致课堂教学的娱乐化和快乐化。[④] 相较而言，大学生中国特色社会主义法治信仰教育是高校法治教育和思想政治教育的核心要求，大学生法治信仰的形成是一个“自主比较和选择的过程，是理论与实际、社会与个体、感性与理性交互作用的综合化过程”[⑤]。也可以说，大学生法治信仰的教育并不是一个简单的过程，在教育中离不开教师对学生法治价值基础的分析和辨别；离不开教

---

① 李萍、李军阳：《论教育中教与学的关系》，《当代教育论坛》（宏观教育研究）2008 年第 7 期。

② 陈佑清：《有效教学》，高等教育出版社 2016 年版，第 82—83 页。

③ 蔺新茂、张大超、崔耀明：《教师主导性与学生主体性无抵牾的学理分析》，《北京体育大学学报》2018 年第 7 期。

④ 冉亚辉：《以学习为中心：中国基础教育课堂的基本教学逻辑》，《课程 · 教材 · 教法》2018 年第 6 期。

⑤ 王仕民、郑永廷：《当代大学生理想信念形成特点及原因分析》，《教学与研究》2008 年第 5 期。

师对学生中国特色社会主义法治体系、法治道路选择和坚定意义的讲解和引导；离不开教师对学生中国特色社会主义法治信仰培养的意志强化和坚定。如果离开了对学生中国特色社会主义法治意识、法治信仰、法治信念的主导和引导，而只限于满足对法律基础知识的学习，那么高校法治教育就失去了灵魂。同样，如果缺乏学生自主学习作用的发挥，只限于和满足于对《思想道德修养与法律基础》课程中相关法律概念的了解与认知，那么高校法治教育培养学生的法治思维、法治习惯、法治能力就会成为空中楼阁。高校法治教育倡导教师主导作用，满足了法治信仰教育必须经过教师的引导和主导才能正确选择与强化的需要。倡导学生积极主动自主学习，克服了《思想道德修养与法律基础》课程中法律基础知识具体内容受教材篇幅限制而缺乏展开的弊端。苏霍姆林斯基认为："学生的智力发展不能局限于抓好课堂学习，而要扩大学生的智力范围，扩大知识面，使学生的学习有一个巩固的'大后方'，亦即让学生有充分的课外学习时间。"① 高校法治教育通过教师的主导作用和学生自主学习作用的发挥，可以有效解决高校法治意识形态教育和学生对法律基础知识丰富需要之间的张力矛盾。

（二）以教学方法转变为突破口提升大学生法治实践能力

刘晓亮、沈壮海（2019）通过对2014—2018年高校思想政治理论关键课程中大学生对教学内容、教学方法以及师资水平所发挥作用的调查显示，大学生对上述内容的评价呈现出显著差异性。其中"教学方法在课程建设中处于薄弱环节，大学生对其的评价远远低于对师资水平和教学内容的评价。因此，教学内容和教学方法的改进是思想政治理论课改革创新的重要方面"②。从中可以看到，思想政治理论课的改革和创新需要加强其教学方法的改进，同时教学方法在其他同

① 单中慧：《西方教育思想史》，山西人民出版社1996年版，第841—843页。

② 刘晓亮、沈壮海：《关键课程发挥关键作用——基于2014—2018年高校思想政治理论课建设调查数据的分析》，《中国高等教育》2019年第9期。

类调查中的评价最低。高校法治教育与思想政治教育的方法是不是完全一样的呢？有专家认为：“一定的思想政治教育，是为一定的经济基础和政治制度服务的；一定的经济基础和政治制度决定思想政治教育的内容和方法，反映一定经济基础和政治制度的是理论内容、时代内容和环境内容。内容决定方法，内容的发展趋势决定方法的发展趋势。”① 当然，他同时也认为思想政治教育方法随着社会的发展而不断发展。为什么是内容决定方法，因为课程内容是国家或课程专家为了达到教育目标而有针对性地选定的教育材料，课程内容是承载课程目标的文字载体。因此，课程内容的不同当然会影响教学方法的选择。显而易见，《思想道德修养与法律基础》课程中思想道德修养与法律基础的内容是完全不同的，既然教学方法依据课程内容而定，那么，教学方法也应该因内容而定。思想道德修养部分的内容是要通过对学生进行道德教育促使学生形成正确的世界观、人生观、价值观及道德观。而道德教育一般采用能与学生共情的教育方法进行。在教学方法上，灌输法作为思想政治教育的常用方法和有效方法受到大多数思想政治教师的青睐。但教师如果对灌输法的理论依据和要义把握不好，灌输法往往就会促使教师争分夺秒地进行知识满堂灌，将这种填鸭式的满堂灌教育方法运用到高校法治教育中的教育效果是可想而知的。因为法治教育要求学生通过法律基础知识的学习基本具备以法治思维和法治方式维护自身权利的能力，同时树立法治观念，坚定法治信仰。从教育内容和教育要求两个方面来看，思想道德教育最终要达成的结果是让学生将道德规范内化于心，是内化的。而法治教育的结果需要学生将法治能力的提升外化于行，是外化的。因此，高校法治教育方法应该有别于思想政治教育方法，在法治教育过程中应该鼓励学生充分表达自己的个性追求、自主创造、自由选择，强化其对公共精神的遵守。进而在教学实践中锻炼自身的法治能力，在交往活动中

① 郑永廷：《论思想政治教育方法的发展趋势》，《高校社会科学研究和理论教学》1998 年第 8 期。

真正树立起自由与责任、权利与义务、自主与服从相和谐、相统一的现代民主法治观念。如果在法治教育中单一通过灌输方法来进行，即使是给学生讲述与他们密切相关的法律规定和各项权利，他们也会无动于衷。因为法治教育是一门参与性、实践性极强的学科，相较于思想道德修养教育方法来说，参与式教学方法鼓励学生在参与中学习，在参与中成长，在参与中锻炼实践能力。过增元认为："参与式教学法并不如想象得那样困难……参与式教学旨在改变学生被动学习的传统定位，发挥学生学习的主动性和积极性。"① 一方面，根据参与式教学形式的不同，参与式教学可以分为参与式理论教学和参与式实践教育。参与式理论教学方法在高校法治教育中具体体现为案例分析法、法律相关经典著作读书分享会、模拟法庭、法律知识辩论赛、法治现实问题社会调查法等。学生主体之间的法律知识对话、交流、辩论与反驳对于培养学生的可辩驳思维具有较强的针对性。在法治教育中"可辩驳性是法律知识逻辑结构的本质属性，法律的可辩驳知识结构依赖于可辩驳思维来实现应有的价值"②。另一方面，就参与式实践教育而言，高校法治教育开展的参与式实践教育虽然还不是很丰富，但可以借鉴思想政治教育社会实践的有效形式。例如，在校园内开展的"自我服务、自我管理、自我教育"活动，针对大学生学习和生活中的矛盾进行法治咨询；组织大学生暑期进司法机关、检查机关、公安机关从事志愿活动；组织大学生去监狱、少管所进行警示教育等。开展丰富多样的参与式法治教育理论教学与实践活动，可以让大学生通过法治理论分析和实践亲身感受到我国依法治国、依法执政、公平正义、执政为民、人权保障、权力制约等中国特色社会主义法治理念的具体坚守，以此浸润学生的内心，激发学生主动、自觉生成法治意识、坚定法治信念、提升法治能力。

① 过增元：《倡导参与式教学法 培养创新型人才》，《中国高等教育》2003 年第 20 期。

② 邱成梁：《法律中的可辩驳思维与法治》，《金陵法律评论》2014 年第 1 期。

（三）以思想政治理论课程体系融合优化高校法治教育课程设置理念

高校法治教育渠道由单一课程向思想政治理论课程体系融合以推进形成法治教育合力是提高高校法治教育实效性的重要途径。多门课程协同进行法治教育既可以打破高校法治教育单一课程路径依赖，也可以助力提高高校法治教育实效。高校思想政治理论课程除了《思想道德修养与法律基础》课外，还包括《马克思主义基本原理》《毛泽东思想和中国特色社会主义理论体系概论》《中国近现代史纲要》《形势与政策》四门课程。将法治教育从不同维度融入其他思想政治理论课中，改变《思想道德修养与法律基础》课程推进法治教育单渠道教育的局面。以多门课程协同推动法治教育并形成合力，对从思想政治理论课程体系上提高高校法治教育实效性具有一定的作用。如前所述，《思想道德修养与法律基础》课程主要从中国特色社会主义法治价值、法治观念维度进行教育，帮助学生从思想上树立正确的法治价值观。法治价值观的树立对于大学生开阔国际文化视野、树立中国法治文化自信、形成人类命运共同体意识具有非常重要的教育和引导意义。习近平指出："和平、发展、公平、正义、民主、自由，是全人类的共同价值，也是联合国的崇高目标。目标远未完成，我们仍须努力。当今世界，各国相互依存、休戚与共。我们要继续弘扬联合国宪章的宗旨和原则，构建以合作共赢为核心的新型国际关系，打造人类命运共同体。"[①] 这一讲话内容既契合了中国特色社会主义法治崇尚的内在价值，也为大学生坚持和维护全人类共同价值观坚定了信念。《马克思主义基本原理》课程可以从哲学角度廓清中国特色社会主义法治理论与西方资本主义法治思想的本质区别，确立马克思主义法治观。中国政法大学终身教授李德顺认为，当前最紧迫、最前沿的基础理论建设任务之一就是厘清马克思主义法治观。因为只有厘清马

① 习近平：《携手构建合作共赢新伙伴，同心打造人类命运共同体》，《人民日报》2015 年 9 月 29 日。

克思主义法治观才能让学生明白“法治的本质，是符合社会规律的‘规则之治’；社会主义法治的本质，归根到底是‘人民当家作主的规则之治’；中国特色社会主义法治的本质，则是‘党领导人民当家作主的规则之治’”[①]。也就是说，《马克思主义基本原理》课程要从以人民为中心的根本立场上阐述中国特色社会主义法治理论的内在属性。《中国近现代史纲要》课程从历史发展的维度教育学生，使其明白中国特色社会主义法治道路与近百年来中国国情的发展是相统一的。中国特色社会主义法治道路是中国和中国人民根据中国国情实事求是的选择，是将现代法治内在要求和中国国情的具体实践相结合的历史产物。对此，习近平指出：“走什么样的法治道路、建设什么样的法治体系，是由一个国家的基本国情决定的。”[②] 同时，我们要通过《中国近现代史纲要》课程告诉学生，今天我们提出的依法治国战略和把法治作为国家的治理方式并不是一帆风顺的。它是在经历了近代资产阶级变法的失败、新民主主义革命对法的初探、社会主义革命后法治建设所走弯路之后的经验总结。只有学生“对中国近现代国情有着清醒和全面的认识，准确把握我们走过的历史路径，厘清我们是在什么样的历史条件、政治传统、国家建制和社会基础上建设法治的”[③]，这样才能让学生站在更高的层面对中国所进行的法治建设、法治改革、法治治理产生共鸣。《毛泽东思想和中国特色社会主义理论体系概论》课程从中国特色社会主义制度的角度来阐明中国特色社会主义法治理论。中国特色社会主义法治理论是新时代马克思主义中国化的重要内容。对此，习近平指出：“中国特色社会主义制度是中国特色社会主义法治体系的根本制度基础，是全面推进依法治国的根本制度保障。中国特色社会主义法治理论是中国特色社会主义法治体

① 李德顺：《当前最紧迫、最前沿的基础理论建设任务之一——厘清马克思主义法治观》，《北京日报》2018 年 8 月 13 日。

② 习近平：《加快建设社会主义法治国家》，《理论学习》2015 年第 2 期。

③ 王宇航：《论新时代中国特色社会主义语境下法治内涵的总体性解读》，《南京社会科学》2019 年第 11 期。

系的理论指导和学理支撑，是全面推进依法治国的行动指南。”① 只有弄清楚它们之间的关系，才能让学生更好地理解新时代坚持中国特色社会主义法治理论、坚定中国特色社会主义法治道路，就是对中国特色社会主义制度认同的体现。《形势与政策》课程从国际国内时事热点的解读和分析上利用有利节点来引导学生树立法治思维。例如，2020 年全球突发的新型冠状病毒肆虐中国，中国共产党和中国政府无论从防疫的顶层部署还是从防疫的理念上，都不放弃任何一个人，坚持以人民为中心的救治理念不仅取得了良好的防疫效果，而且 2020 年防疫最大的特点就是以法治思维和法治方式推进常态化疫情防控工作。习近平在 2020 年两会期间指出：“要加快构建系统完备、科学规范、运行高效的公共卫生法律法规体系，健全权责明确、程序规范、执行有力的疫情防控执法机制，普及公共卫生安全和疫情防控相关法律法规，提高全民知法、懂法、守法、护法、用法意识和公共卫生风险防控意识。”② 法治教育渠道由单一课程向思想政治理论课程体系融合推进，不仅让学生从整体上、逻辑上构建了法治教育的知识体系，而且可以让学生从哲学的、理论的、历史的、现实的角度丰富对法治的理解与认知，提高了法治教育的效果。

五　以话语体系的融合与转向提高高校法治教育话语效力

（一）注重法治教育中法治政治话语与法律话语融合

话语从表面上看是一种思想表达方式。无论是政治话语、道德话语，还是法律话语，不同的话语是人们从不同角度对世界的认知和表

① 《中国共产党第十八届中央委员会第四次全体会议文件汇编》，人民出版社 2014 年版，第 78—79 页。

② 习近平：《2020 年 5 月 24 日在参加十三届全国人大三次会议湖北代表团审议时的讲话》，中国日报中文网，http://china.chinadaily.com.cn/a/202005/25/WS5ecb3dbda310eec9c72bb236.html。

达。世界有多丰富，话语表达的方式就应该有多丰富。在《思想道德修养与法律基础》课程中，道德话语、政治话语、法律话语是三种基本的话语体系和表达方式。从课程教育的结果来看，学生对道德教育和政治教育效果的认同度明显高于法治教育。一方面是因为道德话语、政治话语相对于法治话语来说，学生通过感同身受，环境熏染更容易接受，另一方面道德话语、政治话语是大学生日常生活中解决纠纷的主要方式。大学生生活中的纠纷和矛盾大多可以通过教师调解、谈心谈话、晓之以理动之以情的方式予以解决。因此法治话语无论从学生生活体验、使用程度还是从课程设置上说都处于弱势地位。为了加强高校法治教育的实效性，《思想道德修养与法律基础》课程教学更应该注重法治政治话语与法律话语的融合。法治政治话语强调法治之理，以高势位总体性、整体性话语论述法律体系、法治体系、法治道路的科学性及合理性。政治话语多强调集体利益、大局意识、以人为本、民生至上以及和谐社会等政治理想。政治话语的优点是在进行法治教育时一方面能够引导学生多角度地审视法治体制和法治价值，防止学生就法治论法治。另一方面可以教育引导学生把法治内在要求和本国的国情结合起来，以此来促进学生对我国法治道路选择的科学性认知，防止学生脱离中国实际谈法治。但对学生法治思维的培养还需要教师通过法律话语在教学中予以充分表达。那么法律话语具有哪些特征呢？陈金钊教授认为，法律话语在使用过程中具有以下特征："一是法律规范作为推理的根据；二是构成要件的法律原理作为分析的工具；三是把法律概念、专业术语和一些法律语词在思考事实与法律之间的关系中加以运用。"① 也就是说，法律话语就是话语阐述者根据法律原理运用法律概念、专业术语对构成要件进行规范推理的表达方式。相较于法治政治话语的整体性、体系性，法律话语则体现为逻辑性、辨析性和具体性。这两种话语的内在特征决定其在高校法治

① 陈金钊：《把法律作为修辞——认真对待法律话语》，《山东大学学报》（哲学社会科学版）2012 年第 1 期。

教育中所起的作用不同。法治政治话语对于学生理解中国特色社会主义法治的整体性、方向性具有提纲挈领的作用，但对于学生具体法律思维的培养、法律素养的提高、法治能力的训练则必须依赖法律话语在教学中的运用。教师在案例教学中对案例的解析、描述、判断和推理，在学生法律知识辩论赛、相关法律经典文献导读、法治实践教学中对现实法律构成要件的指导、点评、总结都需要法治教育教师用恰当的、规范的、具体的法律话语来进行。以上教学中法律话语的使用不同于法律规范的直接运用，而是强调法律概念、语词、专业术语在法治思维培养中的具体运用，以此来体现法律在调整人与自然人、人与法人之间各种社会关系的法律意义。教师在法治教育过程中通过法律话语自身的逻辑力量、结构力量、分析判断力量构建大学生法治思维训练和法治信仰坚定的法治教育意义。在当前我国依法治国战略不断深化和推进下，高校法治教育在教学中应该注重法治政治话语与法律话语的融合，因为“法律已经不仅是法律共同体的语言，它已经成为将人们联结在一起的纽带，因此法律必须承担起原本由其他社会规范所负担的责任”①。

（二）促进法治教育教材话语向教学话语有效转接

2018年版《思想道德修养与法律基础》在广泛调研、反复酝酿、九易其稿的基础上形成了“从新时代对青年大学生的新要求切入，以人生选择—理想信念—精神状态—价值理念—道德觉悟—法治素养为基本线索逐次展开担当民族复兴大任对大学生思想道德素质和法治素养要求的分析探讨”② 来构建教材体系。2018年版新教材充分反映和体现了习近平新时代中国特色社会主义思想和党的十九大精神，教材体系的内容安排也充分体现了《思想道德修养与法律基础》课程作

① ［美］玛丽·安·格伦顿：《权力话语：穷途末路的政治言辞》，周威译，北京大学出版社2006年版，第5页。

② 本教材修订组：《思想道德修养与法律基础（2018年版）修订说明》，《思想理论教育导刊》2018年第5期。

为思想政治理论课的鲜明的意识形态话语特征。近年来，对思想政治理论课话语权建设的重要性学界已普遍达成共识，但对高校思想政治理论课话语体系的细分、话语体系之间的相互转化、话语体系之间如何转化的研究还有很大的提升空间。例如具体到《思想道德修养与法律基础》课程中的法治教育教学实践，如何将法治教育教材话语向教学话语转接，以及在转接过程中其意识形态的导向性，思想教育的深刻性，话语的规范性，学科的素养性，教育目标的针对性，教学方法的灵活性，知识体系的系统性、逻辑性，阐释理论的可信性都需要教师在教学中通过教学话语来承载和体现。在教材体系或者教材内容确定下来以后，促进教材法治话语向教学法治话语的转向和转接成为提升高校法治教育实效性的关键环节。当然，在两种话语体系转接过程中必须坚持教学话语以教材话语为依据，但不是简单地对教材话语进行直接翻译和转录，而是要经过教师对教学方法的选择、教学内容的深化，以法治课程教育内容为核心、以学生既有法律知识为切入点、以课程教育目标为指向的教学话语的再加工和话语创新。高校法治教育在从教材话语向教学话语转向的过程中必须兼顾法治意识形态教育话语的严肃性与法治知识教育话语的丰富性。强调法治意识形态教育话语的严肃性是由课程本身的性质所决定的，并不是要强调法治意识形态教育教学话语的“独白式”“直接式”，而是要防止出现法治教育“教师作为说者仍然霸占话语权而居于话语的中心。以知识、真理、正确思想的面貌自居、采用独白式语言和命令式、训导式语气。以高压强制的态势向学生满堂灌输其思想意志。在课堂的教学场域中，不是以‘以理服人’，而是‘以力服人’”① 这种教学方式。这种“以力服人”的表达方式没有将教材话语翻译为教学话语，缺乏教材话语向教学话语的转接，没有充分发挥教学话语在教学中的重要作用。强调法治知识教育话语的丰富性就是鼓励教师在教学过程中对学生采用

① 倪瑞华：《由独话到对话：高校思想政治理论课教学话语体系的重建》，《国家教育行政学院学报》2012 年第 10 期。

启发性话语、赏识性话语、激励性话语、反思性话语开展教学。通过这些教学话语的运用来促进学生对法治知识体系的构建、激发学生学习兴趣、帮助学生巩固法治知识、提炼法治学习方法、引导学生在现实生活中崇德尚法以达到高校法治教育目的。当然，在高校法治教育教学中还要结合法律话语自身的特点将法律话语融入教学话语中，注重法治教学话语中法律知识的层次性、条理性、逻辑性、辨析性和情感交融性的科学表达，以此提高学生学习法治知识和树立法治信仰的境界。

（三）推进法治教育理论话语与生活话语交融

法治理论话语与大学生的日常生活话语联系不紧密、不交融是高校法治教育话语表达面临的一个非常突出的问题。法治教育理论话语和学生日常生活话语的断裂、冲突现状，抑制了高校法治教育从理论到实践效果的外显，也抑制了大学生学习法、运用法的热情。对当代大学生进行社会主义法治理论的教育不仅要满足高校法治教育帮助学生树立法治意识、培养大学生法治行为的需要，还要让大学生明白社会主义法治理论的完善和发展是中国在以西方法治话语权为主导的世界里进行的法治话语权的争取和提升。中国法治话语权的提升对法治实践建设、法治理论自信、法治制度自信、法治道路自信的树立具有十分重要的理论和实践意义。但如何将中国特色社会主义理论话语与学生生活话语相结合，用法治理论解决学生在日常生活中所遇到的实际和实践问题，是高校法治教育效果能否将理论与实践相结合，并被实践检验的重要步骤。老师在课堂上讲授的法治理论为什么在日常生活中难以实践？难以指导学生用法治的方式解决生活中所遇到的矛盾和纠纷？究其原因，一方面，在高校法治教育过程中，法治理论以法的本体论为讲授重点。例如，“教材中的很多内容都是立法中心主义立场，对司法和执法的规律讲述得很少，没有把对法律的理解、解释和运用当成重点来讲授；没有把提升法律思维水平当成教学的主要目标和重点内容”①。自然而然，法治教育教学中法治理论话语成为教学的主导话语。这种法治理论话语特点倾向于法的社会现象研究，倾向于对产生法的社会根源和社会条件的讲解，倾向于从根本上研究和探讨法的本质属性，倾向于法实施过程中应该坚守的原则，倾向于对法治理论、法治体系、法治道路从总体上进行意义的建构；但缺乏法治方法论内容的阐释，缺乏法律在实践中的操作程序演练，缺乏法律具体规范与大学生日常生活问题的交融。这种法治理论话语教育的结果就容易使大学生把对法律的认知、法治推行的意义停留在观念层面。他们认为法治只是一种思想言说，对于如何将法治转化为调解日常生活矛盾和纠纷的生活话语则无能为力。另一方面，大学生相对于法治理论话语严密的逻辑、规范的法律术语、抽象的法律概念，更倾向于、更擅长、更喜欢简洁、感性，具有浓厚人情味的生活话语。推进法治理论话语向生活话语的交融，就是在法治教学中要将法治理论中所蕴含的法治价值、法治理念与大学生日常生活中密切相关的法律话题结合起来，从而让学生在生活中对法律话语习以为常，进而将法治理论话语切实转化为法治生活话语。例如，高校大学生在学校生活中遇到的学籍管理、奖助学金申请、网络安全、心理健康、后勤服务、就业创业以及学生参加社会实践等活动都蕴含着权利义务问题。教师在教学中如果能将法治理论话语转化为学生生活话语，用法治理论规范话语指出学生日常生活中的矛盾与纠纷合法与否的原因与依据，那么就会让学生感到法就在身边，用法律的途径解决矛盾和纠纷是最有效的途径。长此以往，大学生通过自己对法律日常生活话语的体验与融入，其内心对法的接纳与运用就会自然而然。

① 陈金钊：《法理学之用及其法律话语体系的建构》，《法治现代化研究》2017 年第 3 期。

结论与展望

一 结论

（一）达成高校法治教育目标共识是提高高校法治教育实效性的关键因素

在依法治国战略背景下，无论是作为治国理政重要内容的法治，还是作为推动国家治理现代化重要手段的法治，人们从理论到实践两个维度对中国特色社会主义法治价值、法治制度、法治实践都有了一定的了解和认识。这种对法治全方位的综合认识和理解是与近年来国家法治宣传和法治教育分不开的。高校法治教育在对大学生进行中国特色社会主义法律体系、法治理论、法治道路等宏观理论教育中取得了良好的教育成绩和效果。大学生从意识形态层面对我国法律制定、法律执行、法律适用、法律遵守以及法治改革的推进呈现出整体认同度比较高的客观状况，但作为个体的学生自身的法治意识、法治思维、法治信仰以及法治素养还有很大的提升空间。作为思想政治理论课程视域下的高校法治教育所取得的成绩值得肯定，作为大学生法治素养教育的法治所存在的问题也不容忽视。高校法治教育在实践中应该注重法治基础知识的教育或是注重大学生法治意识、法治思维能力和法治实践能力的培养，抑或是注重对大学生进行中国特色社会主义法治信仰的培养，需要高校法治教育学科专家、一线教师以及大学生自身对高校法治教育目标在教育实践中达成共识。唯有如此，高校法治教育课程内容才能得以合理安排，教学方法才能恰当选择，法治教育效果才能凸显。

（二）高校法治教育方式方法的有效选择对提高高校法治教育实效性具有促进作用

不同的课程内容和课程教育目标对课程教学方式方法的选择都有一定的要求。大学生法治意识的提高、法治思维的培养、法治习惯的养成最终的结果都指向学生尊法、守法、用法能力的外化。高校法治教育由于课程设置在思想政治理论课程框架之下，课程教育目标兼具对大学生进行中国特色社会主义法治理论和法治道路以及法治信仰的教育，又有对大学生进行法治素养培养的要求。因此针对教育目标不同层级的要求在教育教学中选择有效教学方式方法开展高校法治教育十分必要。高校法治教育既不能否认灌输式教学方式在对大学生形成中国特色社会主义法治意识形态教育过程中所起的引导和指导作用，也不能忽视参与式教学方式和实践教学方式在对大学生法治意识的启蒙、法治思维的训练、法治情感的增进、法治信仰的坚定等教育过程中所起的教育引导学生作为主体对法治体悟、认同及坚守的促进作用。因此，与大学生法治素养培养相对应的参与式教育方式和实践式教学方式，以及与大学生法治意识形态培养相对应的灌输式教学方式，对高校法治教育的多层级教育目标的实现在不同维度上都具有促进作用。但两种不同的教育方式应该根据教育的内容和教育目标进行有效的选择，而不是一成不变。多种教育方式的有效选择不仅可以对高校法治教育效果的提升起到事半功倍的促进作用，而且会对高校法治教育理念的转变产生推动作用。高校法治教育方式方法的有效选择并无固定的模式可循，一切有利于实现高校法治教育目标的方式方法都可以加以尝试和创新。

（三）高校法治教育教师队伍的建设与培训是提高高校法治教育实效性的有力保障

教师具备良好的专业品质、渊博的教学知识、明确的教学认知、超强的教学能力是影响高品质教学的背景变量。教师自身具备的法律专业本体性知识或法学学科知识是法治教师必备的专业知识核心构成要素，也是教师顺利完成法治教育教学工作，保证法治教育教学质量的前提、基础和必要条件，更是影响高校法治教育效果的主导性要素。法治教师专业素质的主导性体现在教学过程中以其自身所具备的浓厚的法治情趣、良好的法治精神感染学生上。同时法治教育教师本人的法治信仰成为学生模仿和学习的榜样本身就是高校法治教育不可分割的一部分。因为具备渊博专业知识背景的法治教师能够在教学过程中融会贯通法学学科知识体系、法学学科的基本思想和方法、基本原理和技能，明晰法学学科与其他学科的区别与联系，进而在教学方法的选择、内容深度的把控、课程性质的把握、解释问题的边界、提问学生的技巧、课堂氛围的调控，以及对学生学习程度的评价上做到恰当与贴切。也就是说，法治教育方法的选择与操作、教学中主导地位的转化和体现都需要法治教育教师具备良好的法学专业功底。调查得知，在高校法治教育教师队伍中，有73.1%的教师为专任教师，有7.2%的教师为高校行政人员，有18.8%的教师为辅导员，有1.0%的教师为高校教辅人员，以及有19.2%的法治教师所学专业为哲学，有3.4%的教师所学专业为经济学，有10.6%的教师所学专业为教育学，有3.8%的教师所学专业为文学，有2.4%的教师所学专业为历史学，有1.4%的教师所学专业为理学，有0.5%的教师所学专业为工学，有1.4%的教师所学专业为医学，有1.9%的教师所学专业为管理学等非法学专业背景。在教师教育教学培训方面，目前在高校法治教育中有17.3%的教师表示学校“经常”召开法治教育教师教学培训会，有51.9%的教师表示“偶尔”召开培训会，有17.3%的教师表示“不确定”，有11.1%的教师表示“不召开”法治教育教师教学培训会。基于以上高校法治教育现状，必须加强高校法治教育教师队伍的建设和法治教育教师的培训。高校法治教育教师队伍的建设与培训是提高高校法治教育实效性的有力保障。

（四）大学生法治思维培养训练不足是制约高校法治教育效果的短板

《思想道德修养与法律基础》教材对法治思维的定义是“法治

思维是指以法治价值和法治精神为导向，运用法律原则、法律规则、法律方法思考和处理问题的思维模式”。这说明法治思维是一种规范性思维、逻辑性思维、正当性思维和科学性思维。法治的规范性思维、逻辑性思维、正当性思维和科学性思维集中体现在依据法律文本中的法律规范进行思考上，体现在以文本性的法律概念、法律原则、法律规范为准则，对现实生活中构成法律规范的“建设条件”和“法律后果”进行解释、论证、衡量和判断上。也就是说，法治思维的培养离不开法律原则、法律规范、法律概念的构造和训练。然而，法治思维的构造和训练需要通过学习法律知识、掌握法律方法、参与法律实践等途径来进行。本书基于大学生学习法律基础知识方式、学校开展与法治实践相关的实践活动、教师在教育教学中开展法治社会调查等维度进行了一定数量样本的实证研究分析。结果显示，大学生对法律基础知识的掌握不够扎实，学生运用法律基础知识解决问题的能力欠佳，学生学习法律基础知识的方式缺乏法治思维培养的针对性，教育过程中参与法律实践的频次较少等都是大学生法治思维培养训练不足的反映。高校法治教育过程中大学生法治思维培养训练不足是制约高校法治教育从法律知识转向大学生法治素养培养的瓶颈。法治思维训练的缺乏与不足导致学生难以运用法治的方式解决现实生活中的矛盾和纠纷，在现实生活中遇到矛盾和纠纷时无法将法律基础知识转化为法治实践能力，学生通过法治教育学习的法律知识仍然停留在理论层面而无法与现实生活勾连。这就造成当学生遇到矛盾与纠纷时仍然只能或者只会选择运用道德的、政治的话语方式来解决问题。大学生法治思维训练的不足也是高校法治教育师资队伍法学专业背景知识不足、教学方式选择及教学效果欠佳的印证。

（五）高校法治教育教学效果缺乏有效的评价方式和评价机制

高校法治教育教学效果评价是高校法治教育课程建设的重要环节。高校法治教育教学效果评价方式的完善和优化，不仅可以促进高校法治教育质量和效果的提升，也可以促进高校法治教育目标的完善和优化，同时还可以促进大学生法治素养的全面发展。高校法治教育效果由于受其课程载体和渠道、课程属性、课程教育目标的多层级要求以及多维度评价要素的制约，其评价有其自身的复杂性。高校法治教育效果的评价必须体现知识与价值的统一，学生内在信仰与外在能力的统一，教育外显效果与法治内在价值的统一，学生个体成长与社会要求的统一，不同教育目标的精确评价与模糊评价的统一。本书基于高校法治教育教学效果评价方法、高校法治教育学生学习效果评价方式、高校法治教育法律基础知识评价方式、法律基础知识在《思想道德修养与法律基础》课程考核中所占比分等进行了一定数量样本的实证研究分析。结果显示，有 67.3% 的教师表示所在学校缺乏法治教育教学效果的评价方式方法，有 75.5% 的教师表示所在学校缺乏对大学生教育学习效果专项评价，有 56.8% 的教师表示所在学校没有对法律基础知识进行单独考核，有 44.7% 的教师表示在课程考核中法律基础知识所占比分很少。因此可以看出，高校在法治教育教学效果、学生学习效果、知识考核等方面缺乏相应的评价机制。法治教育相应评价机制的缺乏不利于发现和反馈高校法治教育所存在的具体问题，也不利于对高校法治教育实效性提升进行有针对性的改革。

二　展望

新时代高校法治教育不仅要注重法治本质内涵教育、法治价值教育，同时也应该加深对高校法治教育方式方法在提高高校法治教育实效性中所起作用的认识。应以高校法治教育价值基础为引导，落实高等教育阶段法治教育目标，即从对法治理念、法治原则、重要法律概念的认知和理解转化为对学生法治思维的培养；从帮助大学生架构中国特色社会主义法治宏观理论、掌握法治体系转向促使其用法治思维积极参与和管理国家及社会公共事务、化解日常纠纷和矛盾；从法治价值、法治精神的牢固树立到法治行为、法治习惯的自觉养成。对这些法治教育实施逻辑问题的思考和研究势必会增强高校法治教育的针对性和实效性，进一步让高校大学生深刻体悟中国现阶段实施依法治国战略的重大意义，促使他们在理论学习和实践生活中坚定走中国特色社会主义法治道路的理想和信念，当然，新时代高校法治教育离不开以习近平新时代中国特色社会主义法治思想为指南开启新时代高校法治教育新征程。

（一）以习近平新时代中国特色社会主义法治思想为指导统领高校法治教育

习近平新时代中国特色社会主义法治思想是中国共产党对中国特色社会主义法治本质、法治价值、法治治理方式、依法治国、依法全面从严治党等各方面认识的进一步深化。从理论创新上看，习近平新时代中国特色社会主义法治思想是“当代中国马克思主义法治理论、21 世纪马克思主义法治理论，与马克思主义法治理论、毛泽东思想的法治理论、邓小平理论以及‘三个代表’重要思想和科学发展观的法治理论既一脉相承又创新发展，集中体现了我们党在法治领域的理论创新成果。习近平新时代中国特色社会主义法治思想生动记载了我们党改革开放以来持续推进依法治国的丰厚实践经验，深刻蕴含着中华民族自古至今绵延不断的宝贵治理智慧，广泛吸纳了人类社会法治文明的璀璨思想精华，科学擘画了新时代全面依法治国的宏伟战略蓝图，是新时代全面依法治国的根本遵循和行动指南”①。从法治教育实践来看，习近平新时代中国特色社会主义法治思想“发出了法治中国的时代之问，深刻地回答了法治的初心使命、治理模式与外部环境等一系列具有根本性、全局性和长远性的关键问题；习近平新时代中国特色社会主义法治思想凝聚着鲜明的时代价值，彰显了人民主体的权利精神、尊重规律的科学精神、

① 张文显：《习近平法治思想的理论体系》，《法制与社会发展》2021 年第 1 期。

和谐包容的人文精神、社会公平的法理精神”①。新时代高校法治教育应该从理论和实践两个维度以习近平新时代中国特色社会主义法治思想为指导，加强和改进高校法治教育目标和教育方式以配合新时代中国法治国家建设，全面提高大学生的法治素养。首先，全面深入教育引导大学生正确理解依法治国和坚持与发展中国特色社会主义的关系；使学生从思想上感受到“依法治国是坚持和发展中国特色社会主义的本质要求和重要保障，是实现国家治理体系和治理能力现代化的必然要求”②。教育引导大学生通过亲身实践感受和体会中国经济发展、政治建设、社会风气、生态保护、文化繁荣等各个方面都在法律范围内进行，感受到新时代中国建设社会主义法治国家的决心和能力。其次，教育引导大学生正确认识党和法治的关系。因为党和法的关系不仅事关新时代中国深化改革的进程，事关新时代中国现代化的进程，也是大学生比较关心的法治问题，更是大学生容易产生思想迷惑的现实问题。要让大学生通过高校法治教育明白全面推进依法治国能否顺利推进，“最关键的是方向是不是正确、政治保证是不是坚强有力，具体讲就是要坚持党的领导，坚持中国特色社会主义制度，贯彻中国特色社会主义法治理论”③。要防止学生在接受现代法治思想中的限权思想时不顾中国的实际而生搬硬套西方法治理论；防止学生受西方资本主义法治价值的侵染和渗透，以西方法治理论对标中国法治问题，产生错误思想。再次，要教育引导大学生认识到新时代中国全民尊法、信法、守法、用法和护法的重要性。因为“全面推进依法治国需要全社会共同参与，需要全社会法治观念增强，必须在全社会弘扬社会主义法治精神，建设社会主义法治文化”④。只有全民参与推进依法治国战略的实

① 汪习根：《论习近平法治思想的时代精神》，《中国法学》2021 年第 1 期。

② 中共中央文献研究室编：《习近平关于全面依法治国论述摘编》，中央文献出版社 2015 年版，第 4 页。

③ 中共中央文献研究室编：《习近平关于全面依法治国论述摘编》，第 23 页。

④ 中共中央文献研究室编：《习近平关于全面依法治国论述摘编》，第 90 页。

施，才能加快法治国家建设步伐，人民的各项权益才能通过法律得到可靠的保障。最后，高校法治教育要与高校立德树人教育这一根本任务紧密结合在一起。通过高校法治教育为中国社会各方面发展培养新时代具有较高法治素养的社会主义合格的建设者和接班人，使大学生通过接受高校法治教育成为“社会主义法治的忠实崇尚者、自觉遵守者、坚定捍卫者”。大学生作为新时代中国未来发展和建设的中流砥柱，对他们进行法治教育，尤其要以习近平新时代中国特色社会主义法治思想为指导，对其阐明高校法治教育的具体要求和基本方向对提高新时代高校法治教育实效性的意义重大。

（二）推进法治从理想追寻转化为个体需求

中国从积贫积弱的时代逐渐通过革命、建设、改革一步步走向站起来、富起来直到今天强起来的新时代。国家在发展的过程中社会也发生着由传统农业社会向现代工业社会的转型。享有了物质极大丰富的社会个体或迟或早都会面对价值问题的拷问、面临从传统群体优先价值取向向个人本位现代文明价值转换的适应问题。由于传统社会的人治思想和道德观念无法观照和满足现代社会人们对效率、自由、公正和平等价值的需求，进而在中国社会发展中一些个体因苦于自由、平等价值追求无具体路径方法可循，而转向以西方价值观作为指导自己活动、利益获取方式的指南。更有甚者，有些人以西方价值观，即“西方人在理性和宗教文化的长期熏陶下形成的自由平等意识和伦理精神”① 作为其价值信仰并加以鼓吹和传播。当然，西方法治理论重视个体对社会发展的作用，强调个体作为社会的前提，尊重个体权利保护和实现的思维模式契合了中国社会主要矛盾转变中生发的各种价值需要。但在实践中，我们应该清醒地看到中西方社会由于意识形态、社会组织方式及社会发展目标的不同造成现代人对法治追求的目

① 张曙光：《当代中国价值问题及价值重建的社会历史哲学辨析》，《天津社会科学》2013 年第 7 期。

的、意义和目标的不同。当代中国实行的法治是新时代中国特色社会主义民主政治的体现，也是中国特色社会主义民主政治在新时代的实践方式之一。新时代我国社会主要矛盾的变化，体现了人民群众日益增长的对公平、正义、民主、法治、安全、秩序等方面的新要求。这就要求中国特色社会主义法治理论教育不仅要注重法治理想价值的追寻，而且须引导学生尊重和服从社会主义法治的实践需求，正确推进法治从理想追寻转化为个体需求。从高校法治教育的目标指向来看，高校法治教育的落脚点是要求学生个体具有参与和实践法治生活的能力，能够应用所学知识切实维护自身的权利。因此，在阐释和讲解中国特色社会主义法治理论体系、法治实施体系、法治道路选择时应该厘清其与西方法治理论中对“自由”“平等”“正义”等概念形成的时空差别、历史源流及理念倡导。从社会个体来说，中国法治最大的特点就是鼓励个体参与社会实践活动，通过对社会个体的普法和法治教育使个体实现法治思维和法治信仰的充分自觉，使个体体悟到社会主义的法治主体不是阶级社会统治者的施舍，而是源于社会个体法治意识的自觉、自醒，源于其迫切参与法治实践的现实需要。因此，高校法治教育就是要引导学生在自身事务处理和社会事务的管理上摒弃“等”“靠”“要”的思想。教育引导他们主动参与法治实践，体验法治社会人人法律地位平等的法治精神，积极参与管理社会事务，发表自己的意见和建议，并经过共同协商、妥善寻求解决问题的规则和方法，对达成的法治共识加以自觉遵守。长此以往，高校法治教育的效果将会从理论和价值追求转化为实践需求，即可达到转变学生思维和行为习惯方式，实现以法治思维和法治规范作为其行动指南的教育目标和效果。

（三）强化法治从思维方式遵循转化为行为方式践行

价值取向和规则意识是法治思维的两个主要表现方面，价值取向是指个人如何看待法律精神和法律制度，规则意识是指个人如何用法律衡量自己的行为。在高校法治教育中，如何强化法治从思维方式转化为行为方式是高校法治教育的重要目标之一，我们应该清醒地认识到“法治固然取决于一系列复杂的条件，然而就其最直接的条件而言，必须存在一种与之相适应的社会思想方式，即只有当人们能够自觉地而不是被动地、经常地而不是偶然地按照法治的理念来思考问题时，才会有与法治理念相一致的普遍行为方式”①。在法治教育中，注重法治从思维方式转化为行为准则不仅是因为法治在国家生活和社会生活中的极端重要性，而且是因为在未来中国社会发展中法治将从上层建筑慢慢融入每一个个体的工作和生活中，将会由一种法律制度理念逐渐转变为国家的治理方式和人们的生活方式。而高校法治教育的困难正如张居正所言：“天下之事，不难于立法，而难于法之必行；不难于听言，而难于言之必效。”高校法治教育之所以效果不佳，固然是因为其特殊的社会因素，也是因为其特殊的教育模式。高校法治教育主要是通过高校思想政治教育课程《思想道德修养与法律基础》中的法律基础教育来进行的，对这种“形而上”价值观教育与知识教育之间度的把握，仍然是制约高校法治教育效果的瓶颈之一。这也正是研究高校法治教育价值基础之必要，因为作为法治教育的公平、正义、自由、平等的基本价值观与社会主义核心价值观的教育宗旨高度契合，高校法治教育应该在进行法律基础知识教育的同时，注重引导学生树立合乎中国社会发展道路需要的法治价值和法治观念。在让学生从内心真正悦纳和认同中国特色社会主义法治价值的基础上，将法治价值和法治规范内化到他们的日常生活中去，从而充分体现法治教育的效果。在《思想道德修养与法律基础》课程法律知识学习的基础上让学生明白法安天下、德润人心的道理。当然，在培养学生法治思维方面，强化法治从思维方式转化为行为准则是对高校法治教育在践行社会主义法治文化方面提出的更高层次的要求。这就要求法治教育不能仅仅满足于法律具体知识的教授和传递，而应该引导学生体悟和领

① 郑成良：《论法治理念与法律思维》，《吉林大学社会科学学报》2000 年第 4 期。

会中国在新时代推行和强化依法治国和建设法治国家的深远意义。只有在全面学习和领悟中国特色社会主义法治价值观下，通过价值澄清理论帮助他们树立符合中国实际的法治价值观。鼓励学生通过自己的思考，更加审慎和全面地思索自己的价值观以及整个社会的价值问题。在法治教育中为了达到强化法治从思维方式转化为行为准则的目的，切忌用说教和说服的方式进行价值灌输，美国学者路易斯·拉思斯在其《价值与教学》一书中反复强调，只有通过自由的、公开的、民智的和有依据的选择，学生才能明晰、确定和遵守其价值。中国社会的价值信念和中国的现代化实践旅程一开始就被迫纠缠在一起，个人价值选择往往让位于救亡图存、国家振兴等社会价值，实践中“制度行为为了求得或实现某种秩序，总是力图按照某种先行认定、设定的‘主义’、‘理想’、‘原则’等组织社会公共生活，其所导致的结果是民众选择性意愿、实质性参与行为的缺失和被忽视”[①]。因此，高校法治教育的研究和实践应该明确法治教育的目的不是说教和管控，灌输既定的价值选择，而应该是在教学中创造良好的教学氛围、鼓励学生进行自由的价值表达、不妨碍学生主动思维，积极引导学生从独立思考中进行价值澄清进而确立对法治教育价值基础的选择和尊崇。学生只有在自我价值选择的基础上，才能够更加清楚为什么要珍视自己的法治信仰，并能自觉自愿地、更好地把自己的信仰选择整合到日常行为中去。虽然法治行为的转化和实践从法治理念的转变开始，但要真正实现社会个体依法行事，法律成为人们遵守和积极践行的行为规范，还需要法律制度的保障和细化。

(四) 力促法治由社会需求转化为学生个人信仰

党的十八届四中全会以依法治国为主题，全面展开了推进实施法

① 袁祖社：《差异合理性与面向“他者”的实践—正当性生存智慧——“正义社会”的现代性悖歧及其价值理性期许》，《福建论坛》（人文社会科学版）2017 年第 5 期。

治中国建设的重大战略。同时也确立了法治成为中国新时代的鲜明特征，因为中国社会需要法治来为现在进行的深化改革发挥引领、规范及保障作用；需要法治来调整社会不同群体的既得利益；需要法治来化解人民日益增长的美好生活需要和不平衡不充分的发展之间的矛盾；需要法治达到新政治价值合理性的充分体认；需要法治来提升现代中国文化价值的国际认同。这些都体现了中国社会建设法治国家、法治政府、法治社会的迫切需要。然而，国家对法治的实施和社会对法治的期盼最终都要靠社会个体对法治的信服和尊重来实现，法治由社会需求转化为个人信仰在现阶段高校法治教育中仍不失为一个研究难点，因为个人对法治的认同和信仰受到不同社会文化传统和法治原有文化等综合因素的影响。现实社会中为什么很多人信闹、信访、信权、信钱、信背景、信关系就是不信法？其原因之一就是法治所倡导的公平、正义、自由、平等等价值体系在实践中没有得到很好的体现。只有社会和国家在管理与治理中的价值推崇和制度安排，与个体的内心信仰和精神追求相一致时，法治才会被信仰。执法过程中不同群体执法标准的不统一，一些领导干部对法治实践指手画脚造成法律结果的天壤之别，司法以及执法部门规范化程度不高都是制约法治成为个人信仰的不利因素。作为高校的法治教育不仅要教会学生凝聚法治价值共识，而且重要的是如何引导学生正确看待这些法治乱象，如何引导学生将社会对法治的迫切需要转换为个体对法治的个人信仰，而不是仅仅传达和传递社会对法治需要的迫切愿望和信息，更不是简单地让学生为了配合法治社会的建设而遵纪守法，而是要使法治成为社会个体的自我体验和生活习惯。只有让高校大学生在自己信念的指导下践行法治精神和法治价值，才会让他们彻底突破自己原有的价值信念转而信仰法治。也就是说，必须在法治教育实践中唤醒个体的独立人格意识。法的核心应当是权利，法治的核心应当是个体权利的充分保障，而权利的基本主体是自然人和法人。如果在法治教育中缺乏对个人独立人格自主观念的唤醒，那么再精良的法治教育也会产生“人只是国家统治的对象，或最多是国家‘实行民主’的对象，法就只能作为单纯的强制而存在，法就处于同个人的对抗之中，法就不能得到普遍的、令人满意的实施”[①] 的结果。正因如此，《关于进一步把社会主义核心价值观融入法制建设的指导意见》《关于深化公安执法规范化建设的意见》适时印发，目的就是让人们在日常生活中感受到执法活动、案件办理中所体现的公平正义价值取向。一个人人自主捍卫法律、自主守法的朝气蓬勃的法治社会必是个体自觉奉行法治信仰的社会。

《孟子·离娄上》曰：“徒善不足以为政。徒法不能以自行。”因此，高校在对大学生进行法治教育的同时离不开对他们进行道德教育。高校在开展法治教育时，要充分“发挥好道德的教化作用，必须以道德滋养法治精神、强化道德对法治文化的支撑作用。再多再好的法律，必须转化为人们内心自觉才能真正为人们所遵循。‘不知耻者，无所不为。’没有道德滋养，法治文化就缺乏源头活水，法律实施就缺乏坚实社会基础。在推进依法治国过程中，必须大力弘扬社会主义核心价值观，弘扬中华传统美德，培育社会公德、职业道德、家庭美德、个人品德，提高全民族思想道德水平，为依法治国创造良好人文环境”[②]。坚持道德教育和法治教育双管齐下，不仅是我国实施依法治国和以德治国的客观要求，也符合中国特色社会主义国家治理之路探索的经验传承。无论是道德教育还是法治教育，道德所内含的道德规则和法治明文规定的权利义务的共通之处就是规则。德国教育学家约翰·弗里德里斯·赫尔巴特（Johann Friedrich Herbart，1776—1841 年）认为对学生进行德育并不是对学生进行行为的约束，他认为德育就是教育学生认识生活本身的原则。赫尔巴特指出：

> 德育并不是要发展某种外表的行为模式，而是要在学生心灵

① 周永坤：《社会优位理念与法治国家》，《法学研究》1997 年第 1 期。

② 中共中央文献研究室编：《习近平关于全面依法治国论述摘编》，中央文献出版社 2015 年版，第 30 页。

> 中培养起明智及其适宜的意志来。……我观察人生，发现许多人，他们把道德看成一种约束，很少有人把它看成是生活本身的原则。……所以，使绝对明确、绝对纯洁的正义与善的观念成为意志的真正对象，以使性格内在的、真正的成分——个性的核心——按照这些观念来决定性格本身，放弃其他所有的意向，这就是德育的目标，而不是其他。①

因此，对大学生进行道德教育和法治教育的终极目标就是让学生明白和理解社会生活所倡导的道德原则和法治规则，从而使他们更好地融入现实生活，创造生活，推动社会发展。

在中国创新能力和世界综合国力竞争不断提档的中国特色社会主义新时代，教育作为人才竞争的基础性、先导性和全局性的地位和作用不断凸显。学校作为思想道德教育的主阵地越来越发挥着重要的育人作用。面向新时代，高校法治教育的任务已然突破了法律作为具体知识简单传授的要求，高校法治教育应该在具体法律知识中融合社会主义核心价值观内容，使思想道德修养和法律基础知识在价值方面高度融合。不断在实践教学中促进中国特色社会主义法治理论和法治价值认同；不断提高和凸显高校法治教育价值的地位，注重高校法治教育和思想道德教育的区别和联系；注重从社会性质、理论传统、社会治理模式方面引导学生区分中国特色社会主义法治价值基础和西方法治价值理论。新时代高校法治教育应该以培养高度认同中国特色社会主义法治价值，且具有新时代中国特色社会主义法治精神和坚定中国特色社会主义法治信仰的大学生为教育目标。教育引导高校大学生树立公平、正义、自由、平等的法治价值，并在此基础上深化大学生维护中国改革深化阶段推动依法治国的决心和意志，努力推动中国创建有利于实现个体权利平等和自由、社会发展公平与正义及社会各项事业顺利发展的法治文化环境。这也与目前中国高等教育所承担的“四

① 李其龙、郭官义：《赫尔巴特文集》，浙江教育出版社2002年版，第38—40页。

为”目标相一致。进行法治教育不仅是高校为中国共产党治国理政服务的目标之一，同时也是我国法治国家、法治政府、法治社会建设的迫切要求。如何将法治教育的价值基础贯穿于整个高校法治教育的全过程、贯穿于高校校园法治文化的建设当中，贯穿于高校学生的思想政治教育价值培育之中，需要全国高校和全体高校法治教育教师的共同思考和教育创新。

参考文献

一 著作

《马克思恩格斯全集》（第 1、2 卷），人民出版社 1995 年版。

《马克思恩格斯全集》（第 3 卷），人民出版社 2002 年版。

《马克思恩格斯选集》（第 1 卷），人民出版社 1995 年版。

《马克思恩格斯选集》（第 2 卷），人民出版社 1995 年版。

《马克思恩格斯选集》（第 3 卷），人民出版社 2012 年版。

《马克思恩格斯文集》（第 1 卷），人民出版社 2009 年版。

《马克思恩格斯文集》（第 3 卷），人民出版社 2009 年版。

《列宁全集》（第 38 卷），人民出版社 1986 年版。

《毛泽东文集》（第 1、2 卷），人民出版社 1991 年版。

《毛泽东文集》（第 6 卷），人民出版社 1999 年版。

《毛泽东文集》（第 7 卷），人民出版社 1999 年版。

《邓小平文选》（第 2、3 卷），人民出版社 1994 年版。

《江泽民文选》（第 1、2 卷），人民出版社 2006 年版。

《胡锦涛文选》（第 2 卷），人民出版社 2016 年版。

《习近平谈治国理政》，外文出版社 2014 年版。

《习近平谈治国理政》（第 2 卷），外文出版社 2017 年版。

《习近平谈治国理政》（第 3 卷），外文出版社 2020 年版。

习近平：《决胜全面建成小康社会　夺取新时代中国特色社会主义伟大胜利》，人民出版社 2017 年版。

本书编写组：《党的十八届四中全会〈决定〉学习辅导百问》，学习出版社 2014 年版。
本书编写组：《思想道德修养与法律基础》，高等教育出版社 2018 年版。
别敦荣、杨德广：《中国高等教育改革与发展 30 年》，上海教育出版社 2009 年版。
陈秉公：《思想政治教育学原理》，高等教育出版社 2006 年版。
陈笃彬：《大学生思想政治教育理论与实证》，人民出版社 2011 年版。
陈晓端、张立昌：《有效教学》，高等教育出版社 2015 年版。
陈佑清：《有效教学》，高等教育出版社 2016 年版。
《辞海》(政治法律分册)，上海辞书出版社 1978 年版。
《大辞海》(法学卷)，上海辞书出版社 2003 年版。
单中慧：《西方教育思想史》，山西人民出版社 1996 年版。
丁念金：《课程论》，福建教育出版社 2007 年版。
冯建军：《当代主体教育论》，江苏教育出版社 2002 年版。
高鸿钧：《法治：理念与制度》，中国政法大学出版社 2002 年版。
韩立福：《有效教学法》，首都师范大学出版社 2012 年版。
韩庆祥：《现实逻辑中的人 马克思的人学理论研究》，北京师范大学出版社 2017 年版。
《简明知识词典》，湖北人民出版社 1983 年版。
教育部社会科学司：《普通高校思想政治理论课文献选编（1949—2006)》，中国人民大学出版社 2007 年版。
李德顺：《法治文化论——创造理性文明的生活方式》，黑龙江教育出版社 2019 年版。
李森、张家军、王天平：《有效教学新论》，广东教育出版社 2010 年版。
李雁冰：《课程评价论》，上海教育出版社 2002 年版。
林雪梅：《马克思的权利思想》，人民出版社 2014 年版。
骆郁廷：《高校思想政治理论课程论》，武汉大学出版社 2006 年版。

马长山：《高校法治教育教程》，中国民主法制出版社 2019 年版。

施丽红、苏洁：《高校思想政治课有效教学》，光明日报出版社 2012 年版。

施良方：《课程理论——课程的基础、原理与问题》，教育科学出版社 1996 年版。

石云霞：《高校思想政治理论课程建设史研究》，武汉大学出版社 2006 年版。

孙杰远、叶蓓蓓：《有效教学的设计原理、策略与评价》，教育科学出版社 2013 年版。

孙迎光：《主体教育理论的哲学思考》，南京师范大学出版社 2003 年版。

滕守尧：《文化的边缘》，作家出版社 1997 年版。

涂少彬：《探求均衡之治：基于公民主体性与儒家文化的论述》，中国社会科学出版社 2012 年版。

王啸：《教育人学——当代教育学的人学向路》，江苏教育出版社 2003 年版。

文正邦、程燎原、王人博、鲁天文等：《法学变革论》，重庆大学出版社 1989 年版。

吴明隆：《问卷统计分析实物——SPSS 操作与应用》，重庆大学出版社 2010 年版。

杨昌宇：《自由：法治的核心价值》，法律出版社 2006 年版。

杨明全：《世界著名教育思想家泰勒》，北京师范大学出版社 2012 年版。

杨震：《法价值哲学导论》，中国社会科学出版社 2004 年版。

姚建龙、马岩：《大学生法治教育论》，中国政法大学出版社 2016 年版。

叶澜：《教育概论》，人民教育出版社 1991 年版。

余文森：《有效教学》，高等教育出版社 2013 年版。

余文森：《有效教学十讲》，华东师范大学出版社 2018 年版。

余玉华：《思想道德修养与法律基础教学论》，复旦大学出版社 2009 年版。

俞吾金：《意识形态论》，上海人民出版社 1993 年版。

湛中乐：《现代行政过程论——法治理念、原则与制度》，北京大学出版社 2005 年版。

张立昌：《课程与教学论》，陕西师范大学出版总社有限公司 2012 年版。

张寿松：《大学通识教育课程论稿》，北京大学出版社 2005 年版。

张文显：《法治与法治国家》，法律出版社 2011 年版。

张文显：《权利与人权》，法律出版社 2011 年版。

张晓玲、闵浩：《大学生法律知识与法律素质教育培养研究》，人民日报出版社 2014 年版。

张蒀：《公民权利的正当性研究》，人民出版社 2017 年版。

张耀灿：《现代思想政治教育学》，人民出版社 2001 年版。

张耀灿、徐志远：《现代思想政治教育学科论》，湖北人民出版社 2003 年版。

赵海英：《主体性：与历史同行》，首都师范大学出版社 2008 年版。

中共中央文献研究室：《十八大以来重要文献选编》（上、下），中央文献出版社 2014 年版。

中共中央文献研究室：《十六大以来重要文献选编》（下），中央文献出版社 2007 年版。

中共中央文献研究室：《习近平关于全面依法治国论述摘编》，中央文献出版社 2015 年版。

中共中央政法委员会：《社会主义法治理念读本》，中国长安出版社 2009 年版。

《中国大百科全书》（教育），中国大百科全书出版社 1985 年版。

《中国共产党第十八届中央委员会第四次全体会议文件汇编》，人民出版社 2014 年版。

中国思想政治工作研究所、中宣部思想政治工作研究所编写：《改革开放以来思想政治工作大事记》，中国人民大学出版社 2007 年版。

钟启泉：《课程论》，教育科学出版社 2007 年版。

朱荣英：《马克思人的全面发展理论及其中国表征》，中国社会科学出版社 2018 年版。

朱智贤、林崇德：《思维发展心理学》，北京师范大学出版社 1986 年版。

［德］康德：《法的形而上学原理》，沈叔平译，商务印书馆 1991 年版。

［德］鲁道夫·冯·耶林：《为权利而斗争》，胡宝海译，中国法制出版社 2004 年版。

［德］雅斯贝尔斯：《大学之理念》，邱立波译，上海人民出版社 2007 年版。

［德］雅斯贝尔斯：《什么是教育》，邹进译，生活·读书·新知三联书店 1991 年版。

［法］罗曼·罗兰：《名人传》，陈筱卿译，北京师范大学出版社 2014 年版。

［美］弗洛姆：《占有或存在》，杨慧译，国际文化出版公司 1989 年版。

［美］克里克山克：《教学行为指导》，时绮等译，中国轻工业出版社 2003 年版。

［美］玛丽·安·格伦顿：《权力话语：穷途末路的政治言辞》，周威译，北京大学出版社 2006 年版。

［美］诺曼·布拉德伯恩、希摩·萨德曼、布莱恩·万辛克：《问卷设计手册——市场研究、民意调查、社会调查、健康调查指南》，赵峰译，重庆大学出版社 2018 年版。

［美］泰勒：《课程与教学的基本原理》，施良方译，人民教育出版社 1994 年版。

［日］池田大作、［英］汤因比：《展望二十一世纪》，荀春生等译，国际文化出版公司 1985 年版。

[英] A. N. 怀特海：《观念的冒险》，周邦宪译，贵州人民出版社 2000 年版。

[英] 哈特：《法律的概念》，张文显译，中国大百科全书出版社 1996 年版。

[英] 约翰·亨利·纽曼：《大学的理念》，高师宁等译，北京大学出版社 2016 年版。

二 期刊

本教材修订组：《〈思想道德修养与法律基础〉（2018 年版）修订说明》，《思想理论教育导刊》2018 年第 5 期。

陈秉公：《论思想政治教育的“一体化二重性”范式——兼论思想政治教育研究从“二元论”思维向“二重性”思维转换》，《教学与研究》2016 年第 8 期。

陈驰、古剑：《高校思政课法治教育的价值、内容与路径——习近平新时代中国特色社会主义政法思想融入高校思政课教学研究》，《四川师范大学学报》（社会科学版）2019 年第 4 期。

陈大文、陈娟：《论高校思想政治理论课专题教学的难点问题》，《思想理论教育导刊》2019 年第 12 期。

陈大文：《促进大学生道德教育与法制教育有机结合的重要载体——关于〈思想道德修养与法律基础〉教材解读》，《思想理论教育》2006 年第 9 期。

陈大文：《〈法律基础教学大纲〉（第三版）的几点说明》，《思想理论教育导刊》1999 年第 2 期。

陈大文：《法治教育的定位及其核心内容》，《基础教育课程》2015 年第 3 期。

陈大文：《课程整合背景下大学生法制教育实效性问题初探》，《思想理论教育导刊》2007 年第 5 期。

陈大文、孔鹏皓：《关于高校法制教育定位问题的思考》，《思想理论教育导刊》2013 年第 7 期。

陈大文、孔鹏皓：《论大学生社会主义法治思维的培养》，《思想理论教育导刊》2015 年第 1 期。

陈大文：《论大学生社会主义法治理念教育的目标定位》，《思想理论教育导刊》2010 年第 4 期。

陈大文：《〈思想道德修养与法律基础〉教材建设刍议——关于〈思想道德修养与法律基础〉（法制教育部分）修改完善问题》，《思想理论教育》2010 年第 19 期。

陈大文、周扬洋：《学校法治教育的性质和目标》，《思想政治课教学》2016 年第 7 期。

陈大文、周扬洋：《在改进中加强大学生法治教育的新任务》，《思想理论教育导刊》2017 年第 7 期。

陈金钊：《法理学之用及其法律话语体系的建构》，《法治现代化研究》2017 年第 3 期。

陈金钊：《法治共识形成的难题——对当代中国“法治思潮”的观察》，《法学论坛》2014 年第 5 期。

陈金钊：《法治是被定义的生活——关于法治逻辑的意义探寻》，《探索与争鸣》2019 年第 7 期。

陈金钊、杨铜铜：《法治思维、法治能力的考察需要法律方法》，《扬州大学学报》2017 年第 2 期。

陈金钊：《以法治中国战略为目标的法学话语体系建构》，《求是学刊》2019 年第 5 期。

陈金钊：《意识形态法治化及意义》，《北京联合大学学报》2015 年第 1 期。

陈瑞三、杨飞雪、阚迪：《马克思人的全面发展理论对高校思想政治教育工作的启示》，《辽宁大学学报》（哲学社会科学版）2018 年第 1 期。

陈曙光：《论“每个人自由全面发展”》，《北京大学学报》2019 年第 2 期。

陈曙光：《论“每个人自由全面发展”》，《北京大学学报》（哲学社会科学版）2019 年第 2 期。
陈晓端、Stephen Keith：《当代西方有效教学研究的系统考察与启示》，《比较教育研究》2005 年第 8 期。
陈佑清：《教学过程的本土化探索：基于国内著名教学改革经验的分析》，《当代教育与文化》2011 年第 1 期。
陈佑清：《论有效教学的分析模型》，《课程 · 教材 · 教法》2012 年第 11 期。
陈志尚：《人学研究的回顾与展望》，《毛泽东邓小平理论研究》2010 年第 6 期。
陈志尚：《现实、全面地把握人性》，《北京大学学报》（哲学社会科学版）1990 年第 1 期。
褚小山：《马克思主体性思想主要内容及重要意义》，《人民论坛》2014 年第 6 期。
逮慧、陈晋胜：《我国高校法治理念教育内容之重构——基于中国优秀传统法律文化与社会主义法治理念的暗合之思考》，《教育理论与实践》2015 年第 15 期。
戴钢书、杨龙：《高校思想政治理论课教学跨学科研究方法论的意义、涵义和特征》，《思想政治教育研究》2020 年第 1 期。
邓多文：《高校普法目标：从增强观念到重塑行为的转向》，《社会科学家》2017 年第 12 期。
冯刚、陈步云：《深刻把握新时代思政课“八个统一”的建设规律》，《中国高等教育》2019 年第 9 期。
冯建军：《主体间性与教育交往》，《高等教育研究》2001 年第 6 期。
冯建军：《主体教育理论：从主体性到主体间性》，《华中师范大学学报》（人文社会科学版）2006 年第 1 期。
冯秀军、咸晓红：《思想政治理论课改革创新要坚持灌输性和启发性相统一》，《思想理论教育导刊》2019 年第 7 期。
冯颜利：《国外马克思主义研究中公平正义思想的价值与局限》，《国外社会科学》2017 年第 1 期。

高国希：《关于〈思想道德修养与法律基础〉教材修订的建议》，《思想理论教育》2010 年第 19 期。

高慎英：《“有效教学”的理想》，《课程 · 教材 · 教法》2005 年第 8 期。

耿兆辉、易崇艳：《中国高校法治教育的问题与路径选择》，《河北大学学报》（哲学社会科学版）2014 年第 6 期。

顾培东：《当代中国法治共识的形成及法治启蒙》，《法学研究》2017 年第 1 期。

贺来：《马克思哲学与“存在论”范式的转换》，《中国社会科学》2002 年第 5 期。

黄佳：《“法治中国”背景下高校法治教育的发展》，《思想政治教育研究》2015 年第 1 期。

黄涛：《从社会主义核心价值观看当代中国法治理论的应有品格》，《当代世界与社会主义》2017 年第 4 期。

黄涛：《主体性时代的权利理论——改革开放以来中国权利理论的逻辑演进》，《法制与社会发展》2019 年第 1 期。

黄文艺：《列宁社会主义法制建设思想与当代中国法治建设》，《马克思主义与现实》2015 年第 2 期。

黄文艺：《论高校社会主义法治理念教育》，《思想理论教育导刊》2010 年第 5 期。

黄文正：《论马克思的实践主体性的确立》，《贵州社会科学》2006 年第 5 期。

李德顺：《当代哲学思维的变革和挑战》，《岭南学刊》2017 年第 1 期。

李德顺：《让民主法治成为我们的政治文明》，《学习与探索》2013 年第 7 期。

李靖：《高校加强社会主义法治理念教育的思考与建议》，《思想理论教育导刊》2011 年第 12 期。

李丽昕：《增强高校法治教育实效性的路径探析——以人文精神为视

角》，《内蒙古师范大学学报》2017 年第 6 期。

李栗燕：《新时代高校法治教育与思政教育的互相促进探析》，《法学教育研究》2019 年第 4 期。

李晓兰、刘金莹：《提升大学生法治教育实效性路径探究》，《黑龙江高教研究》2016 年第 8 期。

李秀萍：《新时期主体教育研究应关注的三个问题》，《中国教育学刊》2005 年第 4 期。

林凯、周晨：《对高校思想政治教育中融入法治教育的思考》，《学校党建与思想教育》2019 年第 9 期。

刘桂秋：《有效教学概念新探——综合有效教学观之下的有效教学》，《课程·教材·教法》2008 年第 9 期。

刘庆昌：《教育之思的基本范畴及其理解维度》，《北京大学学报》（哲学社会科学版）2019 年第 4 期。

刘书林：《贯彻高校思想政治理论课新方案，高质量实施思想道德修养与法律基础课教学》，《清华大学学报》2006 年第 2 期。

刘水静、朱洁仪：《增进高校思想政治理论课程的文化含量：目标、内容与方法》，《教学与研究》2019 年第 10 期。

刘小亮、沈壮海：《关键课程发挥关键作用——基于 2014—2018 年高校思想政治理论课建设调查数据的分析》，《中国高等教育》2019 年第 9 期。

刘志军、张红霞：《第二届主体教育理论专题学术研讨会综述》，《中国教育学刊》2005 年第 4 期。

卢建有、臧宏：《改革开放后高校法治意识教育的发展取向探析》，《思想政治教育研究》2017 年第 6 期。

糜红缨：《增强高校法治教育实效性路径探析》，《学校党建与思想教育》2015 年第 8 期。

莫良元：《高校法治教育实践过程中存在的问题与对策》，《中国大学教学》2013 年第 12 期。

邱成梁：《法律中的可辩驳思维与法治》，《金陵法律评论》2014 年第

1 期。

沈壮海、王迎迎：《2015 年度大学生思想政治及其教育状况调查分析》，《中国高等教育》2016 年第 8 期。

沈壮海、肖洋：《2016 年度大学生思想政治状况调查分析》，《思想理论教育导刊》2017 年第 1 期。

汪习根：《论习近平法治思想的时代精神》，《中国法学》2021 年第 1 期。

汪雄：《论法治教育的双重目标、多元对象与理想路径》，《长白学刊》2018 年第 4 期。

王升：《全国主体教育实验第四届年会综述》，《教育研究》2000 年第 2 期。

王仕民、郑永廷：《当代大学生理想信念形成特点及原因分析》，《教学与研究》2008 年第 5 期。

王淑娉、李艳：《论思想政治教育者的主体自觉》，《思想政治教育研究》2019 年第 5 期。

王树荫、房玉春：《试论从“法制教育”到“法治教育”的转变》，《甘肃社会科学》2017 年第 2 期。

王双群、余仰涛：《法治教育与德治教育的内涵及意义》，《理论月刊》2006 年第 7 期。

王宇航：《论新时代中国特色社会主义语境下法治内涵的总体性解读》，《南京社会科学》2019 年第 11 期。

韦洪发、张然：《论高校“思政课”法治教育功能的生成逻辑》，《思想政治教育研究》2017 年第 4 期。

魏传光：《人的“生存实践性”：马克思主义人学思想的核心和革命基石》，《中国农业大学学报》（社会科学版）2006 年第 3 期。

文江玲：《当前大学生法治教育存在的问题及原因分析》，《学校党建与思想教育》2017 年第 1 期。

吴潜涛：《“思想道德修养与法律基础”课的性质、逻辑结构与主线》，《教学与研究》2006 年第 8 期。

习近平：《加快建设社会主义法治国家》，《理论学习》2015 年第 2 期。

向葵花、陈佑清：《聚焦学习行为：教学论研究的视域转换》，《课程·教材·教法》2013 年第 12 期。

肖映胜、张耀灿：《高校思政课教学评价理念新思考》，《中国高等教育》2011 年第 6 期。

邢国忠：《全国高校道德教育与法制教育理论与实践研讨会综述》，《思想理论教育导刊》2012 年第 10 期。

徐继强：《论作为法律之德的法治——基于塔马纳哈“薄的法治”概念所作的分析》，《环球法律评论》2009 年第 2 期。

徐蓉：《当前高校法治教育发展的障碍与突破》，《思想教育研究》2016 年第 11 期。

徐蓉、王梦云：《提升高校思想政治理论课教学质量的多维思考》，《思想理论教育》2017 年第 9 期。

杨建军：《中国法治发展：一般性与特殊性之兼容》，《比较法研究》2017 年第 4 期。

姚利民：《有效学校的六个特征》，《比较教育研究》2002 年第 5 期。

尹奎杰：《马克思权利观叙事的话语动力与话语逻辑》，《理论学刊》2014 年第 7 期。

余文森：《有效教学三大内涵及其意义》，《中国教育学刊》2012 年第 5 期。

袁祖社：《差异合理性与面向“他者”的实践——正当性生存智慧——“正义社会”的现代性悖歧及其价值理性期许》，《福建论坛》（人文社会科学版）2017 年第 5 期。

袁祖社：《“正义”对“制度”的介入与规制——马克思正义观的实践难题》，《北京大学学报》（哲学社会科学版）2014 年第 5 期。

臧宏：《高校法治教育的目标体系探析》，《东北师大学报》（哲学社会科学版）2016 年第 5 期。

张会峰：《社会主义核心价值观中“法治”及相关问题阐析——兼论

大学生法治观教育中必须澄清的几个问题》，《思想理论教育导刊》2015 年第 6 期。

张蓬：《主体性问题学术讨论会综述》，《人文杂志》1991 年第 5 期。

张曙光：《当代中国价值问题及价值重建的社会历史哲学辨析》，《天津社会科学》2013 年第 7 期。

张文显：《坚定不移走中国特色社会主义法治道路》，《党建研究》2020 年第 4 期。

张阳：《思想政治理论课“灌输性与启发性相统一”的教育之路》，《思想理论教育导刊》2020 年第 2 期。

张耀灿、马奇柯：《论思想政治教育的整合机制》，《学校党建与思想教育》2005 年第 4 期。

张耀灿：《深化对思想政治教育学科特点和研究方法的认识》，《学校党建与思想教育》2019 年第 12 期。

张志铭、于浩：《共和国法治认识的逻辑展开》，《法学研究》2013 年第 3 期。

赵秉峰：《论马克思人的自由全面发展思想的内涵》，《理论观察》2018 年第 9 期。

赵东玉、徐国亮：《依法治国视域下大学生法治理念的培育——基于山东省 8 所大学的调查》，《思想教育研究》2017 年第 6 期。

钟启泉：《“有效教学”研究的价值》，《教育研究》2007 年第 6 期。

Ashwin, P. “Knowledge, Curriculum and Student Understanding.” *Higher Education*, 2014, 67 (2).

Dest. *Values Education Study.* Melbourne: Curriculum Corporation, 2003.

Donald, J. (2002). *Learning to Think: Disciplinary Perspectives.* San Francisco: Jossey-Bass.

Fenwick, T., & Edwards, R. “Networks of Knowledge, Matters of Learning, and Criticality in Higher Education.” *Higher Education*, 2013, 67 (1).

Hanson, R. L. “The Case for Law-Related Education.” *Educational Lead-*

ership, 2002 (4).

Judith McNamara, Rachael Field, "Designing for Reflective Practice in Legal education." *Journal of Learning Design*, 2007, Vol. 2, No. 1.

Karen Jensen, Monika Nerland, Cecilie Enqvist-Jensen. "Enrolment of Newcomers in Expert Cultures: An Analysis of Epistemic Practices in A Legal Education Introductory Course." *High Education*, 2015, 70.

Odintsova, S. A., Sarsekeyeva, Z. E., Odintsova E. A. "Fairy Tale as Effective Medium for Legal Education of Students in Elementary School." *International Journal of Experimental Education*, No. 3, 2015.

Pereira, C. "Law-Related Education in Elementary and Secondary Schools." Bloomington, ERIC Clearinghouse for Social Studies/Social Science Education, 1998.

Sally Kift. "21 Century Climate For Change: Curriculum Design for Quality Learning Engagement in Law." *18 Legal Education, Review*, 1 2008.

Suriyakumari Lane. "Effective Online Discussion Forums as a Legal Learning." *American Journal of Educational Research*, 2016, Vol, 4, No. 5.

三 博士、硕士论文、报纸及网站

董前程:《高校思想政治理论课教学模式改革研究》,东北林业大学,2017 年。

胡雨晗:《论马克思人本质观的实践向度》,中央党校(国家行政学院),2019 年。

李红玲: 《当代大学生法治思维培育研究》,哈尔滨师范大学,2019 年。

孟鹏涛:《中国高校法治教育问题研究》,吉林大学,2017 年。

宋婷:《建国以来高校法制教育研究》,南开大学,2013 年。

王东: 《新媒体生活环境下的法治教育研究》,西北工业大学,

2017 年。

于丽芬：《大学生规范法律意识教育研究》，大连理工大学，2016 年。

张静焕：《法治思维研究》，吉林大学，2018 年。

张婉莉：《高校辅导员职业心理韧性研究》，陕西师范大学，2016 年。

张晓敏：《大学生法治素养研究》，东北师范大学，2018 年。

李德顺：《当前最紧迫、最前沿的基础理论建设任务之一——厘清马克思主义法治观》，《北京日报》2018 年 8 月 13 日。

廖奕：《法治中国的顶层设计》，《中国教育报》2013 年 11 月 29 日。

习近平：《坚持依法治国和以德治国相结合 推进国际治理体系和治理能力现代化》，《人民日报》2016 年 12 月 11 日。

习近平：《立德树人德法兼修抓好法治人才培养 励志勤学刻苦磨练促进青年成长进步》，《人民日报》2017 年 5 月 4（1）日。

《关于在高等学校开设“法律基础课”的通知》，https：//wenku.baidu.com/view/480daa1f743231126edb6f1aff00bed5b9f3738b.html。

习近平：《2020 年 5 月 24 日在参加十三届全国人大三次会议湖北代表团审议时的讲话》，中国日报中文网，http：//china.chinadaily.com.cn/a/202005。

俞正声：《在政协第十二届全国委员会第一次会议闭幕会上的讲话（2013 年 3 月 12）》，http//www.ppcc.ov.cn/xww/2013/03/12/ARTI136307176540 8886.shtml。

《中华人民共和国高等教育法（2018 年第二次修正）》，http：//www.npc.gov.cn/npc/c30834/201901/9df07167324c4a34bf6c44700fafa753.shtml。

附　　录

附录 A　高校法治教育实效性调查问卷（教师卷）

尊敬的老师：

您好！感谢您在百忙之中填写问卷。为了全面深入了解我国大学生法治教育实际情况，进一步做好高校法治教育工作，请您根据您在《思想道德修养与法律基础》这门课程的授课情况如实填写每一个问题。问卷大约会耽误您 1—3 分钟时间。选项无对错之分，本问卷中所有信息均匿名填写，本问卷结果仅供高校法治教育理论研究之用，请您如实填写。

衷心感谢您的支持与合作！

1. 您的性别？（　　）

A. 男　　B. 女

2. 您的年龄？（　　）

A. 30 岁以下　　B. 30—40 岁

C. 41—50 岁　　D. 50 岁以上

3. 您的民族？

A.

4. 您的专业背景属于？（　　）

A. 哲学　　B. 经济学　　C. 法学　　D. 教育学

E. 文学　　F. 历史学　　H. 理学　　I. 工学

J. 农学　　K. 医学　　L. 军事学　　M. 管理学

N. 艺术学

5. 您所在大学属于？（ ）

A. “985 工程”大学　　B. “211 工程”大学

C. 中央部属本科院校　　D. 省属本科院校

E. 高职（高专）院校

6. 您所在大学的地理位置？（ ）

A. 东北地区（黑龙江省、吉林省、辽宁省、内蒙古自治区东部）

B. 华北地区（北京市、天津市、山西省、河北省、内蒙古自治区中部）

C. 华中地区（河南省、湖北省、湖南省）

D. 华东地区（上海市、江苏省、浙江省、安徽省、江西省、山东省、福建省、台湾省）

E. 华南地区（广东省、广西壮族自治区、海南省、香港特别行政区、澳门特别行政区）

F. 西南地区（四川省、贵州省、云南省、西藏自治区、重庆市、广西壮族自治区）

G. 西北地区（陕西、甘肃、青海、宁夏回族自治区、新疆维吾尔自治区）

7. 您在高校担任《思想道德修养与法律基础》课程教师的具体身份是？（ ）

A. 专任教师　B. 行政人员　C. 辅导员　D. 教辅人员

E. 临聘人员

8. 您担任《思想道德修养与法律基础》课程教师的教龄是？（ ）

A. 1—2 年　B. 3—5 年　C. 6—10 年　D. 11—15 年

E. 15 年以上

9. 您在讲授《思想道德修养与法律基础》课程时一般采取哪种方式完成大纲要求？（ ）

A. 章节式　B. 专题式　C. 章节 + 专题式

D. 专题+实践式　　E. 章节+实践式

F. 其他

10. 您认为在《思想道德修养与法律基础》课程中，法律基础知识部分在内容占比分配上合理吗？（　　）

A. 非常合理　　B. 合理　　C. 一般　　D. 不合理

E. 非常不合理

11. 您认为在《思想道德修养与法律基础》课程中，法律基础知识部分在内容安排上是否合理？（　　）

A. 非常合理　　B. 合理　　C. 一般　　D. 不合理

E. 非常不合理

12. 您认为大学生通过法律基础知识学习，在生活实践中能否将理论知识转化为法治实践能力？

A. 非常能　　B. 能　　C. 不确定　　D. 不能

E. 非常不能

13. 您认为在《思想道德修养与法律基础》课程中，法律基础知识部分在课时分配上是否充足？（　　）

A. 非常充足　　B. 充足　　C. 一般　　D. 不足

E. 非常不足

14. 您认为通过《思想道德修养与法律基础》课程中法律基础知识的学习，大学生在日常生活中能否做到懂法及守法？（　　）

A. 非常能　　B. 能　　C. 不确定　　D. 不能

E. 非常不能

15. 您认为通过《思想道德修养与法律基础》课程中法律基础知识的学习，大学生能否养成法治思维？（　　）

A. 非常能　　B. 能　　C. 不确定　　D. 不能

E. 非常不能

16. 您认为通过《思想道德修养与法律基础》课程中法律基础知识的学习，大学生在日常生活中能否做到以法治为信仰？（　　）

A. 非常能　　B. 能　　C. 不确定　　D. 不能

E. 非常不能

17. 您认为通过《思想道德修养与法律基础》课程中法律基础知识的学习，大学生在日常生活中能否做到化解矛盾靠法？（　　）

A. 非常能　　B. 能　　C. 不确定　　D. 不能

E. 非常不能

18. 在《思想道德修养与法律基础》课程中讲授法律基础知识时，您认为大学生自己学习法律基础知识的愿望程度如何？（　　）

A. 非常积极主动　　B. 比较积极　　C. 一般　　D. 不积极

E. 非常不愿意

19. 您认为当代大学生法治观念程度如何？（　　）

A. 非常强　　B. 强　　C. 一般　　D. 不强

E. 完全没有

20. 您认为当代大学生维权意识程度如何？（　　）

A. 非常强　　B. 强　　C. 一般　　D. 不强

E. 完全没有

21. 您认为当代大学生守法意识程度如何？（　　）

A. 非常强　　B. 强　　C. 一般　　D. 不强

E. 完全没有

22. 您认为在《思想道德修养与法律基础》课程中，大学生对学习法律基础知识的重视程度如何？（　　）

A. 非常重视　　B. 重视　　C. 一般　　D. 不重视

E. 非常不重视

23. 您认为您对高校法治教育目的熟悉程度如何？（　　）

A. 非常熟悉　　B. 熟悉　　C. 一般　　D. 不熟悉

E. 非常不熟悉

24. 您认为《思想道德修养与法律基础》课程教师的专业背景是否会影响法治教育的实际效果？（　　）

A. 非常影响　　B. 影响　　C. 一般　　D. 影响不大

E. 没有影响

25. 您认为高校法治教育是否有必要设置实践教学环节（　　）

A. 非常有必要　　B. 有必要　　C. 不确定　　D. 没必要

E. 完全没必要

26. 您认为您所在的学校对大学生法治教育重视程度如何？（　　）

A. 非常重视　　B. 重视　　C. 一般　　D. 不重视

E. 非常不重视

27. 您在讲授法律基础知识时，是否经常激发大学生学习法律知识的内在动机？（　　）

A. 总是　　B. 有时　　C. 不确定　　D. 没有

E. 完全没有

28. 您认为教学方式对高校法治教育的效果影响大吗？（　　）

A. 非常大　　B. 大　　C. 一般　　D. 不大

E. 没有影响

29. 您在讲授法律基础知识时是否经常采用理论灌输的教学方法？（　　）

A. 经常会　　B. 会　　C. 偶尔会　　D. 不会

E. 绝对不会

30. 您认为法治教育与思想政治教育方式有区别吗？（　　）

A. 区别很大　　B. 有区别　　C. 不确定　　D. 没有区别

E. 完全没区别

31. 您在《思想道德修养与法律基础》课程中讲授法律知识时是否会采用学生参与式教学方式？（　　）

A. 经常会　　B. 会　　C. 偶尔会　　D. 不会

E. 绝对不会

32. 您是否会根据大学生对法律时事热点的关注更新自己法律基础课程教案？（　　）

A. 经常会　　B. 会　　C. 偶尔会　　D. 不会

E. 绝对不会

33. 您在讲授法律基础知识之前是否会让大学生明晰学习法律基础知识所要达到的课程目标？（　　）

A. 经常会　B. 会　C. 不确定　D. 不会

E. 完全不会

34. 您所在的学校是否经常召开《思想道德修养与法律基础》课程法治教育教师教学培训会？（　　）

A. 经常召开　B. 偶尔召开　C. 不确定　D. 不召开

E. 从来不开

35. 您所在学校是否经常开展与法治教育相关的实践活动？（　　）

A. 经常开展　B. 偶尔开展　C. 不确定　D. 不开展

E. 从来不开展

36. 您在进行法治教育时是否经常开展与法治相关的社会调查实践活动？（　　）

A. 经常开展　B. 偶尔开展　C. 不确定　D. 不开展

E. 从来不开展

37. 您在进行法治教育时是否经常开展与法律相关的参观访问活动？（　　）

A. 经常开展　B. 偶尔开展　C. 不确定　D. 不开展

E. 从来不开展

38. 您在进行法治教育时是否经常开展法律相关著作读书分享活动？（　　）

A. 经常开展　B. 偶尔开展　C. 不确定　D. 不开展

E. 从来不开展

39. 您在进行法治教育时是否经常开展法律知识竞赛活动？（　　）

A. 经常开展　B. 偶尔开展　C. 不确定　D. 不开展

E. 从来不开展

40. 您所在学校是否有对大学生法治教育教学效果进行评价的方

法？（ ）

A. 有 B. 没有 C. 不清楚

41. 您所在学校是否对大学生法治教育学习效果进行专项评价？（ ）

A. 有 B. 没有 C. 不清楚

42. 您是否同意“讲授《思想道德修养与法律基础》课程中法律基础知识的目的就是让大学生守法”这一说法？（ ）

A. 非常同意 B. 同意 C. 一般 D. 不同意

E. 非常不同意

43. 您是否同意“在《思想道德修养与法律基础》课程中讲授法律知识时，应着力加强大学生的权利意识培养”这一说法？（ ）

A. 非常同意 B. 同意 C. 一般 D. 不同意

E. 非常不同意

44. 您是否同意“高校法治教育应该侧重于法律基础知识教育”这一说法？（ ）

A. 非常同意 B. 同意 C. 不确定 D. 不同意

E. 非常不同意

45. 您是否同意“高校法治教育应该侧重于学生法治素养培养”这一观点？（ ）

A. 非常同意 B. 同意 C. 一般 D. 不同意

E. 非常不同意

46. 您是否同意“高校法治教育应该侧重于学生法治实践能力培养”这一说法？（ ）

A. 非常同意 B. 同意 C. 一般 D. 不同意

E. 非常不同意

47. 您是否同意“一些大学生在权利意识增强的同时存在权利滥用”这一说法？（ ）

A. 非常同意 B. 同意 C. 一般 D. 不同意

E. 非常不同意

48. 您是否同意“享受权利也是遵守法律的一种形式”这一观点？(　　)

A. 非常同意　B. 同意　C. 一般　D. 不同意

E. 非常不同意

49. 您是否同意“维权是维稳的基础，维稳的实质就是维权”这一说法？(　　)

A. 非常同意　B. 同意　C. 一般　D. 不同意

E. 非常不同意

50. 通过《思想道德修养与法律基础》课程，要达到让大学生内心拥护和真诚信仰法律这一法治教育目的，您的建议是？

附录 B　高校法治教育实效性调查问卷（学生卷）

亲爱的同学：

你好！感谢你填写这份问卷。为了全面深入了解我国大学生法治教育实际效果，进一步做好高校法治教育工作，请你根据你的认识如实填写每一个问题。问卷大约会耽误你 1—3 分钟时间。选项无对错之分，本问卷中所有信息均匿名填写，本问卷结果仅供理论研究之用，请你如实填写。

衷心感谢你的支持与配合！

1. 你的性别？(　　)

A. 男　B. 女

2. 你所在的年级是？(　　)

A. 大一　B. 大二　C. 大三　D. 大四

3. 你的民族是？

A.

4. 你所学专业属于？(　　)

A. 理工科类　　B. 人文社科类　C. 艺术类　　D. 管理类

5. 你所在大学属于？（　　）

A. “985 工程”大学　　B. “211 工程”大学

C. 中央部属本科院校　　D. 省属本科院校

E. 高职（高专）院校

6. 你所在大学地理位置属于？（　　）

A. 东北地区（黑龙江、吉林省、辽宁省、内蒙古自治区东部）

B. 华北地区（北京市、天津市、山西省、河北省、内蒙古自治区中部）

C. 华中地区（河南省、湖北省、湖南省）

D. 华东地区（上海市、江苏省、浙江省、安徽省、江西省、山东省、福建省、台湾省）

E. 华南地区（广东省、广西壮族自治区、海南省、香港特别行政区、澳门特别行政区）

F. 西南地区（四川省、贵州省、云南省、西藏自治区、重庆市、广西壮族自治区）

G. 西北地区（陕西、甘肃、青海、宁夏回族自治区、新疆维吾尔自治区）

7. 你认为你所在学校《思想道德修养与法律基础》课的氛围怎么样？（　　）

A. 学生积极性高、气氛活跃、上课认真

B. 学生课堂上没有什么积极性，气氛压抑

C. 课堂枯燥，学生逃课、旷课现象严重

D. 虽然逃课、旷课学生不多，但隐性逃课严重，大多数学生心不在焉

E. 学生和老师各自顾自己的事情，相互不理会

8. 你所在学校《思想道德修养与法律基础》课给你留下的印象是？（　　）

A. 这门课没什么用　　B. 为了修学分而上课

C. 考试前记忆，背诵　　D. 空泛，讲大道理

E. 能够紧密联系学生思想实际

9. 在《思想道德修养与法律基础》课上你通常的表现是？（　　）

A. 认真听课　　B. 学习其他课程

C. 看课外书　　D. 玩手机、聊天、睡觉

E. 干别的事情

10. 你学习《思想道德修养与法律基础》课程所采取的学习方法是？（　　）

A. 课前预习、上课认真听课做笔记、课后认真复习

B. 认真听课，按时完成作业

C. 凭感觉学习，没有什么方法

D. 课前不预习，课后不复习

E. 考前突击一下，应付考试

11. 你是否对《思想道德修养与法律基础》这门课中法律基础部分的内容感兴趣？（　　）

A. 非常感兴趣，愿意学　　B. 兴趣不大，可学可不学

C. 一般　　D. 没兴趣，不得不学

E. 非常反感，压根儿不学

12. 你是否会在《思想道德修养与法律基础》课上课之前主动预习法律部分的内容？（　　）

A. 经常会　　B. 会　　C. 不确定　　D. 不会

E. 完全不会

13. 你认为你的《思想道德修养与法律基础》课老师在此门课程安排上讲授的课程重点是？（　　）

A. 思想教育　　B. 政治教育

C. 道德教育　　D. 价值观教育

E. 法治教育

14. 在《思想道德修养与法律基础》课程中，你一般通过下列哪

种方式学习法律基础知识？

A. 死记硬背法律知识

B. 阅读相关法律经典著作

C. 参加相关法治实践活动

D. 与老师同学相互探讨法律知识

E. 上课听老师讲一下就好了

15. 你认为你的法律基础课老师所讲授的法律基础知识是否契合当代大学生法律知识需求？（　　）

A. 非常契合　　B. 契合　　C. 一般　　D. 不契合

E. 完全不契合

16. 你认为你所在学校在《思想道德修养与法律基础》课程教学中是否注重法治实践教学？

A. 非常注重　　B. 注重　　C. 一般　　D. 不注重

E. 完全不注重

17. 你认为你所在学校在《思想道德修养与法律基础》课程教学中是否注重大学生法治素养培养？

A. 非常注重　　B. 注重　　C. 一般　　D. 不注重

E. 完全不注重

18. 你认为你所在学校在《思想道德修养与法律基础》课程教学中是否注重大学生法治观念培养？

A. 非常注重　　B. 注重　　C. 一般　　D. 不注重

E. 完全不注重

19. 你认为你所在学校在《思想道德修养与法律基础》课程教学中是否注重大学生法治思维培养？

A. 非常注重　　B. 注重　　C. 一般　　D. 不注重

E. 完全不注重

20. 你认为大学开设的《思想道德修养与法律基础》课，法律基础部分内容要如何开展，才能达到提高同学们法律素养的效果？

A. 尽可能介绍与大学生日常生活相关的法律法规

B. 尽可能介绍解决社会生活矛盾的法律法规

C. 从案例中说明相关法律理论

D. 按照教学大纲粗略讲一下就行

E. 无所谓，反正这门课没几个同学听

21. 当你与法律基础课程老师就某一法律问题有不同观点时，你会？（　　）

A. 与老师主动交流，表达自己的见解

B. 想与老师交流，但不主动

C. 接受老师的观点，会在私底下与同学交流自己的看法

D. 将自己的看法藏在心里，和谁都不交流

E. 根本不在乎他的观点

22. 你认为你所在学校《思想道德修养与法律基础》课程考核中法律基础知识所占比分大吗？（　　）

A. 非常大　　B. 大　　C. 一般　　D. 不大

E. 几乎很少

23. 你所在的学校对学生《思想道德修养与法律基础》课法律基础部分内容是否进行单独考核？

A. 几乎总是　　B. 经常　　C. 一般　　D. 很少

E. 从来没有

24. 你认为法律规定的内容和你有关吗？

A. 非常有关　　B. 有关　　C. 不确定　　D. 没有关系

E. 完全无关

25. 你认为法律的主要作用是？（　　）

A. 保护公民权利　　B. 处罚教育违法犯罪分子

C. 规定公民义务　　D. 巩固阶级统治

E. 说不清

26. 你认为你在《思想道德修养与法律基础》课上所学的法律知识在现实生活中用到了多少？（　　）

A. 0—25%　　B. 25%—50%　　C. 50%—75%

D. 75%—100%

27. 你认为你所学的法律基础知识实际应用程度如何？（　　）

A. 能够掌握所学法律知识并会运用

B. 不会运用所学的法律知识

C. 掌握法律知识不足，但有用的想法

D. 法律知识缺乏，谈不上运用法律

E. 完全想不到用法律解决问题

28. 你觉得学习法律基础知识对你有意义吗？（　　）

A. 有，法律是现代人们必要的生活方式

B. 有，法律常常帮我解决实际问题

C. 有意义，但是我基本不寻求法律途径解决问题

D. 意义不大，可以用法律维护自身权利的地方太少了

E. 没有，法律离我很远。我们还没有进入社会，以后再了解也不迟

29. 假如不幸遭到抢劫或盗窃，你会报案吗？（　　）

A. 会，要用法律维护自己的合法权益

B. 会，但对挽回损失不抱太大希望

C. 不会报案

D. 不会，司法机关不能提供有效保护

E. 不会，报案太丢人

30. 你认为开展法治教育最主要的途径是？（　　）

A. 学校教育　　B. 家庭教育

C. 社会宣传　　D. 网络教育

E. 其他

31. 你认为影响高校法治教育教学效果最突出的问题是？（　　）

A. 教学方法老套

B. 教学内容枯燥

C. 该课程不受领导、老师、学生甚至社会的重视

D. 教师教学态度不够认真

E. 考核模式单一

32. 你认为下列哪些选项是加强大学生法治意识的好方法？（　　）

A. 通过大学的法律基础课程学习

B. 各种丰富的法治宣传活动和讲座

C. 各种媒体的法治宣传

D. 参加学校法律社团活动

E. 周围与法治有关的实际例子

33. 你认为《劳动法》里规定的试用期最长期限是？（　　）（单选）

A. 三个月　　B. 六个月

C. 十二个月　　D. 十八个月

E. 不清楚

34. 你认为立法程序制度化、法律化的重要意义在于？（　　）（单选）

A. 防止公民的非法行为

B. 避免执行机关地违法行为

C. 防止党派、团体的非法行为

D. 意味着有立法权的国家机关必须严格遵循法定程序立法，以保证立法的质量

E. 不清楚

35. 你认为下列关于社会主义法治理论实践基础的说法不正确的是？（　　）（单选）

A. 建立在对社会主义初级阶段基本国情的基础上

B. 建立在对我国所处的国际地位及国际环境的认知上

C. 建立在对西方法治思想的借鉴基础上

D. 建立在对我国法治建设经验教训的系统总结上

E. 不清楚

36. 你认为下列属于中国特色社会主义法治思想的理论或者观点

是？（　　）（单选）

A. 人民民主专政理论

B. 市场经济是法制经济的理论

C. 健全法制和依法办事的思想

D. 党的领导与法律权威的思想

E. 不清楚

37. 下面关于社会主义法治理念本质属性的说法你认为不正确的是？（　　）（单选）

A. 社会主义法治理念的本质属性是坚持党的领导、人民当家作主和依法治国的统一

B. 坚持党的领导、人民当家作主和依法治国的统一是中国与西方资本主义法治理念的根本区别

C. 坚持党的事业至上、人民利益至上、宪法法律至上必然要求坚持党的领导、人民当家作主和依法治国相统一

D. “三者统一”既是我国民主法治建设的经验教训的总结，也是历史和现实的必然要求

38. 党的十九大报告进一步提出要厉行法治，你认为下列关于全面推进依法治国总目标的说法，不正确的是？（　　）（多选）

A. 建设中国特色社会主义法制体系，建设社会主义法制国家

B. 中国特色社会主义法治体系，包括有力的法治保障体系和完备的党内法规体系、高效的法治实施体系、完备的法律规范体系和严密的法治监督体系

C. 全面推进依法治国必须坚持法治国家、法治政府、法治社会一体建设，必须坚持依法治国、依法执政、依法行政共同推进

D. 实现科学立法、公正执法、严格司法、全面守法

39. 你认为下列哪些选项属于法治思维？（　　）（多选）

A. 法律至上　　　　B. 公平正义

C. 权力制约　　　　D. 正当程序

E. 人权保障

40. 你认为下列哪些选项是我国坚持走中国特色社会主义法治道路必须坚持的内容？（　　）（多选）

A. 坚持中国共产党的领导

B. 坚持人民主体地位

C. 坚持法律面前人人平等

D. 坚持依法治国和以德治国相结合

E. 坚持从中国实际出发

41. 你认为下列选项属于法律运行内容的是？（　　）（多选）

A. 法律制定　　B. 法律执行

C. 法律适用　　D. 法律遵守

42. 下列哪些选项的内容是宪法规定的我国公民的政治权利和自由？（　　）（多选）

A. 人身自由

B. 言论、出版、集会、结社、游行、示威的自由

C. 宗教信仰自由

D. 选举权和被选举权

后　　记

此书是我在博士学位论文基础上修改完善而成的。经历了博士阶段的学习，我才真正体会到了“不经一番寒彻骨，怎得梅花扑鼻香”“千锤万凿出深山，烈火焚烧若等闲”“古人学问无遗力，少壮工夫老始成”这些诗句里面所蕴含的坚持不懈、艰苦历练之意义。回首读博期间的点点滴滴，一路走来，离不开陕西师范大学马克思主义学院、教育学院以及工作单位各位老师朋友的关心、帮助和支持，离不开家人、朋友、同学的鼓励和挂念。在此书出版之际，我想真诚地感谢一路走来帮助过我的老师、同学、亲人和朋友。感谢学习和工作期间遇到的每一位良师益友，感谢你们在写作期间提出的宝贵意见和建议，感谢学习期间来自老师们的教育引导、同学们的相互鼓励、亲人的牵挂关怀、同事的亲切问候，是你们给予我在求学之路上探索的信心、勇气和温暖，伴我走过艰苦烦躁、孤独苦闷、喃喃自语、不食烟火的难忘时光。

“乌鸦反哺，羊羔跪乳。”感谢我的导师陈鹏教授。老师在引导我对思想政治教育目标如何实现追问的基础上，让我对思想政治教育专业有了更加深刻的认识。老师鼓励我走理论与实证相结合的研究道路，让我明白理论和实践结合的重要性，在研究中我也不间断地对恩格斯在马克思墓志铭中所提到的“历史上的哲学家总是千方百计地以各种各样的方式解释世界，然而更重要的是改造世界。改造世界是马克思历史唯物主义中的重要思想”这段话进行体悟，但在实践研究中，我还是在思维转变、理论融合、方法运用等不同方面遇到了各种困惑，是老师坚定的支持和坚持不懈的开导让我鼓足勇气，将研究问题向纵深拓展。老师对我的鼓励、引导、教育使我对学术研究中所遇到的各种困难有了更加清醒和理性的认识，促使我在研究实践中向着具有学术追求和学术情怀的要求锻造自己。在写作期间，我无数次深陷思想政治教育、教育学、统计学原理、法学等不同学科具体内容和问题之中而难以理清写作思绪，是老师教会我要学会思考、归纳和沉淀。虽然以前对教育学很感兴趣，但书到用时方恨少，结合博士学位论文选题，陈老师用心安排我参加数次教育学学术会议，以此督促我尽快掌握相关知识，针对我统计学原理和技术缺乏的学术背景，为我悉心协调组织统计学相关老师帮我解决写作中遇到的实际问题。在整个写作过程中，每每遇到问题，大到选题和逻辑框架架构，小到问卷设计及问卷条目提问方式，都是由老师放弃休息时间举办学术沙龙为我排忧解难的。如果没有老师的指导、关心、帮助、鼓励和引导，我想我在博士学习、学术研究生涯中早已知难而退、望洋兴叹了。

在法治成为治国理政主要方式的新时代，法治教育的重要意义将不断凸显，法治教育的步伐将不断提升，但是在进行法治教育的实践中，像中国政法大学终身教授李德顺在其著作《法治文化论 创造理性文明的生活方式》中所提到的那样，必须警惕和防止："一是将法治的内容单纯地当做一套具体的形式和程序，却忽略或背离了法律和法治的深刻实质性内容；二是将法治的功能简单地理解为一套治理的手段，却忽略和违背了法治的主体性和目的性；三是将实施法治的权利和责任简单地归属于某些执行部门和机构，却忽略或背离了法治属于全党、全国人民、全体公民的权利和责任这一民主内核。"法治建设过程中对这些问题的警惕和防止，也将会成为未来很长一段时间内如何提高高校法治教育实效性所要面对的新问题。将习近平新时代中国特色社会主义法治思想贯穿融入思想政治理论课教学之中为这一问题的解决提供了必要的保障。一方面，习近平新时代中国特色社会主义法治思想中所包含的法治基本原理、中国特色社会主义法治基本理论、全面依法治国的基本观点，从法理性、政治性、实践性维度克服了在法治国家、法治政府、法治社会一体化建设中人们对法治形式化、手段化和部门化的简化认识。另一方面，习近平新时代中国特色社会主义法治思想作为马克思主义法治理论中国化的最新成果，是习近平新时代中国特色社会主义思想的重要组成部分，对开启全面建设社会主义现代化国家新征程、实现中华民族伟大复兴梦具有重要的指导意义。如何将习近平新时代中国特色社会主义法治思想贯穿融入思想政治理论课教学之中，不仅是贯彻落实党的十九大精神和习近平新时代中国特色社会主义思想进教材、进课堂、进头脑的应有之义，也是从战略高度上好思想政治理论课的客观要求。

在前期研究的基础上，笔者认为要继续深化提高高校法治教育实效性研究，必须加强三个方面的研究工作：一是丰富习近平新时代中国特色社会主义法治思想不同维度、不同范式的研究。自 2020 年 11 月习近平新时代中国特色社会主义法治思想首次提出以来，法学界就习近平新时代中国特色社会主义法治思想进行了比较密集的研究，法学家们已从其核心要义、精神实质、深刻内涵、理论体系、实践进路、重大意义等维度进行了丰富的研究，这些研究不仅对于丰富习近平中国特色社会主义思想具有十分重要的促进作用，而且为提升和完善中国特色社会主义法治理论、促进中国法治理论创新发展奠定了基础，但对习近平新时代中国特色社会主义法治思想不同维度、不同范式的研究仍有待加强。二是加强对习近平新时代中国特色社会主义法治思想贯穿融入思想政治理论课教学中具体样态的研究。首先，以思想政治理论课课程性质和教育目标及教育目的为指引，根据不同学段学生特点，具体研究思想政治理论课在不同教育阶段的课程设置、内容安排、课时设置、教育目标，以此确定在大、中、小学段教学中，习近平新时代中国特色社会主义法治思想贯穿融入思想政治理论课教学的具体内容、难易程度、融合方式、衔接方式，以保证在习近平新时代中国特色社会主义法治思想贯穿融入思想政治理论课教学之始就注重其大、中、小课程体系一体化建设，以免重复设置；其次，注重高校思想政治理论课课程之间教育侧重点不同，具体研究在高校不同课程教学中进行习近平新时代中国特色社会主义法治思想融合的具体样态。着力在最高学段即大学教育中，注重和强化习近平新时代中国特色社会主义法治思想在思想政治理论课教学中与马克思主义立场、观点和方法相融合，凸显习近平新时代中国特色社会主义法治思想在高校思想政治理论课中的马克思主义法治意识形态教育作用。三是创新习近平新时代中国特色社会主义法治思想贯穿融入思想政治理论课教学融合路径的研究。对习近平新时代中国特色社会主义法治思想贯穿融入思想政治理论课教学融合路径研究，是实现习近平新时代中国特色社会主义法治思想贯穿融入思想政治理论课的方法保障，也是提高高校法治教育实效性的重要内容。习近平新时代中国特色社会主义法治思想贯穿融入思想政治理论课教学涉及法学、思想政治教育、马克思主义哲学、教育学、课程论等多门学科交叉和跨学科的客观实际，要对两者进行有效规范、科学融合，就不仅要对习近平新时代中国特色社会主义法治思想和思想政治理论课进行耦合研究，也要对两者从不同层面进行课程融合、教材融合、内涵融合、理念融合、价值融合、方法融合、思维融合、话语融合、师资融合等，从而实现习近平新时代中国特色社会主义法治思想贯穿融入思想政治理论课教学的科学化、规范化、学理化，以此促进高校法治教育实效性的进一步提升。

高校法治教育实效性研究既是法治教育对新时代法治国家、法治政府、法治社会一体化建设、全体人民法治素养提升实践要求的回应，也是推进法治教育不断向纵深发展的常新话题，衷心希望以推进习近平新时代中国特色社会主义思想进教材、进课程、进头脑为契机，不断提升高校法治教育的实效性。此外，在写作过程中，笔者发现自身的知识结构和理论功底还需要进一步优化和深化，书中不免存在诸多不足之处和不当之处，请各位学界前辈和同仁批评指正。

最后，感谢宝鸡文理学院马克思主义学院对本书出版提供资助；

感谢马克思主义学院各位领导、同事在本书出版过程中提供的帮助；感谢宝鸡文理学院李红星硕士研究生对本书的反复细心校稿，因为你们的大力帮助，此书才有幸得以出版。

感谢！感恩！

作　者

2021 年 5 月